J. MICHELET

LA POLOGNE MARTYR

RUSSIE — DANUBE

Michelet, Jules
La Pologne martyr - Russie -

PARIS
E. DENTU, LIBRAIRE-ÉDITEUR
13, PALAIS-ROYAL

BRUXELLES ET LEIPZIG
A. LACROIX, VERBOECKHOVEN & Cⁱᵉ
LIBRAIRES-ÉDITEURS

1863

LA POLOGNE

MARTYR

PARIS. — IMP. SIMON RAÇON ET COMP., RUE D'ERFURTH, 1.

J. MICHELET

LA
POLOGNE
MARTYR

RUSSIE — DANUBE

PARIS	BRUXELLES ET LEIPZIG
E. DENTU, LIBRAIRE-ÉDITEUR	A. LACROIX, VERBOECKHOVEN & Cⁱᵉ
PALAIS-ROYAL	LIBRAIRES-ÉDITEURS

1863

Tous droits de reproduction et de traduction réservés.

PRÉFACE

Un publiciste russe, dans un journal de l'autre année, disait : « *L'unité d'âme,* parmi les Polonais, grandit, se fortifie. De père en fils, ils se lèguent la cause commune, entière, non amoindrie. Et cependant, *où donc est la Pologne ?* »

Où elle est ? dans l'unité d'âme.

Cette unité s'est marquée d'un grand signe en

ces dernières années au foyer (chose capitale et la plus difficile), au sein de la famille, dans la forte réforme que les femmes elles-mêmes ont tentée, des habitudes, des mœurs, des dépenses, de l'éducation. L'Europe s'est émue de leur persévérance dans l'unanimité du deuil.

L'unité! qu'elle est forte, quand, sous la police aux cent yeux, l'inquisition féroce, armée de tant de moyens de corrompre, tous communiquent, s'entendent, agissent, quand l'invisible Comité siége au sein de Varsovie même. Pas un traître dans ce grand peuple.

L'unité! La voici, redoutable et terrible. Dans la crise actuelle, la Pologne déclare, avec une incomparable grandeur, non-seulement qu'elle revivra, mais revivra *entière*, en tous ses membres, qu'elle ne veut de la vie à nulle autre condition; qu'elle sera de nouveau une grande Pologne de vingt-cinq millions d'âmes, ou qu'elle ne sera pas du tout.

Cela sera senti de toute la terre.

« Orgueil? imprudence? folie?» Non, c'est de-

PRÉFACE.

voir de cœur envers les membres illustres de la famille polonaise. — Comment céder la Pologne du nord, renier Copernic? — Céder la Lithuanie! c'est Mickiewicz et Kosciusko. — Cracovie? les sépulcres de tous les Jagellons, le tombeau de Sobieski.

Mais ces membres eux-mêmes s'élancent vers la réunion. Au moment où je parle, voici l'Ukraine, le pays des Cosaques, qui, dans un fort beau livre, réclame, pose son droit antique et sa gloire d'être Polonais[1].

Ainsi se refait la Pologne, dans les cœurs et les volontés. Elle pousse sa conquête morale. Elle étend autour d'elle le royaume de l'âme, l'héroïsme, le *Sursùm corda!*

---

[1] Publié chez Dentu (1863), avec une noble préface de Ladislas Mickiewicz.

La Russie, d'autant, se défait et se cadavérise. C'est son progrès ; je l'ai marqué, et pour les temps dont elle est le plus fière. Plus elle a conquis dans l'espace, plus elle est entrée dans la mort. Le brutal Pierre le Grand crée l'empire, tue la nation. La fangeuse Catherine, Nicolas le féroce, autant de meurtriers de la Russie. Sous Alexandre II, à quel état est-elle de décomposition !

Mort certaine ! et les vers y sont. Croyez-vous que, sans cela, on parlerait de l'ogre avec cette liberté ? Croyez-vous que, s'il n'était pas mort, le vieux lord Palmerston eût nettement flétri le dernier guet-apens, appliqué au fer chaud le mot qui restera : « Conscription ? non, proscription. »

Avec les morts ou les mourants, on parle sans façon. On prend cette franchise. Et cela les achève.

PRÉFACE.

Quand j'ai dit et prédit ce qu'on voit, il y a déjà longtemps, qui avais-je avec moi? personne.

On sait quel était le profond respect du dernier gouvernement pour l'empire russe. Il prenait à la lettre tous les mensonges du duc de Raguse et autres sur les forces de la Russie.

Mes amis les plus éclairés n'étaient pas loin eux-mêmes d'adopter, comme prédiction sérieuse, la sinistre chanson de Béranger sur le Cosaque, sur la fatalité qui le conduit vers l'Occident.

Chose curieuse! les Polonais, plus que personne, croyaient à la Russie. Tel, et des plus vaillants que je pourrais nommer, par une modestie de héros, s'exagérait fort l'armée russe. Tel (*le christ, le martyr* de la réconciliation), par un énorme sacrifice, réhabilitait les bourreaux. Abel pardonnait à Caïn.

Faut-il le dire aussi? Ce Nicolas, par sa foi superstitieuse à son rôle de Fléau de Dieu, par son exécrable ostentation à étaler tout ce qui fait horreur, avait fait impression. Il se crut Iwan le Terrible. Il le fit croire. Ceux qui avaient été dans l'antre de la Bête, même sortis et revenus ici, n'en parlaient guère, ou du moins parlaient bas.

La Russie a toujours spéculé sur cette terreur. Son 93 permanent avait besoin de rester exécrable, pour ne pas être ridicule. Elle aurait tué pour un regard. Malheur à qui voyait! Un Français, trop observateur, M. Pernet, est à Moscou. Sans cause ni prétexte, on l'enferme au Kremlin, aux bas cachots dont les fenêtres grillées donnent sur les fossés. Là, on lui administre un abominable spectacle, un supplice de femmes : deux filles que l'on battait à mort. Il crut qu'il en mourrait lui-même, ou en deviendrait fou. On comptait bien qu'il ne sortirait jamais de là, ou que, s'il en sortait, saisi, terrifié pour toujours, il ne parlerait jamais de la Russie.

Le mot si fort, si juste : « La Russie, c'est le choléra, » semblait alors se vérifier à merveille. Son ombre malsaine et fétide s'étendait sur l'Europe, chloroformisait l'Allemagne, nous gagnait, s'arrêtait à peine à l'Océan. Quand j'ai écrit ce livre, je dis aux miens : « La terre nous manquera. »

N'importe, je crus qu'une attaque sans prudence, sans ménagement, était un grand moyen de rompre la fascination. Nous étions tous, Polonais, Allemands, Français, dans je ne sais quelles ténèbres, où l'on voyait une grande vilaine chose noire qui avançait. Je dis : « Ce n'est qu'une ombre. »

Il vivait, l'Ogre russe, quand j'imprimai : « Ce maître fou. »

Ce que j'ai dit subsiste. La Russie reste la

Russie, comme gouvernement. La personnalité variable du tzar n'y change rien. Sous Alexandre II, le vrai tzar éternel, l'affreuse bureaucratie, a, ces jours-ci, dépassé Nicolas.

La Russie est la même, comme peuple. Aveugle, sauvage, effréné, il pille, tue, brûle. Tel il était jadis aux massacres de Varsovie, tel on le voit en mars 1863. Qu'il y ait eu un officier sublime, cela ne fait rien à la masse. Dans son apparente ignorance, sa finesse barbare, elle sait bien que ses généraux considèrent ces excès comme chose d'excellent effet, un terrorisme utile qui désarme d'avance ceux qui frémissent d'attirer sur leurs femmes, leurs enfants, une si épouvantable guerre.

La férocité calculée est la même. Mais la force militaire? j'en doute fort. Point d'armée sérieuse où l'administration n'existe point. Ne l'avez-vous pas vue, cette administration voleuse, désordonnée, dans la guerre de Crimée, faire mourir sur les routes trois, quatre cent mille hommes, qu'on enlevait, poussait, qu'on ne nourrissait pas? A force de misère, cette race a faibli. Karamzine le disait au premier Alexandre; déjà ce n'étaient plus les Russes de Suwarow. Quels sont-ils, aujourd'hui? Il est certain que quelques Polonais, mal armés, les tiennent en échec.

———

Le pis, aux temps d'illusion comme celui où j'ai écrit ce livre, c'est qu'il se trouve à point des esprits faux pour théoriser la sottise. Celle d'alors était le Panslavisme. On voulait faire de la Russie, de son Kremlin, byzantino-mongol, le saint des saints du monde slave. Plaisante idée de subordonner les tribus supérieures de cette grande race (Polonais, Serbes, Bohêmes, etc.), les pays poétiques qui ont rayonné dans l'Europe d'une telle gloire, — de les subordonner à qui? à la tribu finno-tartare, où le sang slave (sous le Mongol et l'Allemand) a misérablement baissé!

Que les Slaves regardent ce qui est advenu de tous les peuples qu'a touchés la Russie. Tous, dès lors, abaissés, stériles. Où en est la Finlande? où en sont les Cosaques? ceux-ci héros-poëtes, et aujourd'hui recors, ou soldats brocanteurs.

Et quel malheur serait-ce si, par une concession qu'on fait trop aisément, en écartant les Russes de l'Europe, on leur livrait l'Asie? Il faut bien ignorer tout ce que demande cette grande mission de ressusciter l'Orient. La brutalité russe, légère et violente, serait le plus funeste, le plus dangereux précepteur, le plus stérilisant, pour les nobles nations orientales, dont il est difficile, délicat, d'approcher.

———

Ce n'est pas l'accident de l'insurrection polonaise qui me tire tout cela du cœur. Dès longtemps je l'avais en moi, et je devais parler. Mais la *Cloche*, la *Cloche* me troublait, les noms aimés des martyrs russes, l'esprit charmant d'Hertzen, sa magnanimité, l'héroïsme de Bakounine.

J'ai des amitiés polonaises. Cependant les Polonais ont fort peu usé de ce livre. Les politiques le trouvaient trop net, et les dévots le repoussaient. Les mystiques pacificateurs n'aimaient pas qu'où ils mettaient l'huile ce livre d'acier mît un glaive.

C'est pourtant acier pur, et le glaive de la vérité.

La Russie gagnera à n'être plus un monstre, mais une belle grande nation de trente-cinq millions de Moscovites, qui, dès lors, n'étant plus écrasés, prendront leur développement.

La Pologne est le cœur du Nord, — *elle seule, et non l'autre*, qui est d'Asie, sauf quelques Parisiens de Pétersbourg et d'illustres disciples d'Hégel qui ne changeront par cette grosse masse, où rien ne mord. La Pologne est une France avec tous nos anciens défauts, nos qualités, mais le martyre de plus et des dons singuliers, surexcités jusqu'au sublime.

Vivat Polonia! Et meure *l'empire sans cœur!* non la nation russe, car d'autant vivra la Russie.

J. MICHELET.

15 mars 1863.

KOSCIUSKO

KOSCIUSKO

I

A LA POLOGNE

La France offre à la Pologne, en gage d'une amitié plus forte que le destin, le portrait religieusement fidèle d'un homme cher à toutes deux, d'un des hommes les meilleurs qui aient honoré la nature humaine.

D'autres furent aussi vaillants, d'autres plus grands peut-être ou plus exempts de faiblesse. Kosciusko fut, entre tous, *éminemment bon*.

C'est le dernier des chevaliers, — c'est le premier des citoyens (dans l'orient de l'Europe). Le drapeau si haut porté de l'ancienne chevalerie polonaise, sa générosité sans bornes ni mesure, et par delà la raison ; un cœur net comme l'acier, et avec cela une âme tendre, trop tendre parfois et crédule ; une douceur, une facilité d'enfant, — voilà tout Kosciusko. — Un héros, un saint, un simple.

Plusieurs, et des Polonais même, dans leur austérité républicaine, d'un point de vue tout romain, ont jugé sévèrement ce héros du cœur et de la nature. Ils n'ont pas trouvé en lui le grand homme et le politique que demandait la situation terrible où la destinée le plaça. Appelé à la défense d'une cause désespérée, à la lutte la plus inégale, il accepta, crut au miracle, et, comme un chevalier, un saint, embrassa magnanimement les deux chances, victoire ou martyre. Mais, quant aux moyens violents qui pouvaient donner la victoire, il ne fallait pas lui demander d'y avoir recours. Il ne prit pas l'âme de bronze qu'exigeait un tel péril. Il ne se souvint pas, disent-ils, qu'il était dictateur de Pologne, qu'il devait forcer la Pologne à se sauver elle-même, terrifier la trahison, l'égoïsme, l'aristocratie. Il se donna, ce fut tout, demanda trop peu aux autres, se contentant de mourir, les laissant à leurs remords, et s'enveloppant de sa sainteté.

Noble tort d'un cœur trop humain !... Ah ! nous aurions plus d'un reproche à faire à Kosciusko, pour la douceur et la tendresse. Il était confiant, crédule, se laissait prendre aisément aux paroles des femmes et des rois. Un peu chimérique, peut-être, d'une âme poétique et romanesque, amoureux toute sa vie (mais de la même personne), il suffisait d'un enfant pour le conduire, et lui-même il mourut enfant.

Ces défauts sont-ils ceux d'un homme ou ceux de la nation ? Nous les retrouvons bien des fois dans les héros de son histoire. Il ne faut pas trop s'étonner si le grand citoyen moderne n'en est pas moins de leur famille. S'il eût été autre, il n'eût pas représenté d'une manière si complète toute l'âme de son noble pays. Je ne sais si ce sont des taches, mais il fallait qu'elles fussent en ce caractère. Nous l'aimons, même à cause d'elles, y reconnaissant l'antique Pologne... Et nous t'embrassons d'autant plus, pauvre vieux drapeau !

Est-il sûr que Kosciusko aurait sauvé la Pologne avec plus de rigueur civique? J'en doute; mais ce dont je suis sûr, c'est que la bonté extraordinaire, si grande, qui fut en lui, a eu des effets immenses, infiniment favorables à l'avenir de sa patrie. D'une part, elle lui a gagné le cœur de toutes les nations ; beaucoup sont restées convaincues que l'absolue bonté humaine s'est trouvée dans un Polonais. — D'autre part, en cette haute excellence morale, les classes diverses de la Pologne, si malheureusement séparées, ont trouvé un idéal commun et leur nouveau point d'union. Les nobles ont salué en lui le chevalier de la croisade, et les paysans, y trouvant le bon cœur et le bon sens, le dévouement du pauvre peuple, ont ressenti qu'il était leur, qu'il fut la Pologne elle-même.

Le jour où cet homme de foi, menant ses bandes novices contre l'armée russe, aguerrie, victorieuse, laissa là toutes les routines et l'orgueil antique, laissa la noble cavalerie, mit pied à terre et prit rang parmi les faucheurs polonais, ce jour-là une grande chose fut faite pour la Pologne et pour le monde. La Pologne n'était jusque-là qu'une noblesse héroïque; dès lors ce fut une nation, une grande nation, et indestructible. L'impérissable étincelle de la vitalité nationale, enfouie si longtemps, éclata; elle rentra au cœur du peuple, et elle y reste avec le souvenir de Kosciusko.

Dévoué, résigné et simple, il ne sut, dit-on, que mourir; mais, en cela même encore, il fit une grande chose : il éveilla un sentiment inconnu au cœur des Russes. Barbares, pour la Pologne même, ils commencèrent à se troubler quand ils la virent blessée, taillée en pièces sur le champ de bataille, dans la personne de Kosciusko. L'être défiant entre tous, le paysan russe et le soldat russe, qu'on écrase mais qu'on n'émeut pas, fut sans défense contre l'impression morale de cette grande victime; il se sentit injuste... On vit de vrais miracles : les pierres pleurèrent, et les glaces du pôle, les Cosaques, pleurèrent, se souvenant trop tard, hélas! de leur origine polonaise. Leur chef Platow, arrivé en 1815 à Fontainebleau, vit le pauvre exilé, l'ombre infortunée de la Pologne qui se traînait encore, et versa des larmes amères. Le vieux pillard, l'homme de meurtre, se retrouva homme. Jusqu'à sa mort, il suffisait qu'il entendît le nom fatal, pour que les larmes, malgré lui, lui remplissent les yeux.

Ah! il y a un Dieu au monde, la justice n'est pas un vain mot... C'est par ce jour et par cet homme que le remords du fratricide commença pour la Russie... Pleurez, Russes; pleurez, Cosaques; mais surtout pleurez sur vous-mêmes, malheureux instruments d'un crime si fatal aux deux pays!

Jeunes Slaves du Danube, que je vois avec bonheur monter au rang des nations, enfants héroïques qui jadis avez abrité le monde contre les barbares, c'est à vous aussi que je donne ce portrait du meilleur des Slaves, du bon, du grand, de l'infortuné Kosciusko.

La générosité, la douceur magnanime des véritables Slaves, ces dons du ciel qu'on trouve en leurs tribus primitives, elles ont éclaté avec un charme attendrissant dans cet homme. En lui, nous honorons le génie de cette grande race; nous saluons son apparition d'un salut fraternel.

Jeunes Slaves, que vous souhaiterai-je? que demandera à Dieu pour vous la vieille France qui vous regarde et vous voit grandir avec joie? — La vaillance? Non, la vôtre est connue par toute la terre. Vous souhaiterai-je la muse et les chants? Les vôtres sont célèbres chez nous. Souvent, dans mes sécheresses, je me suis moi-même abreuvé aux sources de la Servie.

Je vous souhaite, amis, davantage. Aux glorieux commencements de votre fortune nouvelle, j'ajoute un vœu, un don, une bénédiction. Je vous doue au berceau, autant qu'il est en moi, y mettant une chose sainte qui sortit du cœur de Dieu même :

L'héroïque bonté de la Pologne antique.

II

ON NE TUE PAS UNE NATION

Nous l'avons dit ailleurs, l'Europe n'est point un assemblage fortuit, une simple juxtaposition de peuples, c'est un grand instrument harmonique, une lyre, dont chaque nationalité est une corde et représente un ton. Il n'y a rien là d'arbitraire ; chacune est nécessaire en elle-même, nécessaire par rapport aux autres. En ôter une seule, c'est altérer tout l'ensemble, rendre impossible, dissonante ou muette, cette gamme des nations.

Il n'y a que des fous furieux, des enfants destructeurs qui puissent oser mettre la main sur l'instrument sacré, œuvre du temps, de Dieu, de la nécessité des choses, attenter à ces cordes vives, concevoir la pensée impie d'en détruire une, de briser à jamais la sublime harmonie calculée par la Providence.

Ces tentatives abominables furent toujours impuissantes. Les nations dont on croyait supprimer l'existence ont refleuri, toujours vivantes, indestructibles. Un despote a pu dire, dans un accès de colère puérile : « Je supprime la Suisse. » M. Pitt a dit de la France : « Elle sera un blanc sur la carte. » L'Europe entière, les rois avec les papes, profitant du mortel sommeil où semblait plongée l'Italie, ont cru la démembrer, la couper en morceaux ; chacun mordit sa part ; ils dirent : « Elle a péri. » Non, barbares, elle ressuscite ; elle sort vivante, entière, de vos morsures. Elle sort rajeunie du chaudron de Médée ; elle n'y a laissé que sa vieillesse : la voici jeune, forte, armée, héroïque et terrible. La reconnaissez-vous ?

Savez-vous bien, meurtriers imbéciles, pourquoi nulle de ces grandes nations ne peut périr, pourquoi elles sont indestructibles, sinon invulnérables ?

Ce n'est pas seulement parce que chacune d'elles, dans son glorieux passé, dans les services immenses rendus au genre humain, a sa raison morale d'exister, sa légitimité et son droit devant Dieu ; mais c'est aussi, c'est surtout parce que *l'Europe entière n'étant qu'une personne, chacune de ces nations est une faculté*, une puissance, une activité de cette personne ; en sorte que, s'il était possible de supposer un moment qu'on tue une nation, il arriverait à l'Europe, comme à l'être vivant dont on détruit un poumon, dont on retranche un côté du cerveau : il vit encore, cet être, mais d'une manière souffrante et tout étrange qui accuse sa mutilation. Il ne respire qu'à peine, devient paralytique ou fou, ou bien encore, ce qu'on peut observer, son équilibre étant rompu, il agit comme un automate, non comme une personne; toute son action se fait d'un seul côté, aveugle, ridicule et bizarre.

Supposez un moment que nous apprenions ici un matin que *notre éternelle ennemie*, l'Angleterre, a passé sous les flots, ou bien encore que, la Baltique ayant changé de lit, il n'y a plus d'Allemagne... Quels seraient, grand Dieu ! les résultats de ces terribles événements! On ne peut même l'imaginer. L'économie humaine en serait bouleversée, le monde irait comme ivre ; toute la grande machine, brisée et détraquée, n'aurait que de faux mouvements.

Supposez encore un moment que les vœux impies de nos traîtres (des écrivains cosaques) ont été exaucés, que l'armée du czar est ici, que la liberté a été tuée, que la France a fini dans le sang... Horreur! la mère des nations, celle qui les allaita du lait de la liberté, de la révolution, celle qui vivifiait le monde de sa lumière, de sa vitalité... La France éteinte : hypothèse effroyable!... La vie, la chaleur baisse à l'instant pour tout le globe; tout pâlit, tout se refroidit; la planète entre dans la voie des astres finis qui errent encore au ciel, solitaires, inutiles, promenant mélancoliquement un reste d'existence, une vie morte, pour ainsi parler, qui seulement dit qu'ils ont vécu.

L'ignorance, la préoccupation excessive de ce qui est près de nous, la profonde attention qu'on donne à des objets minimes, en négligeant toute grande chose, ont seules empêché, jusqu'ici, d'observer les conséquences effroyables qu'a eues le meurtre de la Pologne, la suppression de la France du Nord.

On en a caché une partie à force de mensonges. C'est un fait prodigieux, et pour humilier à jamais l'esprit humain, que le monde des lumières et de la civilisation ait pu, depuis un demi-siècle, se laisser tromper là-dessus.

Exemple mémorable de ce que peuvent les arts de la pensée, la littérature et la presse, habilement séduites et corrompues, pour éteindre la lumière même, enténébrer le jour, si bien que le monde aveugle en vienne à ne plus voir le soleil à midi.

En ces profondes ténèbres qu'ils avaient faites, les meurtriers sont venus et ils ont bravement juré sur le corps de la victime : « Il n'y a pas eu de Pologne : elle n'existait pas... Nous n'avons tué que le néant. »

Puis, voyant la stupéfaction de l'Europe, son silence, et que plusieurs semblaient les croire, ils ont ajouté froidement : « Du reste, existât-elle, elle a mérité de périr... S'il y a eu une Pologne, c'était une puissance du moyen âge, un État rétrograde, voué (c'est là ce qui nous blesse) aux institutions aristocratiques.

— Moi, dit la Prusse, je suis la civilisation.

— Et moi, dit la Russie (ou du moins ses amis le disent pour elle), moi, je suis une puissance amie du progrès, sous forme absolutiste, une puissance révolutionnaire. »

Il n'est pas de mensonges hardis par lesquels les amis des Russes n'aient insulté, depuis vingt ans surtout, au bon sens de l'Europe.

On ne peut plus parler de l'histoire ni de la politique du Nord, sans replacer préalablement la lumière dans ces questions. Nous n'aurions pu conter la vie de Kosciusko sans expliquer avant tout la position et la vie réelle de la Pologne et de la Russie.

Un mot donc, un seul mot aux menteurs patentés, aux calomniateurs gagés, qui ont perverti le sens du public et créé ces ténèbres, mot simple, mot vengeur, qui sera clair, du moins... S'ils ont éteint le jour, qu'ils soient éclairés de la foudre.

La foudre, c'est la vérité.

Et la vérité est ceci :... Nous nous fions à Dieu et au bon sens, et nous ne doutons pas que tout cœur droit, à la fin de ces pages, ne dise : « C'est la vérité ! »

Nous l'avons cherchée avidement, longuement, laborieusement, avec une ferveur véritablement religieuse. Nulle lecture, nulle étude ne nous a coûté pour l'atteindre. Les résultats de nos patientes enquêtes ont répondu à ceux que donnaient la logique et la méditation. Et maintenant, affermi par ce consciencieux travail, nous levons la main et nous jurons ceci :

« La Pologne, que vous voyez en lambeaux et sanglante, muette, sans pouls ni souffle, *elle vit*... *Et elle vit de plus en plus;* toute sa vie, retirée de ses membres, portée à la tête et au cœur, n'en est que plus puissante.

« Ce n'est pas tout. *Elle vit seule dans le Nord*, et nulle autre. La Russie ne *vit pas.*

Nous n'avons pas à voir si quelques hommes de talent, s'exerçant dans la langue russe, comme dans une langue savante, ont amusé l'Europe de la pâle représentation d'une prétendue littérature russe...Toute cette littérature, sauf quelques rares efforts, généreux, bientôt étouffés, est une œuvre d'imitation.

L'affreuse mécanique de la bureaucratie soi-disant russe, qui est tout allemande, l'institution militaire, non moins artificielle, de ce gouvernement, tout cela ne m'impose point.

Je dis, j'affirme, je jure et je prouverai *que la Russie n'est pas.*

Monstrueux crime du gouvernement russe ! vaste crime, meurtre immense de cinquante millions d'hommes ! Il n'a fait que diviser la Pologne en lui donnant une vie plus forte, mais, en réalité, *il a supprimé la Russie.*

Sous lui, par lui, elle a descendu la pente d'un effroyable néant moral, elle a marché tout au rebours du monde, reculé dans la barbarie.

Elle subit dans ce moment une opération atroce, que nul martyre de peuple ne présente dans l'histoire : nous l'expliquerons tout à l'heure. *Du servage*, elle retourne *à l'esclavage* antique.

L'esprit russe, faussé par la torture d'une inquisition vile et basse (qui n'a pas, comme celle d'Espagne, l'excuse au moins d'un dogme), l'esprit russe descend dans la dégradation, dans l'asphyxie morale. Il était doux, croyant, docile. Il croit de moins en moins ; sa loi était dans l'idée de famille, dans la paternité. Cette idée lui échappe.

Phénomène terrible pour le monde, mais surtout pour la Russie elle-même. L'idée russe a faibli en elle, et elle n'a pas pris l'idée de l'Europe; elle a perdu son rêve, qui était une *autorité paternelle*, et elle ignore la *loi*, cette mère des nations.

Que serait-ce si elle n'avait encore, pour la tirer de ce néant où elle descend, une sœur qui comprend les deux autorités (la paternité et la loi); cette sœur, l'aînée des Slaves, dans laquelle est leur vie la plus intense; cette sœur dont le génie a grandi, s'est approfondi sous la verge de la Providence et dans l'épreuve du destin?

Sans elle, sans cette infortunée Pologne qu'on croit morte, la Russie n'aurait aucune chance de résurrection.

Elle pourrait troubler l'Europe, l'ensanglanter encore, mais cela ne l'empêcherait pas de s'enfoncer elle-même dans le néant et dans le rien, dans les profondes boues d'une dissolution définitive.

Au reste, la Russie le sent. Malgré son atroce gouvernement, malgré le maître fou qui l'enfonce aux abîmes, elle sent bien que tout son espoir est dans cette pauvre Pologne. Elle le sent; elle se souvient de la fraternité. Ce souvenir et ce sentiment sont à elle, Russie, sa légitimité, et c'est pourquoi Dieu la sauvera.

Vivez, Pologne, vivez! Le monde vous en prie, toutes les nations; nul n'en a plus besoin que l'infortuné peuple russe. Le salut de ce peuple et sa rénovation sont pour vous une glorieuse raison d'être. Plus il descend, ce peuple, plus votre droit de vivre augmente, plus vous devenez sacrée, nécessaire et fatale.

III

CAUSES RÉELLES DE LA RUINE DE LA POLOGNE

Jamais, depuis Œdipe, depuis l'atroce énigme du Sphinx, jamais la destinée n'a jeté aux nations un plus cruel problème, ni plus mystérieux, que la ruine de la Pologne.

Contraste étrange! c'est justement la nation *humaine* entre toutes qui a été mise hors l'humanité.

La nation généreuse, hospitalière, la nation *donnante*, si je puis dire, celle pour qui la libéralité sans bornes fut un besoin du cœur, c'est celle-là qui a été livrée en proie et dépouillée... Elle mendie son pain par toute la terre.

Le peuple chevalier qui, au prix de son sang, si souvent contre les Tartares et si souvent contre les

Turcs, nous a tous défendus... c'est celui dont personne n'a pris la défense à son dernier jour!

Le dix-huitième siècle, qui a vu sa ruine, avait été pour la Pologne une époque de singulière douceur dans les mœurs. Les étrangers qui la visitaient alors nous disent qu'en ce pays, où il n'y avait ni police ni gendarme, on pouvait parcourir les immenses forêts en toute sécurité, les mains pleines d'or. Presque aucun procès criminel. Les rôles de plusieurs tribunaux établissent que durant trente années, on n'eut à y juger que des bohémiens ou des juifs, aucun Polonais; pas un noble, pas un paysan accusé de meurtre ou de vol.

« Les Polonais avaient des serfs, » dit-on. Et les Russes n'en avaient pas sans doute? Et les Allemands n'en avaient pas? Le servage allemand était très-dur, même en notre siècle. Un de mes amis a vu encore dans un État allemand une fille serve dans une loge à chien, avec une chaîne de fer. Nous-mêmes, Français, qui parlons tant, avec toutes nos belles lois, nous n'en avons pas moins des nègres, sans parler des nègres blancs, de l'esclavage industriel, qui souvent vaut bien le servage.

Le serf, sous la république de Pologne, payait dix fois moins qu'aujourd'hui. Ajoutez qu'il était exempt du plus terrible impôt qu'exige la Russie. La noblesse portait seule les armes. On ne voyait pas ces longues files de jeunes paysans polonais, la chaîne au cou, qui marchent, piqués par le Cosaque, pour servir l'ennemi de la Pologne dans le Caucase, en Sibérie, jusqu'aux frontières de Chine. Il en meurt la moitié en route ; on en prend d'autres, toujours d'autres, qui ne reviennent jamais. La Pologne n'enfante que pour soûler le Minotaure.

Quel a été, en réalité, le péché de la Pologne? cet esprit romanesque, cet esprit de grandeur (fausse ou vraie) qui a fait des héros, mais qui convenait moins aux citoyens d'une république. Chaque homme était un roi et tenait cour, les portes ouvertes à tous, les tables toujours mises ; on priait l'étranger d'entrer, on le comblait de dons. Et ce n'était pas seulement orgueil et faste, c'était aussi une aimable facilité de cœur, une bonté naturelle qui les jetait dans cet excès de libéralité. Tout objet que vous regardiez, que vous paraissiez trouver agréable dans la maison de votre hôte, on vous disait : « Il est à vous. »

Et il aurait paru bas, ignoble, antipolonais, qu'il en fût autrement. Cela était tellement établi dans les mœurs, qu'on disait aux enfants, lorsqu'on les menait en visite : « Prends bien garde de ne pas nommer, de ne louer aucun objet que tu verras. Ce serait indiscret, le maître le donnerait à l'instant. »

Cette libéralité prodigue et la fausse grandeur, la fastueuse vie du chevalier qui vit de gloire et jette l'or, elles eurent un double effet, et très-fatal. D'abord, ils regardèrent au-dessous d'eux de s'occuper de leurs affaires, les laissèrent à des intendants qui pressuraient les serfs. Les plus généreux des hommes, les plus humains, les moins avides, se trouvèrent par ces funestes intermédiaires, être, à leur insu, des maîtres très-durs.

Cet éloignement des affaires fut cause aussi qu'ils laissèrent prendre un grand ascendant aux prêtres romains, aux jésuites. — La Pologne, au seizième siècle, était le pays le plus tolérant de la terre, l'asile de la liberté religieuse ; tous les libres penseurs venaient s'y réfugier. Les jésuites arrivent ; le clergé polonais suit leur impulsion, devient persécuteur. Il entreprend la tâche insensée de convertir les populations du rit grec, les belliqueux Cosaques. Ceux-ci, Polonais d'origine, sauvages, indépendants, comme le fier coursier de l'Ukraine, tournent bride, s'en vont du côté russe. La république de Pologne donna ce jour-là à son ennemi l'épée qui devait lui percer le cœur.

IV

SUBLIME GÉNÉROSITÉ DE LA POLOGNE

L'Europe, oublieuse, distraite, semble ne plus savoir le suprême danger qu'elle courut aux derniers temps du moyen âge, et qui l'en préserva.

L'invasion des Turcs, bien autrement sérieuse que celles des Tartares en Europe, n'était point un déluge d'un jour, qui inonde, ravage, et s'écoule. Ces barbares, nullement barbares à la guerre, se présentaient en masses fortes, solides ; parmi des nuées de cavalerie s'avançaient leurs redoutables janissaires, la première infanterie du monde. Leur victoire était très-probable.

La Pologne se mit devant l'Europe avec la Hongrie

et les Slaves, les Roumains du Danube; elle sauva l'humanité.

Pendant que l'Europe oisive jasait, disputait sur la Grâce, se perdait en subtilités, ces gardiens héroïques la couvraient de leurs lances. Pour que les femmes de France et d'Allemagne filassent tranquillement leur quenouille et les hommes leur théologie, il fallait que le Polonais, le Hongrois, toute leur vie en sentinelle, à deux pas des barbares, veillassent, le sabre en main. Malheur s'ils s'endormaient! leur corps restait au poste, leur tête s'en allait au camp turc.

Tout homme qui naissait alors en ces pays savait parfaitement qu'il ne mourrait pas dans son lit, qu'il devait sa vie au martyre. Grande situation! de se savoir toujours si près d'arriver devant Dieu! Cela tenait les cœurs très-hauts, très-libres aussi. Quoi de plus libre que la mort? Vivants, ils lui appartenaient, et ne relevaient que d'elle. On ne gouvernait de tels hommes que par leur propre volonté.

Rien de plus grand que cette république de Pologne. La volonté y faisait tout. C'était comme l'empire des esprits. Ni le roi ni les juges n'ayant de force suffisante pour assurer l'exécution des jugements, il fallait que le condamné se livrât lui-même, qu'il apportât sa tête.

L'idéal polonais, placé si haut, imposait à la République d'immenses difficultés; la loi y exigeait des citoyens un effort continuel; pour état naturel, ordinaire, il exigeait d'eux le sublime. Elle les supposait toujours généreux, du moins voulant l'être. Dans le progrès de son histoire, la Pologne semblait marcher vers un gouvernement qui ne s'est pas vu encore en ce monde, un gouvernement de *spontanéité, de bonne volonté.*

Quel qu'ait été plus tard l'affaissement national, l'orgueil de la noblesse et son esprit d'exclusion, de caste, qui fut un démenti à la générosité antique, il est resté de cet état sublime des premiers temps une tendance chevaleresque, une étonnante disposition au sacrifice dont nulle nation peut-être n'a donné les mêmes exemples.

Quoi qu'il en coûte à un Français de l'avouer, nous devons dire, pour être juste, que les gouvernements de la France ont tous usé et abusé de l'amitié de la Pologne, de l'héroïque fidélité des Polonais. Ils l'ont mise aux plus rudes épreuves sans en trouver jamais le fond.

Il est indigne que, dans tant de traités, et sous la République même, à Bâle, à Campo-Formio, à Lunéville, la Pologne ne soit pas même mentionnée. Elle versait alors son sang pour nous, à flots ; elle créait, sous Dombrowski, ces vaillantes légions polonaises qui partout nous ont secondés, égalant, dépassant parfois les plus vaillants des nôtres.

Le cœur saigne à dire la terrible dépense que Napoléon fit du sang des Polonais. Leur docilité, leur dévouement, leur enthousiasme obstiné pour celui en qui ils voyaient le drapeau de la France, saisissent d'étonnement, arrachent des larmes. Dans les plus tristes entreprises, les plus étrangères à leur cause, il les prodigue sans scrupule ; il les embarque pour Saint-Domingue, jette ces hommes du Nord aux climats de feu, emploie au rétablissement de l'esclavage ces soldats de la liberté. Dans la plus injuste des guerres, celle d'Espagne, encore les Polonais. Les Français s'y rebutent, se lassent : les Polonais ne sont pas las encore.

Quelle récompense? La voici : trois fois de suite, en 1807, en 1809, en 1812, Napoléon a empêché la restauration de leur nationalité, qui se faisait d'elle-même.

Vous supposez sans doute que les Polonais, si maltraités, lui ont gardé rancune, qu'ils ont un souvenir amer d'une adoration si mal reconnue, qu'ils en veulent à ce dieu ingrat?... C'est précisément le contraire. Tout au rebours des autres hommes, leur attachement a augmenté par les mauvais traitements. La chute de Napoléon (qui détacha de lui tant d'hommes) lui rallia encore le cœur des Polonais. Sainte-Hélène porta leur fanatisme au comble. La mort, enfin, le mit sur un autel. Vainqueur, c'était pour eux un grand homme ; vaincu et captif, un héros ; mort, ils en ont fait un messie.

Magnanimes instincts de générosité et de grandeur,

héroïques élans du cœur pour aimer qui nous fit souffrir !

Nous avons eu sous les yeux un miracle en ce genre, un fait inouï, prodigieux... et la sueur me vient d'y penser... Le Collége de France a été témoin de cette chose ; sa chaire en reste sainte.

Je parle du jour où nous vîmes, où nous entendîmes le grand poëte de la Pologne, son illustre représentant par le génie et le cœur, consommer, par-devant la France, l'immolation des plus justes haines, et prononcer sur la Russie des paroles fraternelles.

Les Russes qui étaient là furent foudroyés. Ils attachaient les yeux à la terre.

Pour nous autres Français, ébranlés jusqu'au fond de l'âme, à peine osions-nous regarder l'infortuné auditoire polonais, assis près de nous sur ces bancs. Quelle douleur, quelle misère manquait dans cette foule? Ah ! pas une. Le mal du monde était là au complet. Exilés, proscrits, condamnés, vieillards brisés par l'âge, ruines vivantes des vieux temps, des batailles ; pauvres femmes âgées sous les habits du peuple, princesses hier, ouvrières aujourd'hui ; tout perdu, rang, fortune, le sang, la vie ; leurs maris, leurs enfants, enterrés aux champs de bataille, aux mines de Sibérie ! Leur vue perçait le cœur !... Quelle force fallait-il, quel sacrifice énorme et quel déchirement pour leur parler ainsi, arracher d'eux l'oubli et la clémence, leur ôter ce qui leur restait, et leur dernier trésor, la haine... Ah! pour risquer ainsi de les blesser encore, une seule chose pouvait enhardir: *être de tous le plus blessé.*

Cela était écrit et devait arriver. Il n'y a pas à discuter, ni rien à dire ou pour ou contre. Il était écrit et voulu que la Pologne, s'arrachant la Pologne du cœur, perdant la terre de vue, repoussant l'infini des douleurs, des haines et des souvenirs, emporterait, dans son vol au ciel, jusqu'à la Russie elle-même.

C'est le mystère de l'aigle blanc qui laisse pleuvoir son sang, et sauve l'aigle noir.

V

GÉNIE PROPHÉTIQUE ET POÉTIQUE DE LA POLOGNE.
SA LÉGENDE RÉCENTE

Il y a peu d'années, plusieurs villages de Lithuanie ont témoigné authentiquement et, par-devant les magistrats, affirmé par serment, qu'ils avaient vu distinctement au ciel une grande armée qui partait de l'Ouest et qui allait au Nord.

C'est le privilége des grandes douleurs, le don que le ciel fait à ceux qui souffrent trop dans le présent d'anticiper ainsi le temps.

Cette grandeur de cœur, cette magnanimité dont nous parlions, cette douceur pour ses ennemis, méritent bien aussi que, de ces hauts sommets de la nature morale, le regard porte au loin et qu'on voie d'avance les réparations de l'avenir.

Ah ! dons du ciel, jamais vous ne fûtes plus nécessaires ! jamais vous ne vîntes consoler de plus grandes douleurs !... Faites-leur voir déjà le monde juste et bon que nous aurons un jour.

Cette puissance, plusieurs l'assurent, est dans un homme. Je le crois sans peine, et dans mille ! N'y eut-il pas, dans les captivités des Juifs, dans nos Cévennes et ailleurs, des peuples *voyants* ?

Belle justice de Dieu ! Ce peuple martelé, scié en deux, comme fut Isaïe, a pris dans son supplice des ailes prophétiques. Il ne marche plus, mais il vole. Les seuls poëmes sublimes qui aient apparu aux derniers temps sont ces deux cris de la Pologne, la *Comédie infernale* et la *Vision de la nuit de Noël* : voix profonde d'un homme qui gémissait sur le vieux monde, et qui, à son insu, tout à coup s'est trouvé prophète.

Ceux qui ont vu encore la funèbre gravure qui représentait Napoléon dans son linceul, couronné de lauriers, mais ayant sous les yeux la carte où la Pologne manque, et s'excusant à Dieu ; ceux-là, dis-je, savent à quelle hauteur d'intuition est l'âme polonaise et combien confidente des jugements de l'éternité.

Nul doute que, dans les profondeurs de ce peuple infortuné qui ne peut même gémir, il y ait bien d'autres intuitions sublimes, de prophétie et de poésie. Ils les tiennent muettes, en eux, pour leur consolation, *pour le remède de l'âme*.

La révélation la plus forte de la Pologne en ces derniers temps, sa poésie vivante, son poëme humain, fut l'homme étrange qui, seul, de nos jours, en pleine lumière, hier même, en 1849, est devenu une légende.

Nous l'avons connu ici, cet homme terrible, cet homme-fée qui sans arme chassait des escadrons, les blessait du regard, celui sur qui mollissaient les balles, celui devant qui reculaient les boulets effrayés; nous l'avons connu, — le général Bem.

Ici, il nous parut un homme doux et bon, rien de plus. Il s'occupait infatigablement de méthodes qu'il devait un jour appliquer à l'enseignement des pauvres paysans polonais. La guerre lui était naturelle; il l'avait dans le sang, et il n'en donnait aucun signe. Sa figure, très-peu militaire, était triste. Pour être gai, il lui fallait la guerre, des combats, et terribles.

Là, au milieu des balles, il devenait aimable, d'une bonhomie joviale. La pluie de fer, de feu, était son élément ; alors il avait l'air de nager dans les roses. Avec cela, humain et doux. Le péril n'éveillait en lui ni haine ni colère; tout au contraire, une gaieté charmante. Personne n'a moins haï ceux qu'il tuait. Aussi est-il resté cher à tous, aux Slaves comme aux Hongrois, comme aux Polonais. Ils le chantent avec les leurs, et se vantent de ce que, lui aussi, il fut Slave; ils montrent avec orgueil les coups dont il les honora.

Cette légende est fondée au cœur des peuples, elle

va florissant chaque jour, s'enrichissant de branches nouvelles et de jeunes fleurs. Naguère encore, quand les volontaires de Silésie, que leur cœur poussait au Midi, s'en allaient malgré eux au Nord sous le bâton des Prussiens : « Vous avez beau faire, disaient-ils, Bem aura raison de vous tous. Il vit et il vivra. Les cloches, depuis mille ans, ne font que l'annoncer. Écoutez-les ; n'entendez-vous pas qu'elles disent : *Bem! Bem! Bem!...* Elles sonnent, et sonneront son nom éternellement. »

VI

LA RUSSIE ÉTAIT INCONNUE JUSQU'EN 1847. — ELLE EST
ENTIÈREMENT COMMUNISTE

Une chose peut sembler étrange à dire, c'est que, jusqu'en 1847, la Russie, la vraie Russie, la Russie populaire, n'était guère plus connue que l'Amérique avant Christophe Colomb.

J'avais lu tout ce qu'on a publié d'important en Europe sur la Russie. Je n'en étais pas plus instruit. Je sentais bien confusément que, dans cette foule d'ouvrages généralement légers sous forme sérieuse, on avait donné l'extérieur, le costume et non l'homme.

Un observateur pénétrant, délicat, doué d'un tact de femme, M. de Custine, avait peint la haute société russe, et parfois même avec bonheur saisi au passage le profil du peuple.

Mickiewicz avait posé de haut les traits généraux de la vie slave, et, descendant dans le détail, jeté de profondes, d'admirables lueurs sur le vrai caractère du gouvernement russe. Il eût été plus loin ; on ne le permit pas. On fit briser sa chaire.

Du reste, la tendance de Mickiewicz, dans son sublime effort pour amnistier la Russie, pour réconcilier les frères ennemis, Russes et Polonais, dans l'idée de l'origine commune, ne lui permettait guère d'insister sur ce qui est spécial aux Russes, sur ce qui les différencie des autres Slaves et les met au-dessous, sur la misérable décadence et l'avilissement où l'esprit slave est tombé dans ce grand empire.

En 1843, un savant agronome, M. Haxthausen, visite la Russie pour étudier les procédés de l'agriculture. Il ne cherchait que la terre et les choses de la terre, et il a trouvé l'homme.

Il a découvert la Russie. Sa patiente enquête nous a plus éclairé que tous les livres antérieurs mis ensemble.

Le témoignage de l'excellent observateur est d'autant moins suspect, qu'il peut être considéré comme celui même de la Russie, une déposition qu'elle fait sur elle-même. Recommandé par l'empereur, il a été conduit par les autorités, par les grands propriétaires, qui n'auraient pas manqué de lui cacher la vérité, s'il eût voulu connaître le gouvernement russe, mais qui se faisaient un plaisir de lui faire connaître en détail toute la vie inférieure de la Russie, le serf et le village, la condition de la culture et du cultivateur.

L'Allemand, ainsi mené, va lentement de commune en commune, regarde, observe, interroge, autant qu'il peut ; et, quel que soit son respect un peu servile pour le gouvernement, sa déférence respectueuse pour les grands personnages qui le conduisent sur leurs terres, il conserve (du moins dans son premier volume) une remarquable liberté de jugement.

Quelle conclusion supposez-vous à cette enquête ainsi conduite par les intéressés? la plus inattendue ; et elle fait beaucoup d'honneur à M. Haxthausen.

Il ne la résume pas sous forme générale, mais il constate à chaque instant *que la culture et le cultivateur sont misérables, qu'ils produisent très-peu, que l'homme, imprévoyant et sans vue d'avenir, est peu capable d'amélioration.*

La population augmente, dit-on, rapidement. La production n'augmente pas ; l'activité est nulle. Contraste étrange : la vie se multiplie, et elle semble frappée de langueur et de mort.

Un mot explique tout, et ce mot contient la Russie.

La vie russe, c'est le communisme.

Forme unique, exclusive de cette société, à peu près sans exception. Sous l'autorité du seigneur, la commune distribue la terre, la partage à ses membres, ici tous les dix ans, là la sixième année, la quatrième ou la troisième, même en certains lieux tous les ans.

Au temps ordinaire du partage, la famille qui se trouve réduite par la mort reçoit moins de terre, la famille augmentée en reçoit davantage. Elle est tellement intéressée à ne pas diminuer de nombre, que, si un vieillard meurt, le vieux père, par exemple, la famille adopte un vieillard, se fait un père pour remplacer le mort.

La force de la Russie (analogue sous quelques rapports à celle des États-Unis d'Amérique), c'est qu'elle a dans son sein une sorte de loi agraire, je veux dire une distribution perpétuelle de terre à tous les survenants. On ne trouve pas beaucoup d'étrangers qui veuillent en profiter, au risque de devenir serfs. Mais les enfants viennent à l'aveugle en foule, en nombre énorme. Tout enfant qui ouvre les yeux a sa part toute prête, qu'il recevra de la commune ; c'est comme une prime pour naître, l'encouragement le plus efficace à la génération.

Monstrueuse force de vie, de multiplication ! épouvantable pour le monde, si cette force n'était balancée ! Mais l'action de la mort n'est pas moins monstrueuse ; elle a ses deux ministres, tous deux expéditifs : un atroce climat, un gouvernement plus atroce.

Ajoutez que dans ce communisme même qui encourage tellement à naître et à vivre, il y a, en récompense, une force de mort, d'improductivité, d'oisiveté, de stérilité. L'homme, non responsable, se reposant sur la commune, reste comme endormi dans l'imprévoyance enfantine ; d'une charrue légère il écorche légèrement un sol ingrat ; il chante, insouciant, son chant doux, monotone ; la terre produira peu ; qu'importe ? il se fera assigner un lot de terre de plus, sa femme est là : il aura un enfant.

De là un résultat très-imprévu : le communisme ici fortifie la famille. La femme est fort aimée ; elle a la vie très-douce. Elle est en réalité la source de l'aisance ; son sein fécond est pour l'homme une source de biens. L'enfant est bienvenu. On chante à sa naissance ; il apporte la prospérité. Il meurt bientôt, c'est vrai le plus souvent ; mais sa féconde mère ne perd pas un moment pour le remplacer vite, et maintenir son lot dans la famille.

Vie *toute naturelle*, dans le sens inférieur, profondément matérielle, qui attache singulièrement l'homme en le tenant très-bas. — Peu de travail, nulle prévoyance, nul souci d'avenir. — La femme et la commune, voilà ce qui protége l'homme. Plus la femme est féconde, plus la commune donne. L'amour physique et l'eau-de-vie, la génération incessante d'enfants qui meurent et qu'on refait sans cesse, voilà la vie du serf.

Ils ont horreur de la propriété. Ceux qu'on a faits propriétaires retournent vite au communisme. Ils craignent les mauvaises chances, le travail, la responsabilité. Propriétaire, on se ruine ; communiste, on ne peut se ruiner, n'ayant rien, à vrai dire. L'un d'eux, à qui on voulait donner une terre en propriété, disait : « Mais si je bois ma terre? »

Il y a, en vérité, quelque chose d'étrange à confondre, sous ce même mot de communisme, des choses si différentes, à rapprocher ce communisme d'indolence et de somnolence, des communautés héroïques qui ont été pour l'Europe la défense contre les barbares, l'avant-garde de la liberté. — Les Serbes, les Monténégrins, ces populations voisines des Turcs, dans leur lutte inégale contre ce grand empire, menacés à toute heure d'être enlevés captifs, traînés à la queue des chevaux, ont cherché, au milieu de ces extrêmes périls, l'unité et la force dans une sorte de communisme. Moissons communes, tables souvent communes, l'unité fraternelle dans la vie, dans la mort. Une telle communauté, on l'a bien vu par leurs combats et par leurs chants, n'a nullement énervé leurs bras ni leur esprit.

Il y a loin de là au communisme instinctif, naturel, paresseux, qui est l'état invariable de tant de tribus animales, avant que la vie individuelle et l'organisme propre se soient vigoureusement déclarés. Tels les mollusques au fond des mers ; tels nombre de sauvages des îles du Sud ; tel, dans un degré supérieur, l'insouciant paysan russe. Il dort sur la commune comme l'enfant au sein de la mère. Il y trouve un adoucissement au servage, triste adoucissement, qui, favorisant l'indolence, le confirme et le perpétue.

Dans la profonde misère du serf russe et son impuissance d'amélioration, un seul côté adoucit le tableau, y semble mettre un rayon de bonheur : c'est l'excellence de la famille, c'est la femme et l'enfant. Mais là même se retrouvent une misère plus grande et le fond de l'abjection. L'enfant naît, est aimé, mais on le soigne peu. Il meurt pour faire place à un autre qu'on aime également, qu'on regrette aussi peu. C'est l'eau de la rivière. La femme est une source d'où s'écoulent des générations, pour se perdre au fond de la terre. L'homme n'y prend pas garde. La femme, l'enfant, sont-ils à lui ? La vie hideuse du servage implique un triste communisme que nous avons laissé dans l'ombre. Celui qui n'a pas même son corps n'a ni sa femme ni sa fille. Toute génération est pour lui incertaine. Dans la réalité, la famille n'est pas.

VII

TOUT, DANS LA RUSSIE, EST ILLUSION ET MENSONGE

Le communisme russe n'est nullement une institution, c'est une condition naturelle qui tient à la race, au climat, à l'homme, à la nature.

L'homme, en Russie, n'est point l'homme du Nord. Il n'en a ni l'énergie farouche ni la gravité forte. Les Russes sont des Méridionaux ; on le voit au premier coup d'œil, à leur allure leste et légère, à leur mobilité. La pression violente des invasions tartares les a rejetés du Midi dans ce marais immense qu'on appelle la Russie septentrionale. Cette affreuse Russie est très-peuplée. Celle du Midi, riche et féconde, reste une prairie solitaire.

Huit mois par an de boue profonde, et toute communication impossible; le reste du temps, des glaces, et les voyages pénibles et dangereux, si ce n'est par traîneaux. La désolante uniformité d'un tel climat, la solitude que crée l'absence de communications, tout donne à l'homme un besoin extraordinaire de mouvement. Sans la main de fer qui les tient attachés au sol, tous, nobles et serfs, les Russes fuiraient; ils iraient, viendraient, voyageraient. Ils n'ont rien autre chose en tête. Laboureurs malgré eux, et non moins ennemis de la vie militaire, ils sont nés voyageurs, colporteurs, brocanteurs, charpentiers nomades aussi; cochers surtout, c'est là qu'ils brillent.

Ne pouvant suivre cet instinct de mouvement, l'agriculteur au moins trouve plaisir à changer et s'agiter sur place. La distribution continuelle des terres, leur passage d'une main à l'autre, font une sorte de voyage intérieur pour toute la commune. La terre ennuyeuse, immobile, est comme mobilisée, diversifiée par ce fréquent échange.

On a dit en parlant des Slaves en général ce qui, tout au moins, est vrai des Russes : « Nul passé, nul avenir; le présent seul est tout. »

Mobiles habitants de l'océan des boues du Nord, où la nature incessamment compose et décompose, résout, dissout, ils semblent tenir de l'eau. « Faux comme l'eau, » a dit Shakspeare. — Leurs yeux longs, mais très-peu ouverts, ne rappellent pas bien ceux de l'homme. Les Grecs appelaient les Russes :

Yeux de lézards, et Mickiewicz a dit, mieux encore, que les vrais Russes avaient des *yeux d'insectes*, brillants, mais sans regard humain.

On devine, à les voir, la sensible lacune qui se trouve en cette race. Ce ne sont pas des hommes encore.

Nous voulons dire qu'il leur manque l'attribut essentiel de l'homme : la faculté morale, le sens du bien et du mal. Ce sens et cette idée, c'est la base du monde. Un homme qui ne l'a pas flotte encore au hasard, comme un chaos moral qui attend la création.

Nous ne nions pas que les Russes n'aient pas beaucoup de qualités aimables. Ils sont doux et faciles, bons compagnons, tendres parents, humains et charitables. Seulement, la sincérité, la moralité, leur manquent entièrement.

Ils mentent innocemment, volent innocemment, mentent, volent toujours.

Chose étrange! la faculté admirative, très-développée chez eux, leur permet de sentir le poétique, le grand, le sublime peut-être. Mais le vrai et le juste n'ont aucun sens pour eux. Parlez-en, ils restent muets, ils sourient, ils ne savent ce que vous voulez dire.

La justice n'est pas seulement la garantie de toute société, elle en fait la réalité, le fonds et la substance. Une société où elle est ignorée est une société apparente, sans réalité, fausse et vide.

Du plus haut au plus bas, la Russie trompe et ment : c'est une fantasmagorie, un mirage, c'est l'empire de l'illusion.

Partons du bas, de l'élément qui semble encore le plus solide, du trait original et populaire de la Russie.

La famille n'est pas la famille. La femme est-elle à l'homme? Non, au maître d'abord. De qui est l'enfant? Qui le sait?

La commune n'est pas la commune. Petite république patriarcale, au premier coup d'œil, qui donne l'idée de liberté. Regardez mieux, ce sont de misérables serfs qui seulement répartissent entre eux le fardeau du servage. Par simple vente et par achat, on la brise à volonté, cette république. Nulle garantie pour la commune, pas plus que pour l'individu.

Montons plus haut, jusqu'au seigneur. Là, le contraste de l'idéal et du réel devient plus dur encore, et le mensonge est plus frappant. Ce seigneur est un père, dans l'idée primitive; il rend paternellement la justice, assisté du starost, ou ancien du village. Ce père, dans la réalité, est un maître terrible, plus czar dans son village que l'empereur dans Pétersbourg. Il bat à volonté; à volonté, il prend votre fille ou vous-même, vous fait soldat, vous fait mineur de Sibérie, vous jette, pour mourir loin des vôtres, aux nouvelles fabriques, vrais bagnes qui sans cesse achètent des serfs et les dévorent.

4.

L'état des libres est pire, et personne n'a intérêt d'être libre. Un Russe de mes amis a fait de vains efforts pour y amener ses serfs. Ils aiment mieux le hasard du servage : c'est comme une loterie ; parfois on tombe à un bon maître. Mais les soi-disant libres sous l'administration n'ont point de ces hasards. Elle est le pire des maîtres.

Cette administration, dans l'empire du mensonge, est tout ce qu'il y a de plus mensonger. Elle se prétend russe et elle est allemande ; les cinq sixièmes des employés sont des Allemands de Courlande et de Livonie : race insolente et pédantesque, dans un parfait contraste avec le Russe, ne connaissant en rien sa vie, ses mœurs, ni son génie, le menant tout à contre-sens, brutalisant, faussant les côtés aimables, originaux, de cette population douce et légère.

Dans ce peuple de fonctionnaires, on ne peut sans dégoût envisager ce qui s'appelle Église, et qui n'est qu'une partie de l'administration. Nulle instruction spirituelle, nulle consolation donnée au peuple. L'enseignement religieux expressément défendu. Les premiers qui prêchèrent furent envoyés en Sibérie. Le prêtre est un commis, rien de plus ; et, comme le commis, il a les grades militaires. L'archevêque de Moscou a le titre de général en chef, celui de Kasan, de lieutenant général. Église toute matérielle et l'antipode de l'esprit.

Le pape de la Russie est le collége ecclésiastique,

lequel juge les causes spirituelles, mais lui-même il fait ce serment : « *Le czar est notre juge.* » De sorte qu'en réalité le vrai pape est le czar.

Un auteur important en cette matière, Tolstoï, le dit expressément : « L'empereur est le chef-né de la religion. »

Dans le czar est le faux du faux, le mensonge suprême qui couronne tous les mensonges.

Providence visible, père des pères, protecteur des serfs!... Nous expliquerons ailleurs, dans son développement diabolique, cette effroyable paternité.

Qu'il nous suffise ici de montrer ce qu'elle a de faux, dans son attribut le moins faux, le moins contestable, la force et la puissance; d'expliquer que cette puissance elle-même, si roide, si dure, et qui paraît si forte, est très-faible en réalité.

Deux choses naturelles ont amené cette chose dénaturée, ce monstre de gouvernement. L'instabilité désolante que les invasions éternelles des cavaliers tartares mettaient dans l'existence des Russes leur a fait désirer la stabilité, le repos sous un maître. Mais, d'autre part, la mobilité intrinsèque de la race russe, sa fluidité excessive, rendaient ce repos difficile. Incertaine comme l'eau, elle ne put être retenue que par le procédé dont use la nature pour fixer l'eau, par la constriction, le resserrement dur, brusque, violent, qui, aux premières nuits d'hiver, met l'eau en glace, le fluide en cristal, aussi dur que le fer.

Telle est l'image de la violente opération qui créa l'État russe. Tel est son idéal ; tel devrait être ce gouvernement, un dur repos, une fixité forte, achetée aux dépens des meilleures manifestations de la vie.

Il n'est point tel. Pour continuer la comparaison, il est de ces glaces mal prises, qui contiennent au dedans des vides, des flaques d'eau, restée mobiles, qui trompent à tout moment. Sa fixité est très-peu fixe, sa solidité incertaine.

L'âme russe, nous l'avons dit, n'a rien de ce qui, même dans l'esclavage, est nécessaire à la stabilité. C'est un élément plus qu'une humanité. Serrez, c'est presque en vain ; elle coule, elle échappe. Avec quoi serrez-vous ? avec une administration sans doute ; mais cette administration n'est pas plus morale que ceux qu'elle prétend régler. Le fonctionnaire n'a pas plus que le sujet la suite, le sérieux, la sûreté de caractère, les sentiments d'honneur, qui peuvent seuls rendre efficace l'action d'un gouvernement. Il est, comme tout autre, léger, fripon, avide. Si tous les sujets sont voleurs, les juges sont à vendre. Si le noble et le serf sont corrompus, l'employé l'est au moins autant. L'empereur sait parfaitement qu'on le vend, qu'on le vole, que le plus sûr de ses fonctionnaires ne tiendrait pas contre une centaine de roubles.

Ce pouvoir immense, terrible, qu'il transmet aux agents de ses volontés, que devient-il en route ? A chaque degré, il y a corruption, vénalité, et, par suite, incertitude absolue dans les résultats.

Si l'empereur était toujours trompé, si sa volonté restait toujours impuissante, il prendrait ses mesures et s'arrangerait là-dessus. Il n'en est pas ainsi. Le grand défaut de la machine, c'est qu'elle est incertaine, capricieuse dans son action. Parfois les volontés les plus absolues de l'autocrate n'aboutissent à rien. Parfois un mot qui lui échappe par hasard a des effets immenses et les plus désastreux.

Un exemple : Catherine, envoyant en Sibérie plusieurs Français pris en Pologne, avait très-fortement recommandé (pour ménager l'opinion) qu'ils fussent bien traités. Elle le dit et le répéta, ordonna, menaça. Jamais elle ne fut obéie.

Autre exemple contraire : Nicolas dit un jour à des paysans du Volga qu'il serait charmé que dans l'avenir tout paysan pût être libre. Ce mot tombe comme une étincelle ; une révolte immense et le massacre des maîtres en résultent ; il y faut une armée et des torrents de sang.

Voilà comme tout flotte. L'empereur est parfois infiniment trop obéi, contre sa volonté ; parfois il ne l'est pas du tout. Souvent il est trompé, volé, avec une audace incroyable. Par exemple, à sa barbe, à ses yeux, on vole, on vend en détail un vaisseau de ligne, et jusqu'à des canons de bronze. Il le voit, il le sait, il menace, il frappe parfois. Et les choses n'en vont pas moins leur train. Chaque jour lui montre durement, et avec dérision, que cette autorité énorme est illusoire, cette puissance impuissante. Chaque jour, plus indigné, il se débat, s'agite, fait quelque essai nouveau et encore impuissant... Contraste humiliant ! Un Dieu sur terre, trompé, volé, moqué si outrageusement ! Rien de plus propre à rendre fou !

Résumons. Le Russe est mensonge. Il l'est dans la commune, fausse commune. Il l'est dans le seigneur, dans le prêtre et le czar. *Crescendo* de mensonges, de faux semblants, d'illusions !

Qu'est-ce donc que ce peuple ? Humanité ? Nature, élément qui commence et non organisé ? Est-ce du sable et de la poussière, comme celle qui, trois mois durant, volatilise et soulève à la fois tout le sol russe ? Est-ce de l'eau, comme celle qui, le reste du temps, eau, glace ou boue, fait un vaste marécage de la triste contrée ?

Non. Le sable, en comparaison, est solide, et l'eau n'est pas trompeuse.

VIII

POLITIQUE MENSONGÈRE DE LA RUSSIE. — COMMENT ELLE A DISSOUT LA POLOGNE

La Russie, en sa nature, en sa vie propre, étant le mensonge même, sa politique extérieure et son arme contre l'Europe sont nécessairement le mensonge.

Seulement, il y a ici une remarquable différence : autant la Russie, comme race, est mobile, fluide, incertaine, autant, comme politique et diplomatie, elle est fixe, persévérante. Ce gouvernement, étranger en grande partie, souvent tout allemand, ou suivant la tradition du machiavélisme allemand, avec un mélange de ruse grecque et byzantine, varie peu, se recrute d'un personnel à peu près identique, Ministres, diplomates, observateurs, espions de divers rangs et des deux sexes, le tout forme un même corps, une sorte de jésuitisme politique.

Deux puissances ont seules connu la mécanique du mensonge et l'ont pratiqué en grand : les jésuites proprement dits, et ce jésuitisme russe.

Le temps moderne, supérieur en toute chose, armé d'une foule de moyens et d'arts nouveaux et inconnus à l'antiquité, offre ici deux œuvres incomparables de mensonges systématiques, deux iliades de fraudes, telles qu'aucun âge antérieur n'eût pu même les concevoir. — La première, accomplie par les jésuites vers le temps d'Henri IV, fut leur patient travail d'éducation pour refaire un monde de fanatisme et de meurtre, et recommencer en grand la Saint-Barthélemy sous le nom de Guerre de trente ans. — L'autre travail, plus moderne, qui dure depuis bien près d'un siècle, c'est la persévérante intrigue par laquelle le jésuitisme russe (j'appelle ainsi cette ténébreuse diplomatie) parvint à dissoudre au dedans la Pologne, à l'envelopper au dehors comme d'un réseau de ténèbres, travaillant toute l'Europe contre elle, acquérant par flatterie ou par argent les organes dominants de l'opinion, créant une opinion factice, une publicité apparente qui rendait les choses secrètes, enfin, peu à peu enhardie, mêlant aux moyens de ruse une fascination de terreur.

Ce travail a été très-long, et il faut beaucoup de temps pour l'étudier. Mais, vraiment, il en vaut la peine. Ceux qui auront la patience de le suivre dans Rulhières, Oginski, Chodsko, Lelewell et autres écrivains, assisteront à une cruelle mais très-curieuse expérience politique et physiologique, celle de voir comment l'animal à sang froid, fixant incessamment de son terne regard l'animal à sang chaud, comme un affreux boa sur un noble cheval, l'attacha, le lia de sa fascination, jusqu'à ce qu'il pût le sucer, affaibli, abattu.

Cela commence doucement. C'est un regard d'intérêt d'abord, une attention de bon voisinage, l'inquiétude fraternelle que donnent à la Russie les dissensions de la Pologne.

Et elle aime tant cette Pologne, qu'elle ne peut souffrir qu'aucun Polonais soit opprimé par les autres. Philosophe, enthousiaste de la tolérance, elle s'intéresse particulièrement aux dissidents; elle vient au secours de la liberté religieuse.

C'est le premier moyen de dissolution, la première opération de la Russie sur la Pologne.

Catherine, à ce moment même, venait de prendre les biens des monastères russes. Elle n'était pas sans inquiétude. Elle imagina de lancer la Russie dans une guerre religieuse, de faire croire aux paysans qu'il s'agissait de défendre leurs frères du rit grec, persécutés en Pologne par les hommes du rit latin. La guerre prit un caractère de barbarie effroyable. Sous l'impulsion de cette femme athée, qui prêchait la croisade, on vit des populations, des villages entiers torturés, brûlés vifs, au nom de la tolérance.

Tout cela, uniquement par amitié pour la Pologne, pour la protection des Polonais dissidents. Ce n'est pas tout, l'impératrice ne protége pas moins les Polonais fidèles à leurs anciennes lois barbares, à leur vieille anarchie.

C'est le second moyen de dissolution.

Admiratrice de l'antique constitution de la Pologne, elle ne souffrira pas que le pays se transforme ni que le gouvernement y prenne aucune force.

Dans ce second travail, la Russie s'attache surtout à créer une Pologne contre la Pologne, comme un médecin perfide qui, se chargeant de guérir un malade malgré lui, saurait habilement, dans ce corps vivant, susciter d'autres corps vivants, y faire naître des vers...

Il y eut là des scènes d'un comique exécrable. Ces Polonais, amis des Russes, donnèrent les plus étranges scènes de patriotisme. On en vit un à genoux dans la diète, au milieu de la salle, tenant près de lui son fils de six ans, et, le poignard à la main, criant qu'il allait le tuer si l'on changeait les vieilles lois, qu'il voulait rester libre ou tuer son enfant.

Voilà la seconde opération de la Russie. La troisième, plus hardie, n'est plus seulement politique, mais sociale. Dès 1794, au temps de Kosciusko, la Russie n'entre en Pologne *que pour assurer le bien-être des innocents habitants des campagnes.* Elle pousse le cri de Spartacus, l'appel aux guerres serviles ; c'est le premier essai du système appliqué par l'Autriche en 1846, dans les massacres de Gallicie.

Troisième moyen de dissolution.

Ce n'est pas l'épée des Russes qui a vaincu la Pologne ; c'est leur langue qui en a opéré la dissolution. Ils ont vaincu par trois mensonges.

Que serait-ce si nous pouvions montrer ici tous les arts par lesquels la Russie, en même temps, travaillait le monde contre la Pologne, profitant spécialement de la grande passion du dix-huitième siècle pour la liberté religieuse, mettant ainsi le doute dans la pensée européenne, jetant dans l'Occident un premier germe de dissolution !

Une définition profonde, admirable, a été donnée de la Russie, de cette force dissolvante, de ce froid poison qu'elle fait circuler peu à peu, qui détend le nerf de la vie, démoralise ses futures victimes, les livre sans défense :

« La Russie, c'est le choléra. »

IX

ENFANCE ET JEUNESSE DE KOSCIUSKO (1746-1776).

Le héros de la Pologne n'est pas proprement Polonais ; il appartient à cette mystérieuse Lithuanie qui, dans le labyrinthe immense de ses bois et de ses marais, semble une première défense de l'Europe opposée à la Russie. Plusieurs des dons brillants de la Pologne manquent à la Lithuanie ; elle en a d'autres plus graves. Les Polonais, relativement, semblent les fils du soleil ; les Lithuaniens, ceux de l'ombre. Chez eux commence le grand Nord et les forêts sans limites. Leurs chants, très-doux, ont toute la mélancolie de ce climat. L'âme lithuanienne est rêveuse, mystique, pleine du sentiment de l'infini et du monde à venir.

Le père de Kosciusko était un musicien passionné,

infatigable; il donnait à la musique tout le temps dont il pouvait disposer. C'était un de ces petits gentilshommes, innombrables en ce pays, qui n'ont rien que leur épée, et vivent dans la domesticité des grands, ou de l'exploitation rurale de quelque noble domaine. Client des princes Czartoryski, il avait servi dans un régiment d'artillerie pendant trente années de paix. Retiré, il cultivait un domaine du comte Flemming, beau-père d'un Czartoryski.

Cette famille, qui avait entrepris la tâche difficile de réformer la nation en présence de l'ennemi, et pour ainsi dire sous la main des Russes, cherchait de tous côtés des hommes. Elle n'avait jamais perdu de vue les Kosciusko; c'est elle qui fit placer le jeune Thadée Kosciusko, né en 1746, à l'école des cadets, que le roi Stanislas-Auguste venait de fonder à Varsovie.

Kosciusko y arrivait déjà préparé. Enfant, il était plein d'ardeur, avide d'apprendre, d'agir; il semblait que l'action, toujours ajournée pour le père dans la longue période oisive où s'était écoulée sa vie, s'était comme accumulée, et qu'elle éclatait dans son fils. Affamé d'études, dans son désert, il profita des leçons d'un vieil oncle qui avait beaucoup voyagé et qui venait quelques mois par an à la ferme de son père. Il apprit de lui un peu de dessin, de mathématiques, de langue française. En même temps, il lisait tout seul les *Hommes illustres* de Plutarque, il en faisait des extraits, il s'assimilait le génie héroïque de l'antiquité.

5.

L'enfant sauvage et studieux, dans sa solitude, avait quelque chose de violent, de fougueux, d'indompté. Ce qui le ramenait à la douceur, lui mettait le mors à la bride, si l'on peut ainsi parler, c'était son amour de la famille, spécialement les égards et la protection chevaleresque qu'il sentait devoir à ses sœurs, deux petites filles très-jeunes. De là peut-être la noble et pure tendresse qu'il eut généralement pour la femme, et la prédilection singulière pour les enfants qu'il montra toute sa vie.

Il arriva aux écoles dans un moment triste et dramatique, au moment où la Pologne accepta un roi de la main des Russes. Le vrai roi fut dès lors l'ambassadeur de Russie, le féroce Repnin. On vit celui-ci, sans honte ni pudeur, sans pitié d'un peuple si fier, enlever du milieu de la diète les membres opposants et les envoyer en Russie (1767). Nul doute que ces spectacles n'aient puissamment remué le cœur du jeune Kosciusko, doublé ses efforts; il avait hâte de servir sa patrie humiliée. Il prolongeait ses études bien avant dans la nuit, se plongeait les pieds dans l'eau froide pour combattre le sommeil. Dure épreuve dans un tel climat. Chaque soir, il avertissait le veilleur qui, toute la nuit, entretenait les feux et chauffait les bâtiments de l'école. Un cordon lié à son bras, et circulant dans les corridors, le tirait du lit à trois heures.

Chaque année on désignait, sur un examen, quatre élèves voyageurs qui devaient se perfectionner dans les

principaux instituts militaires de l'Europe. Kosciusko
fut de ce nombre. Il fut envoyé à l'académie militaire de
Versailles, puis à Brest, pour étudier la fortification et
la tactique navale. Enfin il passa quelque temps à Paris.

C'était vers 1770, ou à peu près. Jamais, pour les
lettres et les arts, la France ne fut plus brillante. La
grande période philosophique, ouverte par l'*Esprit
des lois*, continuée par l'*Émile*, se fermait glorieusement avec la défense de Sirven et de Calas. Par Vol-
taire et Rousseau, la France avait en quelque sorte le
pontificat de l'humanité. Un doux esprit de bienveillance, de philanthropie et de liberté semblait d'ici se
répandre en Europe.

L'âme du jeune Polonais s'abreuva profondément
à cette coupe, et se pénétra de l'amour des hommes.
Il resta le fils de ce temps, le fils de la France d'alors.
Les temps terribles qui suivirent, les plus extrêmes
nécessités, ses périls, ceux de la patrie, ne purent le
faire dévier de la ligne tracée par la philosophie française : humanité et tolérance. Il y resta fidèle aux dépens de la victoire et de la vie.

Il était à Paris au moment du premier partage,
quand la Pologne, qui essayait de se réformer elle-
même et de prendre une vie meilleure, en fut punie
par ses voisins et disséquée vivante. Kosciusko revint,
âgé de vingt-six ans, et reçut en arrivant une inutile
épée de capitaine d'artillerie, et des canons pour n'en
rien faire. Il n'y avait pas cependant, à chercher bien

loin l'ennemi; il était au cœur de la Pologne. Notre jeune officier se consumait dans ce déplorable repos, voyait très-peu le monde. Un jour (en 1776), tout le corps des officiers est invité à un grand bal pour la fête du roi, Kosciusko s'y rend par devoir. Son cœur y est saisi; une jeune fille s'en empare. Elle l'a gardé jusqu'à la mort.

Sosnowska, c'était son nom, était malheureusement placée, par la naissance et par la fortune, très-loin de Kosciusko. C'était la fille de l'hetman de Lithuanie, Joseph Sosnowski, orgueilleux et puissant seigneur, un de ces vieux Polonais, rois sur leurs terres, implacables pour quiconque aurait osé lever les yeux sur leur auguste famille, tels que le vieux palatin qui lia Mazeppa sur un cheval indompté.

Ce fut justement cet orgueil qui ouvrit la porte à Kosciusko. Envoyé avec le corps où il servait, il habita avec son colonel le château du maréchal. Celui-ci n'imagina pas qu'un jeune homme tellement inférieur se méconnût au point d'aimer sa fille. On le laissa la voir sans cesse, lui parler, lui donner des leçons; il enseigna le français, puis l'amour. Les femmes polonaises, dans un pays si agité, mêlées au mouvement de bonne heure, et du moins entendant toujours parler des grandes affaires du pays, ont un tact remarquable pour apprécier les hommes. Elles les jugent parce qu'elles les font, usant glorieusement de leur empire pour exiger des choses héroïques.

Jamais amour ne fut moins aveugle ni mieux mérité. Ce n'était point un mérite possible, futur, qu'elle aimait; c'était déjà un homme accompli. A trente ans, il était dans la plénitude de ses dons et de ses vertus. Il apparut à Sosnowska ce qu'il était en effet, un héros.

Il n'avait pu rien faire encore, et l'apparence physique n'était point en sa faveur. A en juger par les portraits, il avait le menton saillant, ainsi que les pommettes des joues. Le nez, fortement retroussé, donnait à sa figure quelque chose, non de vulgaire, comme il arrive, mais d'étrange plutôt, de bizarre et de romanesque, d'audacieux, d'aventureux. Nez, menton, bouche, sourcils, tout semblait pointer en avant, comme l'élan du cavalier qui charge ; mais en même temps les plans très-fermes, très-arrêtés, très-fins, rappelaient la précision de l'artilleur qui ne charge point au hasard, mais qui vise et atteint le but.

Ses yeux étaient très-vifs, hardis et doux. Là, surtout, on entrevoyait l'excellence du cœur de ce grand homme de guerre. Les anciens héros de la Pologne étaient des saints. Les Turcs, qui ont éprouvé tant de fois l'esprit guerrier de cette race, n'en avaient pas moins remarqué son extrême douceur, sa tendance à tous les amours. Ils appelaient les Slaves les *colombes*. Cette disposition à aimer éclatait dans toute la personne de Kosciusko. Nul homme n'a tant aimé la femme, et de la plus pure tendresse. Il aimait singulièrement les enfants, qui tous venaient à lui. Surtout il aimait les pauvres. Il lui était impossible d'en voir sans leur donner; il leur parlait avec égard, avec les plus délicats ménagements de l'égalité.

Dès son enfance, il avait montré ces dispositions charitables. Le douloureux spectacle de l'infortuné paysan de Pologne, deux fois ruiné, et par son maître, et par les logements militaires, les passages continuels de soldats étrangers qui le mangent et le battent, avait blessé profondément son cœur. La pitié, une pitié douloureuse pour les maux de l'humanité, semblait avoir brisé en lui quelques nerfs du cœur, et produit peut-être un seul défaut qu'on ait pu saisir dans une nature si parfaite.

Ces qualités, ces défauts même, faisaient un ensemble adorable, auquel peu de cœurs auraient résisté. Sosnowska en fut si touchée, que, ne doutant pas qu'on ne vît son amant comme elle le voyait, l'égal des rois, elle dit tout à sa mère. Kosciusko, de son côté, alla se jeter aux pieds du père et les inonda de larmes. Cette confiance réussit mal. Le père la reçut avec tant de mépris, qu'il ne daigna pas même éloigner Kosciusko : il lui défendit de parler à sa fille, de la regarder.

Celle-ci, exaltée dans sa passion, absolue et audacieuse comme une Polonaise, déclara à Kosciusko qu'elle voulait être enlevée. Résolution violente! Ce n'était pas seulement quitter sa famille, c'était abandonner une grande fortune, une vie quasi royale, pour suivre un officier obscur, qui même perdrait son grade et probablement sa patrie, poursuivi qu'il allait être par la haine acharnée d'une si puissante famille. C'était suivre la misère, l'exil.

Le père sut tout. Mais, par une singularité étrange qui montre que la vengeance lui était plus chère encore que l'honneur de sa famille, il laissa sortir les amants. Ce ne fut qu'à quelque distance du château qu'une bande d'hommes armés les entoura. Kosciusko devait périr; il fit face à toute la troupe, l'étonna de son audace, et en fut quitte pour une grave blessure.

Évanoui plusieurs heures, il s'éveilla... Elle a disparu; il ne reste rien d'elle, qu'un mouchoir qu'elle a laissé. Il le serre, le met dans son sein; il l'a porté toujours, dans toutes ses batailles, et jusqu'à la fin de sa vie.

X

KOSCIUSKO EN AMÉRIQUE ; — DICTATEUR EN POLOGNE (1777-1794).

Kosciusko, à trente ans, se trouvait avoir tout perdu, sa maîtresse et sa patrie; la première, mariée, malgré elle, à un homme qu'elle n'aimait pas; la seconde, humiliée, violée chaque jour au caprice des agents russes. Spectacle ignoble. Les vrais Polonais ne le pouvaient supporter. L'illustre Pulawski, le chef des dernières résistances, alla se faire tuer en Amérique. Kosciusko partit, et bien d'autres moins connus.

Voilà le commencement des glorieuses émigrations polonaises. La Providence, dès lors, sembla vouloir chaque jour déraciner la Pologne, et la tirer d'elle-même pour l'agrandir et la glorifier. Elle l'enleva à ses querelles intérieures, à l'étroite atmosphère où elle étouffait, la répandit dans l'univers. Partout où il y eut de la guerre et de la gloire, partout où la liberté livra ses combats, il y eut du sang polonais. On le retrouve, ce sang, comme un ferment d'héroïsme, dans les fondements vénérés des républiques des deux mondes.

Un Polonais a dit là-dessus une chose ingénieuse et sublime : « Le peuple de Copernic, le peuple qui dans l'astronomie eut l'intrépidité scientifique de lancer pour la première fois la terre dans l'espace, devait mobiliser la patrie, la lancer par toute la terre. »

C'était une belle occasion pour un Polonais que cette guerre d'Amérique. Un grand souffle de jeunesse, un poétique élan de révolution, animaient ces volontaires de toute nation, qui étaient accourus là. Tous étaient très-purs encore, beaux de désintéressement et d'innocence. Les Lafayette, les Lameth, les Miranda, les Barras, étaient bien loin de deviner le rôle qu'ils joueraient un jour. Libres encore d'ambition, ils ne voulaient rien pour eux-mêmes, tout pour la liberté du monde !

Kosciusko fut accueilli par les Français comme un compatriote et un camarade d'école. La Fayette, admirateur de son bouillant courage, ne perdit pas une occasion de le faire remarquer de Washington. Ingénieur, colonel, enfin général de brigade, Kosciusko montra, avec l'intrépidité polonaise, une fermeté plus nécessaire encore pour retenir et diriger les milices américaines. Ces soldats agriculteurs voulaient retourner à leurs champs; Kosciusko dit seulement : « Partez si vous voulez; je reste. » Pas un n'osa partir.

Il eut plus d'une belle aventure : des blessures d'abord; puis le bonheur de sauver des prisonniers que les Américains voulaient massacrer. Il se constitua aussi le patron et le protecteur d'un orphelin de neuf ans, dont le père, brave soldat, venait de périr, et il parvint à faire adopter l'enfant par la République elle-même.

L'Amérique était fondée. La Pologne périssait. Au retour de Kosciusko, elle touchait à sa crise suprême. Elle faisait un dernier effort pour se transformer sous les yeux, sous la pression terrible des tyrans qui voulaient sa mort. Dans une opération si difficile, qui aurait demandé une complète unité d'action, elle n'agissait pas avec des forces entières; liée par ses ennemis, elle l'était par elle-même, par le préjugé national, favorable aux anciennes institutions sous lesquelles la Pologne acquit jadis tant de gloire. Les philosophes eux-mêmes (Rousseau, par exemple, dont ils demandèrent les conseils) leur disait de peu changer.

Cette prudence excessive était imprudence même. Dans des temps tellement changés, il fallait un changement d'institution profond, radical. Par des réformes de détail, extérieures, superficielles, on avertis-

sait l'ennemi, on amenait, on provoquait l'orage, et
l'on ne créait aucune force qui pût résister. Une insurrection de la Pologne devant et malgré la Russie, une émancipation du nain sous le pied du géant prêt à l'écraser, c'étaient des choses impossibles, si l'on n'évoquait en cette Pologne une puissance toute nouvelle, la nation elle-même.

Un million de nobles gouvernaient quinze ou dix-huit millions de serfs. La bourgeoisie, peu nombreuse, était renfermée dans les villes, lesquelles comptaient pour très-peu dans ce grand pays agricole.

Les Polonais, naturellement généreux, et la plupart imbus des idées de la philosophie du siècle, auraient voulu changer cet état de choses. La difficulté de l'affranchissement était celle-ci : c'est que, dans un pays sans industrie, on ne pouvait se contenter de dire au serf : « Tu es libre ! » On ne pouvait l'émanciper sans lui créer des moyens de vivre. En lui donnant la liberté, il fallait lui donner la terre.

Plusieurs disciples de Rousseau, grands seigneurs, riches abbés, avaient fait dans leurs domaines de vastes essais d'affranchissement. Non contents de libérer le paysan, ils lui distribuaient de la terre, lui bâtissaient même des habitations. Ces exemples auraient pu être imités aisément par les grands propriétaires, mais plus difficilement par la grande masse des nobles, qui, ayant peu de paysans, peu de terres, auraient fait un tel sacrifice, non pas sur leur superflu, mais sur ce qu'ils appelaient leur nécessaire, sur ce qui constituait la vie même du noble ; ils n'auraient affranchi le paysan qu'en se rapprochant eux-mêmes de la condition du paysan.

Donc la réforme sociale impliquait dans la nation une réforme morale plus difficile encore, le sacrifice non du luxe seulement, mais de certaines habitudes d'élégance chevaleresque, qui, dans les idées du pays, étaient la noblesse même.

Là était la difficulté. Et c'est pour cela que, au moment où la Pologne ne pouvait être sauvée que par une révolution sociale, elle se contenta d'une réforme politique.

Il faut avouer aussi que le souverain qui se constituait alors le protecteur de la Pologne, le roi de Prusse, n'aurait pas permis une réforme plus radicale. Il autorisait la révolution, à condition qu'elle serait nulle et impuissante.

La nouvelle Constitution (5 mai 91) abolissait l'ancien droit anarchique où la résistance d'un seul homme arrêtait une assemblée. Elle admettait les bourgeois aux droits politiques. Elle mettait les paysans sous la protection de la loi. Elle rendait la royauté héréditaire.

Cette faute en entraîna d'autres. On donna l'armée au neveu du roi, un jeune homme sans expérience, et on lui subordonna Kosciusko. Celui-ci, avec quatre mille hommes, vainquit vingt mille Russes. Mais la perfidie de l'Autriche, qui recueillit les Russes battus; la perfidie de la Prusse, qui abandonna la Pologne, encouragée et compromise par elle, portèrent le coup mortel à ce malheureux pays. Le roi se déshonora, pour éviter le partage, en accédant à la ligue formée sous l'influence russe, *pour les anciennes libertés*. Et alors l'ambassadeur russe, terrifiant l'Assemblée, enlevant ses membres les plus courageux pour la Sibérie, enfermant et affamant pendant trois jours le roi et la diète, prit la main du roi demi-mort, et lui fit signer le second partage (1793).

Dans l'acte qui le déclara, on annonçait que, en mémoire de cette belle victoire des anciennes lois de la Pologne, on leur érigerait un temple bâti de roc, sous l'égide de la sage Catherine, un temple à la liberté!

Tout l'hiver, les Russes mangeaient la Pologne. Les logements militaires écrasaient le paysan. Ce n'était partout que pillage, pauvres gens battus, des larmes et des cris. L'ambassadeur russe Igelstrom, en quartier à Varsovie, apprenait aux Polonais ce qu'avaient été les Huns du temps d'Attila. Il faisait piller les uns, arrêtait les autres, se moquait de tous. Les ambassadeurs russes qui se succédaient en Pologne avaient, la plupart, une chose intolérable : ils étaient facétieux. Celui qui enleva quatre membres de la diète trouva plaisant d'ajouter : Qu'il n'entendait point gêner la liberté des opinions.

Les Russes sentaient bien d'instinct qu'une insurrection couvait. Ils ne pouvaient rien saisir, accusaient au hasard, criaient au jacobinisme. Ils supposaient une influence active de la France, et ils se trompaient. Quelques jacobins vinrent à Varsovie, mais n'eurent que peu d'action. Un Français apporta tout imprimé un pamphlet vif et hardi : *Nil desperandum* (rien à désespérer encore). Plus tard, la révolution ayant éclaté, on envoya en Turquie et aussi en France. Mais la France elle-même était au bord de l'abime. Le comité de salut public ne promit rien et dit seulement qu'il ferait ce qu'il pourrait.

La révolution polonaise de 1794 fut tout originale. Elle eut deux éléments populaires : les ouvriers de Varsovie, soulevés, guidés au combat par le cordonnier Kilinski, et les paysans appelés sur les champs de bataille par Kosciusko.

Nous ne pouvons refuser un mot à cet ouvrier héroïque, qui fut, en réalité, le chef de la vaillante bourgeoisie de Varsovie. Il exerçait dans la ville une influence extraordinaire. Il avait coutume de dire : « J'ai six mille cordonniers à moi, six mille tailleurs et autant de selliers. » Un des ambassadeurs russes, le violent prince Repnin, devant qui tout tremblait de terreur, fait venir un jour Kilinski, et s'indigne de voir un homme calme, qui a l'air de ne rien craindre. « Mais, bourgeois, tu ne sais donc pas devant qui tu parles? » Alors, ouvrant son manteau et montrant ses décorations, ses cordons et ses crachats : « Regarde, malheureux, et tremble! — Des étoiles? dit le cordonnier; j'en vois bien d'autres au ciel, monseigneur, et ne tremble pas. »

C'était un homme simple et pieux autant qu'intrépide. On ne pouvait lui reprocher qu'une chose : marié et père de famille, il gardait un cœur trop facile ; ses mœurs n'étaient pas exemplaires. En récompense, le fond de son caractère était d'une extrême bonté. Dans les Mémoires qu'il a écrits, il ne blâme, n'accuse personne; c'est le seul auteur polonais qui ait cette modération. Il semble qu'il ait regret au sang qu'il lui faut répandre. Il évite le mot *tuer*. Il dira, par exemple, qu'il lui a fallu *apaiser* un officier russe, puis *tranquilliser* un Cosaque, et mettre un autre *en repos*.

Kilinski et les autres patriotes de Varsovie étaient dans la plus vive impatience d'éclater. Un événement précipita la crise. On licenciait l'armée. Le 12 mars, un vieil officier, brave et respectable, Madalinski, déclara qu'il n'obéirait point. Il n'avait que 700 cavaliers ; avec ce petit corps, il traversa hardiment toute la Pologne, culbuta les Prussiens qui s'opposaient à son passage, se jeta dans Cracovie.

L'heure était sonnée. Kosciusko, alors sorti de Pologne, revint à l'instant ; il parvint à Cracovie dans la nuit du 24 mars 1794. Toute la ville était levée, toute la population l'attendait avec des torches, et le conduisit en triomphe. Fête sublime d'enthousiasme, et toutefois d'un effet lugubre! Les vives lumières, fortement contrastées par les ombres, semblaient dire l'éclatante gloire de cette révolution si courte, sitôt replongée dans la nuit... Le peuple pleurait d'enthousiasme, de tendresse pour cet homme, entre tous, héroïque et bon. On criait : « Vive le sauveur! » Ce cri revenait troublé par les profonds échos des vieilles églises, où sont enterrés les rois de Pologne ; les Sobieski et les Jagellons répondaient de leurs tombeaux.

Kosciusko fut nommé dictateur. Ses premiers actes furent simples et grands. 1° La levée générale de toute la jeunesse polonaise, sans distinction de classe, de dix-huit à vingt-sept ans. 2° Une proclamation touchante, qui devait aller au fond des cœurs, même des plus égoïstes.

Dix jours s'écoulent à peine. Les Russes viennent livrer bataille aux Polonais (4 avril 1794). Ils avaient 6,000 hommes, Kosciusko 3,000 et 1,200 chevaux. Sur ce petit nombre il n'y avait guère de soldats proprement dits. Les cavaliers étaient les nobles du voisinage. Les fantassins (sauf quelques troupes régulières) étaient de simples paysans armés de leurs faux ; la plupart n'avaient jamais entendu des armes à feu. Ces pauvres gens furent bien surpris de voir le dictateur de la Pologne prendre sa place au milieu d'eux, et non dans la cavalerie. Il avait leur costume même, une redingote de toile grise qui ne se distinguait que par quelques brandebourgs noirs.

Ces paysans, mêlés avec quelques troupes réglées, formaient la colonne du centre, conduite par Kosciusko. Étonnés du bruit d'abord, ils ne le suivirent pas moins, et, d'un irrésistible élan, sans savoir ce qu'ils faisaient, dans leur ignorance héroïque, renversèrent les Russes. La bataille fut gagnée, si bien qu'il leur resta dans les mains douze pièces de canon. L'affaire fut décidée si vite, qu'ils n'eurent pas le temps de perdre du monde; ils n'eurent que 150 morts et 200 blessés.

Les vainqueurs, si peu habitués à vaincre, surent à peine qu'ils avaient vaincu. Nombre de brillants cavaliers coururent bride abattue jusqu'à Cracovie, annonçant la perte de la bataille et la mort de Kosciusko.

Dès le soir de la bataille, et pendant toute la guerre, Kosciusko mangea au milieu des paysans, et, comme eux, avec une frugalité extraordinaire, se refusant toute chose que la foule n'aurait pu avoir. C'était pour les grands seigneurs, dans ce pays d'aristocratie, un étonnement continuel de voir en Kosciusko l'humble et respectable image du véritable chef du peuple, s'assimilant à ce peuple, le plus infortuné du monde, et le représentant dans la pauvreté. Oginski, l'auteur des Mémoires, mangeant un jour près de lui, lui voyait boire un petit vin à vil prix, et lui conseillait l'excellent bourgogne qu'Oginski buvait lui-même : « Je n'ai pas le moyen de boire du vin à ce prix, » répondit le dictateur.

Cette simplicité de vie était une chose tellement nouvelle et inouïe, qu'elle semblait généralement plus bizarre que touchante. Plusieurs la trouvaient ridicule. Beaucoup ne voulaient y voir qu'une comédie politique, une manière de flatter le peuple; mais le peuple, les paysans même, ne sentaient pas tout d'abord ce qu'il y avait en cela de véritable grandeur.

Kosciusko, étranger à toute adresse politique, n'avait suivi en ceci que le mouvement de sa grande âme. Il lui semblait odieux, au milieu d'une foule si pauvre, de se présenter en roi de théâtre, de faire de pompeux banquets quand ils avaient à peine du pain. Tout son cœur était dans le peuple; comment sa vie eût-elle été étrangère à la sienne? Plus la crise approchait et le jour de mourir ensemble, plus il semblait naturel de vivre ensemble aussi du même pain, à la même table; chaque repas était comme une communion entre le chef et le peuple, une préparation à bien mourir.

XI

RÉSISTANCE HÉROÏQUE DE KOSCIUSKO. — IL SUCCOMBE (1794).

Les villes, Varsovie, Wilna, s'affranchissaient par des combats héroïques ; mais les villes comptent pour peu en Pologne. Le sort de la révolution tenait à la part qu'y prendraient les propriétaires nobles établis dans les campagnes.

Ils semblaient comme enchaînés par une double terreur.

D'une part, l'armée russe entrait, armée barbare qui venait de faire la guerre de Turquie, et d'y mériter une réputation exécrable par le massacre immense d'Ismaïlow, la plus grande destruction d'hommes qui eût été faite depuis des siècles dans une ville prise d'assaut. Les Russes, très-nombreux, tenaient la campagne, brûlaient les villages, pillaient et ravageaient tout.

L'autre terreur qui semblait paralyser la Pologne lui venait de la France même, des récits épouvantables, horriblement exagérés, que les émigrés faisaient partout de notre révolution. La noblesse polonaise, effrayée par ces récits, ne savait ce qu'elle devait craindre le plus de ses paysans ou des Russes. Elle eut le tort grave de méconnaître l'extrême douceur qui distinguait, entre toutes les populations, le paysan de Pologne. Elle n'eut pas foi au peuple. C'est pourquoi elle a péri.

Il faut dire qu'autour des nobles il y avait tout un monde de gens intéressés à entraver la révolution, un monde d'économes, d'intendants, de gens d'affaires, qui sentaient bien qu'elle entraînait l'émancipation de la classe agricole, et changeait de fond en comble l'ordre de choses qui favorisait leurs rapines. Sous le prétexte des travaux agricoles, ils déclarèrent que la levée en masse était impossible, et retinrent les paysans. Kosciusko, s'étant borné à demander seulement un homme sur cinq familles, n'en fut pas mieux obéi. On persécuta les familles des paysans qui partaient. Plusieurs, craignant également la révolution et les Russes, avaient pris ce moyen terme de présenter leurs paysans à la revue du matin, mais de les faire sauver le soir.

Dans sa déclaration du 7 mai 1794, Kosciusko se

jette dans les bras du peuple. Dans cet acte remarquable, *le paysan est déclaré libre de quitter la terre* qu'il cultive pour aller où bon lui semble, et *le propriétaire non libre de lui ôter cette terre*, s'il remplit les conditions fixées par la loi. Aux termes de ces conditions nouvelles, le travail dû par le paysan au propriétaire est diminué d'un tiers, et, en certains cas, de moitié. Les propriétaires qui demanderaient davantage sont menacés des tribunaux.

Cet acte, qui défend au propriétaire d'ôter au paysan la terre qu'il cultive, paraissait sanctionner, par l'autorité de la loi, l'opinion qu'ont généralement les serfs slaves (Polonais et Russes), qui se regardent comme les antiques et légitimes propriétaires du sol. Les serfs russes disent souvent : « Nos corps sont aux maîtres, mais la terre est à nous. »

L'acte de Kosciusko était en cela bien plus populaire que la loi française ne l'a été plus tard dans le grand-duché de Varsovie. Elle n'a eu aucun égard pour ce lien antique entre le paysan et la terre. Elle lui permet d'aller où il veut, mais en abandonnant le sol où depuis des siècles il a mis sa sueur et trouvé sa vie : cette loi d'émancipation n'est, dans la réalité, qu'une autorisation d'errer, de mendier, de mourir de faim.

A cette noble et humaine propagande de Kosciusko les Russes opposèrent un machiavélisme diabolique. Ils firent écrire par l'indigne roi de Pologne un manifeste aux seigneurs, où il les effrayait des conséquences de cette révolution *jacobine*. Et, en même temps, les Russes, employant un moyen plus que terroriste, couraient la campagne en criant aux paysans polonais : « Pillez avec nous. »

Les ravages dépassaient tout ce qu'on peut imaginer. Les armées russes, suivies d'un nombre immense de chariots, enlevaient tout, à la lettre, les objets même sans valeur et les plus insignifiants. Un prisonnier polonais vit avec étonnement qu'un général russe, qui avait amené avec lui sa famille dans cette guerre à coup sûr, emportait, avec des magasins énormes de dépouilles de toute sorte, jusqu'à des fourgons remplis de jouets d'enfants, dont on amusait son fils.

Il ne faut pas oublier que cette invasion de la Pologne était, pour les courtisans des trois cours copartageantes, ce qu'on appelle *une affaire*, comme le fut, pour les courtisans de Louis XIV, la révocation de l'édit de Nantes.

Les favoris de Catherine, de l'empereur et du roi de Prusse demandaient d'avance telles terres polonaises, et se les faisaient assigner. Ce dernier prince, qui eut la plus petite part au partage, donna à ses courtisans pour 80 millions de biens dans le duché de Posen. Qu'on juge du brocantage qui se fit à Saint-Pétersbourg, entre les amants de Catherine et ceux qui, par eux, sous leur nom, *faisaient des affaires*. Le palais, l'alcôve, le lit de la vieille, étaient un marché, une bourse.

Les Russes ne se présentèrent jamais devant l'armée polonaise sans être au moins quatre contre un ; ajoutez que c'étaient des soldats formés, aguerris, contre de simples paysans. Jamais Kosciusko, dans toutes ses divisions, n'eut, au total, plus de 33,000 hommes. Eût-il vaincu les Russes avec ce faible nombre, la Prusse et l'Autriche étaient là derrière pour les soutenir et les relever.

En 92, l'Autriche avait arrêté la victoire de Kosciusko ; en 94, ce fut la Prusse qui vint la lui arracher. Le 6 juin, Kosciusko, poursuivant les Russes, les atteint sur les confins du palatinat de Cracovie, il rompt leur cavalerie, il entame leur infanterie, il prend plusieurs de leurs canons... Au milieu de la victoire, on aperçoit à l'horizon une armée de 24,000 Prussiens, conduits par le roi en personne. On ordonne la retraite, qui allait être une déroute, si Kosciusko ne l'eût couverte par plusieurs charges vigoureuses qui arrêtèrent l'ennemi ; il eut deux chevaux tués sous lui, et faillit dix fois périr.

Ce revers était dû à la trahison des éclaireurs de Kosciusko, qui lui laissèrent ignorer l'approche des Prussiens. La trahison livra aux Russes la ville de Cracovie. Le dictateur de Pologne, dans un tel péril, avait certainement droit d'organiser une justice rapide et sévère qui fit trembler sous le glaive les amis de l'ennemi.

Le temps lui manqua, la fermeté peut-être. Le peuple fit, dans sa fureur, ce que l'autorité n'avait pas fait dans sa justice. Le 9 mai, ceux de Varsovie dressèrent trois potences et pendirent trois traîtres, entre autres le principal agent de Catherine, le tyran de la Pologne, l'évêque Kossassowski.

Le 25 juin, à la nouvelle de la prise de Cracovie, un millier d'hommes environ se portent de nouveau aux prisons; on en tire sept prisonniers, dont plusieurs, malheureusement, moins coupables de trahison que de faiblesse, étaient loin de mériter la mort. L'aveugle fureur du peuple les confondit, et ils périrent tous.

Le coup fut terrible pour Kosciusko. « J'aimerais mieux, disait-il, avoir perdu deux batailles. » Cette révolution jusque-là si pure, elle était souillée! Ce drapeau, près de périr, il allait tomber dans le sang!... L'effet politique d'un tel acte était d'ailleurs déplorable. C'était le moment où l'on accusait Kosciusko, Kollontay et Potocki de vouloir organiser un grand massacre des nobles. Pouvait-on espérer que ceux-ci, ainsi alarmés, enverraient leurs paysans?

Kosciusko, pour périr, voulut périr juste. Son pouvoir de dictateur, que, du reste, il laissait trop aisément contester, il le fit voir ici. Il ordonna de punir les meurtriers, et fut obéi. Le peuple de Varsovie eut hâte de se laver lui-même; mais, comme dans une situation malheureuse tout devient malheur, cette punition eut l'effet d'enhardir les amis de l'étranger.

Poussé par les forces énormes des Russes et des Prussiens, très-peu secouru des siens, il reculait sur Varsovie. Ses ennemis ont avoué l'admirable génie militaire qu'il montra dans cette retraite, spécialement son habileté à couvrir la capitale. Le roi de Prusse la menaçait, et devait donner l'assaut le 1er septembre, lorsqu'une nouvelle vint rassurer Varsovie. D'une part, la Pologne prussienne s'était soulevée; d'autre part, la Lithuanie armait contre les Russes. Russes et Prussiens s'éloignèrent.

Court répit, fatal. Varsovie était réservée à tomber sous un ennemi plus barbare que l'Allemand. La fanatique armée de Suwarow arrivait avec des ordres de mort. Suwarow a toujours déclaré que c'était sur l'ordre exprès de sa gracieuse souveraine qu'il avait exécuté le massacre de Varsovie, comme auparavant celui d'Ismaïlow.

Cette armée marchait en deux divisions : celle de Fersen, celle de Suwarow. Kosciusko, affaibli par des détachements qu'on l'avait forcé de faire, n'avait en tout que 7,000 hommes. Il fit observer Suwarow avec 3,000 hommes, et lui-même, avec 4,000, essaya de battre Fersen.

Tout le monde voyait très-bien qu'il s'agissait de périr, d'honorer le dernier jour par un glorieux coup d'épée. Kosciusko fit une revue, et dit : « Parte qui voudra! » Il n'y eut pas un homme qui voulût l'abandonner.

Instruit dans la nuit du 4 au 5 octobre que le général russe Fersen avait passé la Vistule à la faveur d'un grand brouillard, et n'était plus qu'à vingt lieues, il résolut de l'atteindre avant sa jonction avec Suwarow. Il ne communiqua le secret de son départ qu'au grand chancelier Kollontay et au jeune Niemcewicz, qui devaient l'accompagner. Niemcewicz savait si bien qu'il allait à la mort, qu'il ôta de son doigt sa bague et la remit à Potocki : « Gardez-la-moi jusqu'au retour, » lui dit-il en souriant.

Dans ses intéressants Mémoires, il fait une triste peinture du pays qu'il traversa dans cette course pour joindre l'ennemi. Les haltes étaient dans des palais où toutes choses, papiers, tableaux, meubles, jonchaient le sol, hachés par le sabre des Cosaques. Quelques vieux portraits d'ancêtres pendaient aux murailles, mais découpés, mutilés, comme la Pologne elle-même; les pillards s'étaient amusés à crever les yeux de ces vénérables palatins. Le hasard voulut que le premier de ces palais dévastés où s'arrêta Kosciusko fût précisément celui de la princesse L... C'était maintenant le nom de celle qu'il avait tant aimée !

Il avait 4,000 hommes, Fersen 14,000 ; mais la supériorité de celui-ci était bien plus grande encore, comme artillerie. Les Polonais, qui n'avaient que 20 petites pièces, ne pouvaient pas faire grand'chose contre 60 canons russes du plus fort calibre. Fersen, à vrai dire, eût pu se dispenser de combattre. De la plaine où il avait établi ses batteries, il rasait tout à son aise la position de Kosciusko. Ajoutez que les Polonais, ayant peu de munitions, ne purent même continuer le feu. La disproportion des moyens de toute sorte était telle entre les deux armées, que Fersen ne daigna pas même monter à cheval ; il resta sans épée, dans son habit de peluche rouge, l'habit le plus bourgeois du monde.

La plus grande difficulté pour les Russes, ce fut d'avancer et faire avancer le canon dans les terrains marécageux où il enfonçait. Mais enfin leur cercle immense resserra, enveloppa de trois côtés la petite armée. L'infanterie polonaise, jeune milice, levée d'hier, eut là une fin sublime. Éclaircie par les boulets, emportée par la mitraille, ce qui en restait soutint, immobile, l'attaque de l'arme blanche, le choc et l'affreuse approche des 14,000 baïonnettes. Un témoin oculaire qui, le lendemain, les vit, déjà dépouillés, couvrir de leurs grands corps blancs la place où ils combattirent, le sol de leur pauvre patrie si bravement défendue par eux, en eut le cœur déchiré, et garda la plus poignante, la plus ineffaçable impression de douleur.

Kosciusko, essayant de sauver au moins la cavalerie, avait eu plusieurs chevaux tués sous lui ; il finit par monter un mauvais cheval, qui glissa et le fit tomber au bord d'un marais. Il se relevait quand une nuée de Cosaques s'abattit sur lui. Ils n'eurent garde de reconnaître le dictateur de Pologne dans cet homme mal vêtu. Ils lui portaient des coups de lance, en lui criant : « Rendez-vous! » Mais il ne répondait pas. L'un deux alors, approchant et le prenant par derrière, lui déchargea un furieux coup de sabre, qui lui fendit la tête et le cou jusqu'aux épaules. Sous cette épouvantable blessure, il tomba, et ils le crurent mort.

XII

CAPTIVITÉ, EXIL, VIEILLESSE ET MORT DE KOSCIUSKO (1794-1817).

La Russie de ce temps-là, comme celle d'aujourd'hui, avait une fabrique d'histoires et de nouvelles fausses, de faits controuvés. Nos émigrés, qui affluaient alors chez elle, aidaient à l'œuvre de mensonge et mentaient avec esprit. On répandit dans les gazettes, bien plus, on mit en chansons, en complaintes, une fiction que la crédulité publique adopta docilement. Elle fut d'autant mieux reçue, qu'elle était pathétique, touchante ; elle arrachait les larmes.

On supposa que l'infortuné Kosciusko, se sentant blessé à mort, n'essayant plus de résister et laissant tomber son arme inutile, aurait désespéré de tout, et laissé échapper ce mot : *Finis Poloniæ.*

C'était parole de mourant, parole vraie, disait-on, de ces mots qui s'arrachent quand l'homme, dégagé de tout, n'écoute plus que la vérité. Le héros de la Pologne, celui dont le cœur fut la Pologne elle-même, avouait qu'elle était finie, l'abandonnait au destin, la léguait à son vainqueur.

Kosciusko resta deux ans aux prisons des Russes, puis longtemps en Amérique, et ignora tout. La tradition mensongère eut le temps de se répandre et de s'affermir. En 1803, elle fut reproduite encore dans une histoire par M. de Ségur, l'ancien courtisan de Catherine, l'aimable poëte qui fit l'épitaphe de son chien. Alors seulement Kosciusko réclama avec force, avec indignation, contre ce mensonge.

Comment, en effet, supposer que ce grand homme, qui était la modestie même, aurait dit cette parole orgueilleuse que, « lui mort, tout était mort, et la Pologne finie ! »

Un tel mot, indigne dans la bouche de tout Polonais, eût été, dans celle de l'homme à qui la Pologne avait remis ses destinées, un crime, une trahison.

Cette réclamation, si juste, passa presque inaperçue, ou fut étouffée. Toute la littérature (qui n'est que copie, routine et redites) répète encore invariablement le mot d'invention russe : *Finis Poloniæ*.

Voici en réalité comment les choses se passèrent. Kosciusko avait reçu plus de coups qu'il n'en faut pour tuer un homme ; le dernier l'assomma, il ne souffla mot. Il resta vingt-quatre heures sans connaissance, sans pouls et sans parole. Les Cosaques l'environnaient et se désespéraient de l'avoir tué. Ils savaient parfaitement des paysans polonais que c'était le père du peuple. On ne parlait que de sa simplicité héroïque et de son amour des pauvres. Tous les Russes commençaient à le regarder comme un saint.

Catherine, humaine ou inhumaine, au gré de sa politique, ordonna deux choses : à Suwarow de donner aux Polonais une leçon sanglante, et il en résulta le massacre de Varsovie, où 10,000 hommes, femmes et enfants, furent égorgés pêle-mêle; mais en même temps elle ordonna à Fersen d'avoir les plus grands égards pour Kosciusko. La sensible Catherine le fit venir tout près d'elle, pour le mieux soigner; on ne tarissait pas en éloges de son humanité; on appelait Kosciusko le favori de l'impératrice. Tout le monde y était trompé, au point que certains Polonais s'adressèrent à Kosciusko pour qu'il obtînt leur liberté!...

Quoi qu'il en fût de cette bienveillance apparente ou réelle, il ne se rétablissait point. Le sang qu'il perdait toujours le tenait dans une extrême faiblesse; une de ses jambes avait perdu le mouvement, et ses facultés intellectuelles étaient comme paralysées. Il a dit jusqu'à la mort qu'il regrettait d'avoir été si mal soigné des chirurgiens russes. Faut-il croire qu'il n'y eut aucun homme habile dans ce grand empire? ou bien que les gens habiles, ne sachant trop la pensée réelle de leur maîtresse, n'osèrent guérir Kosciusko?

Au bout de plus de deux ans de captivité, Kosciusko, toujours saignant, la tête entourée de bandages, voit entrer tout à coup une espèce de Tartare, petit, fort laid et sans nez.

C'était le nouvel empereur, Paul Ier. Sa mère, l'auguste Catherine, avait rendu son âme au diable. « Vous êtes libre, lui dit Paul ; si vous ne l'êtes dès longtemps, c'est que je ne l'étais pas moi-même. » Kosciusko ne disait rien ; il restait muet de saisissement ; il semblait rêver et cherchait à ramener péniblement ses idées. Enfin, revenant à lui-même : « Et mes amis seront-ils libres? » demanda-t-il à l'empereur.

Celui-ci n'était guère moins saisi à regarder Kosciusko. Pauvre paralytique, malade, et singulièrement affaibli d'esprit, très-nerveux, facile aux larmes, plein de défiance, de croyances enfantines, se croyant entouré d'espions, il aurait brisé les cœurs les plus durs. En l'examinant attentivement, on voyait qu'il était blessé, mais plus loin que le corps, au plus profond de son être moral.

En voyant ce triste débris, le czar lui-même et son fils Alexandre sentaient venir les larmes. Alexandre pleurait sans parler.

Ce pauvre Tartare, Paul, qu'ils ont étranglé, comme son père, était un peu fou, comme lui ; mais il avait le cœur honnête. Il avait été fort contraire au partage de la Pologne. « Maintenant, comment la rendre, disait-il, cette Pologne ? La Prusse et l'Autriche voudront-elles aussi rendre leur part ?... Là est la difficulté ! »

Ces bonnes dispositions de Paul furent singulièrement atténuées dès le lendemain par les traîtres polonais qui, ayant livré leur pays aux Russes, étaient indignés de voir Paul honorer Kosciusko. On ne lui rendit la liberté qu'à la condition de recevoir de l'empereur un don considérable de terres. A ce prix, il lui fut permis de passer en Amérique. L'impératrice, femme de Paul, belle et politique personne, fut très-caressante pour lui au départ ; elle voulut lui dire adieu ; on amena le paralytique à travers les appartements, dans la même chaise roulante qui avait servi à Catherine ; la jeune impératrice le pria de lui envoyer des graines de l'Amérique, et lui donna une superbe machine à tourner : c'était le seul amusement de Kosciusko dans son immobilité.

Son premier soin, en mettant le pied sur le sol américain, fut de remercier l'empereur et de lui rendre les terres qu'il tenait de lui. Les États-Unis, reconnaissants pour leur ancien défenseur, lui payèrent pour solde et indemnité de ses services une somme de 150,000 francs. Il en consacra la moitié à affranchir les paysans des corvées dans une petite terre de Pologne qu'avait sa famille, l'autre à une fondation pour le rachat des nègres et l'éducation des jeunes filles de couleur.

Rien ne prouve mieux l'originalité réelle du caractère de Kosciusko que la vive impression qu'il faisait sur le peuple, les simples, les barbares, tandis que les beaux esprits, les littérateurs de métier, ne pouvaient rien trouver en lui. Nodier, qui le vit à Paris, le trouva ennuyeux ; il l'appelle « un Tartare maussade. » Au contraire, en Amérique, les sauvages l'avaient accueilli avec la plus vive admiration ; ces races si malheureuses, mais véritablement héroïques, ne se trompent point sur les héros. Le chef des Creeks s'était voué à lui, à la vie et à la mort ; au seul nom de Catherine, au récit de ses machinations, il brandissait sa hache dans la plus terrible fureur. Il s'écriait : « Elle ne sait pas, cette femme, ce que mon ami peut encore faire ! »

Kosciusko, si bien traité en Amérique, était trop loin de la Pologne. Il vint s'établir en France, à Fontainebleau, dans une solitude profonde, chez un Suisse, son intime ami. Il y reçut les plus grandes consolations qu'il pût avoir en ce monde ; de là il suivit des yeux un merveilleux phénomène, la renaissance militaire de la Pologne, le sublime démenti que nos légions polonaises donnèrent au mensonge des Russes : *Finis Poloniæ.* Ces légions, mêlées aux nôtres, firent retentir toute l'Europe de leur chant national : « La Pologne n'est pas morte ; en nous, elle vit encore. »

La jeune république de Rome, qui devait en grande partie sa délivrance aux légions polonaises, leur offrit en reconnaissance le sabre de Sobieski, qu'elle gardait dans ses sanctuaires ; le général des légions, l'illustre Dombrowski, l'offrit en leur nom à Kosciusko.

Cette arme, appendue aux murs de l'humble maison du grand homme, devait y rester inactive. Kosciusko ne voulait servir ni Alexandre ni Napoléon. Il savait trop que les deux maîtres du monde ne feraient rien pour la Pologne.

Kosciusko, dans sa simplicité apparente, jugeait parfaitement Napoléon. Il disait aux officiers polonais, qui venaient le visiter, qu'ils devaient espérer *dans la France, mais non dans l'Empereur.* Quel pouvait être, en effet, le libérateur de la Pologne dans sa situation terrible ? un puissant émancipateur, un hardi révolutionnaire. L'indépendance nationale n'y sera fondée jamais que sur une révolution radicale et profonde. L'attendre de celui qui venait de détruire la révolution française, c'eût été chose insensée.

Lorsque Napoléon, vainqueur de la Prusse, se trouva devant la Pologne, aux portes de cet immense et redoutable monde du Nord, il lui aurait été utile de tirer Kosciusko de sa retraite. En réalité, il ne savait pas bien lui-même ce qu'il voulait. Kosciusko était le drapeau national de la Pologne ; on ne pouvait les séparer, car c'était la même chose. Napoléon voulait montrer ce drapeau, mais nullement garantir cette nationalité.

Déjà il avait eu l'idée singulière de mettre Kosciusko dans cette collection de fossiles qu'on appelait le sénat. A quoi le héros indigné répondit assez brusquement : « Au sénat ? Et qu'y ferai-je ? »

En 1806, nouvelle tentative. Il lui envoie, qui ? Fouché. Le choix seul d'un tel agent était une chose indigne. Envoyer cet homme de police, de trahison et de sang, dans cette pure et sainte maison !... Eh ! comment laver la place où il aurait mis les pieds ?

Ceux qui ont souvenir de la violente et terrible police de Bonaparte savent l'impression sinistre que l'entrée de cette police jetait dans une maison. C'est sur cela apparemment que l'on comptait. On croyait terrifier, non Kosciusko, mais la famille Zeltner, au sein de laquelle il vivait, famille étrangère, et d'autant plus exposée aux vexations. On comptait sur l'ascendant que cette famille effrayée aurait sur son hôte. Il n'en fut pas moins ferme.

« Je ne me mêlerai pas de vos entreprises sur la Pologne, dit-il, si vous ne lui assurez un gouvernement national, une constitution libérale et ses anciennes limites. — Et si l'on vous y conduit de force? dit brutalement l'homme de police. — Alors je déclarerai que je ne suis pas libre. — Nous nous passerons bien de vous. »

On sut en effet s'en passer. Dans une proclamation

menteuse du 3 novembre 1806, l'Empereur faisait dire aux Polonais : « Bientôt Kosciusko, appelé par « Napoléon le Grand, vous parlera par ses ordres. » Entouré par la police des Fouché et des Savary, Kosciusko, dans l'isolement où on le tenait, ignora longtemps l'abus que l'on faisait de son nom. L'eût-il su, par quel journal, par quelle voie de publicité aurait-il pu faire connaître son démenti dans cette Europe muette?

Napoléon, on le sait, ne fit rien pour la Pologne, rien pour ses libertés intérieures ni extérieures. La loi française, prenant le paysan polonais pour un fermier, le déclarait libre, c'est-à-dire libre de partir en quittant la terre qui le faisait vivre. Elle ne comprit pas le lien antique qui constitue au paysan une sorte de copossession. S'il est attaché à la terre, la terre aussi lui est attachée. Cette loi fut, par ignorance, très-partiale pour le noble, lui reconnaissant des droits sans devoirs, le considérant comme propriétaire sans conditions.

Enfin tombe Napoléon, et la France est punie des fautes de l'empereur. L'invasion barbare inonde nos campagnes. Les Cosaques se répandent partout. Les voilà à Fontainebleau. On montre encore dans la forêt la caverne où se réfugiaient les femmes tremblantes. — Ces désastres brisaient le cœur de Kosciusko, il ne put les supporter. Il va sans armes au-devant des pillards ; il les trouve qui s'amusaient à brûler les mal-

8.

heureuses chaumières d'un village inoffensif. Il fond sur eux hardiment, et saisissant sur plusieurs l'uniforme polonais : « Malheureux ! quand je commandais de vrais Polonais, pas un ne pensait au pillage !... — Et qui donc es-tu, toi qui parles? disaient-ils, le sabre levé. — Le général Kosciusko. » — Voilà des hommes terrassés... Ils se mettent à éteindre l'incendie qu'ils ont allumé. Les Russes viennent de toutes parts en pèlerinage à la maison de Kosciusko, en tête l'hetman des Cosaques, le vieux Platow, qui ne se rappela jamais cette entrevue sans que ses yeux fussent humectés de larmes.

On sait l'état tout mystique où se trouvait l'empereur Alexandre après sa miraculeuse délivrance de Moscou et son improbable victoire sur celui qui avait apparu ici-bas comme la victoire elle-même. Il croyait devoir tout à Dieu. La première idée de la Sainte-Alliance fut véritablement sincère. Mais cette alliance ne pouvait être vraiment *sainte*, à moins d'expier, de rendre le bien mal acquis. Là était la difficulté. Quelle serait l'année *normale* à laquelle on reviendrait? Si c'était 89, on retrouvait là, il est vrai, la vieille monarchie française, mais aussi on retrouvait, on devait recomposer la république de Pologne. Si c'était 94, il n'y avait point de Pologne ; mais alors il fallait refaire une grande France républicaine, qui embrassait les Pays-Bas, la Hollande, la Savoie et Gênes. On finit par y renoncer. On fit une Sainte-Alliance sans aucune base morale. L'Europe légitime et monarchique se constitua en plein vol, chacun gardant ce qu'il avait pris et sa mauvaise conscience.

Alexandre conservait encore une velléité d'être juste. Quand il vit Kosciusko : « Que voulez-vous? » lui dit-il. — Kosciusko, sans parler, trouvant une carte sur la table, mit le doigt sur le Dnieper, l'ancienne frontière de Pologne. — « Eh bien! il en sera ainsi. »

On a douté de cette réponse ; mais Kosciusko lui-même, dans une lettre au prince Adam Czartoriski (13 juin 1815), assure qu'Alexandre lui fit, à lui et aux autres Polonais, la promesse d'étendre la Pologne jusqu'au Dnieper et à la Dzwina.

L'exaltation religieuse d'Alexandre à cette époque rend la chose tout à fait croyable. Il voulait restituer. Un jour, dans une réunion nombreuse de dames russes, il saisit un crucifix qui pendait à la muraille et jura que de la Pologne il ne garderait pas seulement l'espace qu'il indiquait : c'était le creux de sa main. Les dames, dans leur étrange patriotisme russe, se mirent à pleurer.

Elles ne savaient pas que c'est justement la Pologne, possédée injustement, qui empêche et empêchera toute amélioration en Russie.

Kosciusko demandait que les paysans fussent graduellement affranchis dans l'espace de dix ans, et qu'on leur garantît leurs terres. Alexandre fermait l'oreille. Un tel changement en Pologne eût entraîné en Russie une immense révolution.

Kosciusko ne tarda pas à voir que l'empereur ne ferait rien de ce qu'il avait promis. L'aspect des troupes *alliées* qui mangeaient la France lui était intolérable. Il passa en Suisse. C'est de là qu'il écrit (dans sa lettre à Czartoriski) ces nobles et tristes paroles : « L'empereur a ressuscité le nom de Pologne, mais le nom n'est pas assez... Je me suis offert en sacrifice pour ma patrie, mais non pour la voir restreinte à ce petit territoire qu'on décore avec emphase du nom de Pologne. »

Ses derniers jours se passèrent dans une grande mélancolie. Il ne pouvait, il ne voulait point revoir sa patrie telle qu'on l'avait faite. Non marié, sans famille que celle de son hôte, il arrivait au terme de l'âge, et se voyait bientôt mourir sur la terre étrangère. Quelqu'un lui ayant dit un jour les vers français si connus :

> De ta tige détachée,
> Pauvre feuille desséchée,
> Où vas-tu ? — Je n'en sais rien...

il fut atteint profondément et s'empressa de les écrire. Il y retrouvait son image, à lui, pauvre vieux exilé, l'image aussi de sa patrie, ballottée aux vents du Nord parmi tant d'événements...

Il ne voyait plus guère que deux sortes de personnes, les pauvres et les enfants. Ceux-ci avaient sur lui une influence singulière, une petite fille surtout, celle de son hôte Zeltner, dont il faisait l'éducation.

Sa charité était infatigable. Presque tous les jours, il partait à cheval pour porter des secours aux pauvres, du vin aux malades. Il causait volontiers avec eux de leurs affaires, y prenait intérêt, et leur montrait des égards dont ils étaient encore plus reconnaissants que de ses secours. Il ne parlait jamais au plus pauvre mendiant sans l'obliger d'abord de remettre son chapeau.

Son hôte, lui ayant un jour emprunté le petit cheval noir qu'il montait ordinairement, fut tout surpris de voir que ce compagnon des courses solitaires de Kosciusko s'arrêtait de lui-même toutes les fois qu'il voyait un homme pauvrement vêtu, trahissant ainsi le bon cœur, la charité de son maître.

Un but ordinaire de ses promenades était l'hermitage de Saint-Véréna, peu éloigné de Soleure. Il s'asseyait là, au pied d'un bloc de granit entouré d'arbres, qu'on y a mis en l'honneur d'un bon Suisse des temps passés, qui, pour arrêter une guerre fratricide entre les Suisses, se jeta devant un canon. Kosciusko aimait à reposer à l'ombre de ce monument de l'humanité. Il y restait parfois un demi-jour tout entier, jusqu'au coucher du soleil, absorbé dans la contemplation de cette vue immense qui embrasse le Jura et les Alpes, et pouvant à peine s'arracher à sa rêverie religieuse.

Il était bien près de sa fin, lorsqu'il lui vint un doux message. Il était resté toute sa vie en correspondance avec celle qui eut son premier amour, et qui était devenue la femme d'un prince polonais. Le mari respectait ce saint et pur attachement. Il mourut, et sa veuve écrivit en Suisse à Kosciusko, alors âgé de soixante et onze ans, qu'elle lui appartenait, elle et sa fortune, qu'elle était libre enfin, venait le rejoindre. Elle le retrouva, mais mort. Il n'eut pas la consolation de revoir dans son dernier jour cette femme aimée si constamment.

Il mourut en 1817, dans les bras de la famille Zeltner, emportant les regrets attendris de toutes les nations. Toutes pleurèrent cette personne innocente et sainte, autant qu'héroïque.

Ses cendres furent réclamées par la Pologne, conduites en grande pompe à la cathédrale de Cracovie, enterrées près de celles de Sobieski. Mais ce monument n'était pas assez populaire. On travailla trois années pour lui en élever un plus digne de lui; monument gigantesque, grand comme l'amour du peuple, vraie montagne bâtie de sa main, et du plus pur des matériaux : — de marbre? non, ni de granit ; — mais de la terre de la patrie, de la terre qu'il avait aimée.

XIII

CE QU'EST DEVENUE LA POLOGNE APRÈS KOSCIUSKO. — ON N'A PU
DÉTRUIRE LA POLOGNE.

Un voyageur fatigué demande l'hospitalité. « Quel est votre pays ? » dit-on. Il répond : « Je suis Polonais. » Au dernier siècle, il aurait dit ou tâché de faire entendre qu'il était *noble* polonais. Cela est inutile aujourd'hui ; tous les Polonais sont nobles, dans la pensée de l'Europe.

Telle a été la gloire de l'émigration polonaise, de ses *légions*, de ses héros, de ses martyrs, que la Pologne entière en est restée noble. La Russie a, sans le savoir, conféré à toute la nation l'ordre de chevalerie.

Trouvez-moi, si vous pouvez, un homme de Lithuanie, un homme de Gallicie, qui s'aviserait de dire : « Je suis Russe ou Autrichien, » quand il peut dire : « Je suis du pays de Bem et de Dembinski ! »

Et cette conviction de supériorité n'est pas seulement dans l'âme des classes élevées. Elle passe tous les jours dans celle des paysans. Le dernier des Polonais, enchaîné, traîné pour devenir soldat de la Russie, éreinté de coups, épuisé de faim, lorsqu'il tombe sur sa route et se relève piqué par la lance du Cosaque, sent qu'il est martyr de la cause polonaise : il s'honore, se juge l'égal de tous ceux qui souffrent pour elle. A l'armée, s'il y arrive, il se trouve côte à côte des plus grands et des plus nobles de son pays, qu'on fait servir comme soldats et qu'on met au premier rang, au feu des tireurs du Caucase. Ainsi se forme entre Polonais, par le bienfait de la Russie, un lien très-fort que peut-être ils n'auraient jamais eu sans elle, ce qu'on pourrait appeler la fraternité de la douleur et l'égalité du martyre.

La nationalité polonaise, languissante à d'autres époques, est devenue, grâce à Dieu, prodigieusement forte et vivace. On a pu le voir récemment dans le duché de Posen. En Gallicie même, le paysan qui, corrompu par l'Allemand, a tué son maître polonais, ne veut nullement être Allemand, et se fâcherait si on lui en donnait le nom.

Si la Russie eût eu l'intention de raviver et fortifier la nationalité polonaise, elle aurait fait précisément ce qu'elle a fait pour la détruire. Avec de bons traitements, les provinces lithuaniennes, plus anciennement réunies, se seraient peut-être, à la longue, ralliées à leurs nouveaux maîtres. Mais la Russie semble avoir pris soin de leur enfoncer au cœur, pour n'en être arrachés jamais, le sentiment et le regret de la Pologne. Par l'énormité de l'impôt, par les logements de soldats, par l'atrocité du recrutement et du service militaire, elle a si bien fait, qu'on n'y parle jamais du bon temps de la République que les larmes aux yeux. Tout village, chaque année, en deuil et dans le désespoir, voit enlever ses enfants qui disparaissent à jamais. Le vice-roi lui-même, Paskiewitz, en faisant partir le contingent annuel qu'il doit pour une de ses terres, disait dernièrement : « Vous voyez bien ces cent hommes qu'on va mener à l'armée; tous périront dans le Caucase; ce sera beaucoup s'il en revient un.»

L'unité de la Pologne s'est fortifiée de deux manières. Identiques de situation, de douleur et de regrets, les deux moitiés du royaume (Pologne et Lithuanie) le sont encore par ce fond commun de traditions militaires, de nobles et glorieux souvenirs, de fraternité héroïque, que leur a donnée l'histoire des derniers temps. Le nœud s'est resserré entre elles, et elles vivent d'un même cœur.

La Pologne, au reste, fut toujours, quoi qu'on ait dit, un État homogène, naturel, très-légitimement construit, à peu près comme la France. En l'une comme en l'autre (comme en tout corps bien organisé), la dualité harmonique est un moyen d'unité. Entre ces deux moitiés (Pologne et Lithuanie), il y a moins de différence qu'entre la France du midi et la France du nord; on n'y voit pas la dissemblance extrême qui sépare le Provençal du Flamand.

Les États qui l'ont partagée sont, au contraire, hétérogènes et tout artificiels; la Prusse est une mosaïque, l'Autriche une caricature, la Russie est un monstre.

Construit sur le patron d'une épouvantable araignée, elle est monstrueuse en ceci, surtout, que les pattes ne tiennent en rien au corps. Sans la compression énorme qui retient le tout ensemble, elles s'en iraient de tous côtés. Le corps, ce sont les 30 millions de vrais Moscovites; les pattes (Sibérie, Lithuanie, Finlande, etc.) ont horreur du corps, et voudraient se détacher. Les Cosaques n'y tiennent qu'à cause des avantages matériels qu'ils trouvent dans cet immense empire, dont ils sont une sorte de factotum militaire; du reste, ils méprisent les Russes. Les seuls qui tiennent fortement à la Russie dans ces dépendances excentriques, ce sont les Allemands de Livonie et de Courlande, qui ont dans l'empire les cinq sixièmes des emplois, qui en réalité gouvernent, qui sont toute la bureaucratie, et peu à peu la noblesse; ils la recrutent en nombre énorme, les commis devenant nobles après quelque temps de service.

La Russie ne compte pour rien en Russie. Il n'y a

pas de nation, il y a un bureau et un fouet; le bureau, c'est l'Allemand ; le fouet, c'est le Cosaque.

C'est ce qui rendit le partage si facile : la Russie était un gouvernement, avec ou sans nation, et la Pologne une nation sans gouvernement.

Celle-ci était restée à peu près au point des États du seizième siècle, avant la centralisation. Elle avait beaucoup de vie, mais dispersée sur son territoire. Cette vie n'étant pas centralisée, en tuant ce qu'elle avait de central, on n'a rien tué du tout.

Les puissances le savent bien. Leur œuvre leur semble à elles-mêmes si artificielle, si peu solide, que, pour en prévenir la ruine, dans laquelle elles périraient, elles se sont ménagé un remède épouvantable; elles ont dans chaque partie soigneusement cultivé un germe de guerre sociale; de sorte que le jour où la Pologne essayerait de tirer l'épée, on puisse à vingt endroits lui enfoncer le poignard.

Il est curieux d'observer les moyens qu'a employés le machiavélisme des trois puissances, leurs arts divers et spéciaux pour fomenter la haine; mécanique ingénieuse, telle qu'aucun autre spectacle ne dut jamais plus réjouir l'enfer. Mais non, l'enfer est ici-bas.

Ici, on força le seigneur de rester seigneur malgré lui. Là, on le fit fonctionnaire, lui imposant des fonctions détestées du peuple.

La Prusse a graduellement émancipé le paysan, elle

l'a fait participer à la propriété, mais en obligeant le seigneur de garder la plus dangereuse, la plus odieuse de ses prérogatives féodales, la *justice patrimoniale*, l'hérédité de la justice, le rivant sur ce siége de juge dont il eût voulu descendre.

L'Autriche, en Gallicie, a diminué les corvées, mais en forçant les nobles d'exercer pour elle la tyrannie autrichienne, d'être ses *percepteurs* et ses *recruteurs*, de lever les impôts, de choisir les hommes pour le service militaire... Vives réclamations des nobles : on n'y fait nulle attention.

De 1843 à 1846, ils prient et supplient l'Autriche de leur permettre de changer la condition du paysan, d'abolir toute corvée, de faire part au cultivateur, en sorte qu'il ait sa terre à lui. Le gouvernement leur fait les réponses les plus gracieuses; il ajourne, gagne du temps, et, sous main, organise contre eux le massacre de 1846. Au lieu d'avantages possibles et lointains, il donne de l'argent comptant, tant pour chaque tête de noble. Ceux qui ont cru voir dans cette Saint-Barthélemy un mouvement populaire se détromperont en apprenant qu'on n'a égorgé de nobles que les patriotes, pas un aristocrate.

Le jeu de la Russie ne pouvait être le même. Ayant tellement à craindre chez elle les révoltes de serfs, elle s'est bornée jusqu'ici à deux choses : d'une part, elle a empêché toute amélioration proposée par les propriétaires polonais; de l'autre, elle a saisi toute occasion de faire croire au paysan qu'elle voudrait l'émanciper, le protéger, le faire propriétaire.

En cela, comme en tout, il n'y a jamais eu un homme plus variable, plus faux que l'empereur Alexandre. Quand Napoléon l'effrayait et qu'il jugeait à propos de flatter la Pologne, il avait demandé à quelques philanthropes polonais des projets de Constitution : « Surtout, leur disait-il, adoucissons le sort du pauvre paysan. » Ces plans donnés, il les jetait au feu. — Plus fort, en 1818, il fit voir le vrai Russe. La noblesse de Lithuanie, réunie à Wilna, ayant formulé le vœu d'émanciper les paysans, Alexandre, par un ukase, défendit « de songer à cet affranchissement. » Ceux qui avaient parlé en ce sens furent persécutés. Peu après, un nouvel ukase défendit la création des écoles mutuelles que les propriétaires fondaient pour les paysans, et ferma même les écoles supérieures aux jeunes gens qui ne pouvaient faire preuve de noblesse.

Le premier acte des libérateurs de la Pologne, en 1831 (spécialement dans la Podolie), avant de prendre les armes, fut de les sanctifier par la déclaration que les paysans étaient leurs égaux et leurs frères. Rien n'était plus aisé que de les faire propriétaires, dans un pays qui n'est nullement serré comme l'Angleterre ou la France, qui a une infinité de terres vagues, un pays où le domaine de la couronne fait, dans certains palatinats, la moitié de la terre. C'était le plan du ministre des finances, l'illustre Biernatski. Les propriétaires délaissés d'une partie des cultivateurs à qui l'on eût donné des terres du domaine, auraient retenu les autres à tout prix, en leur faisant les plus avantageuses conditions. On sait avec quelle rapidité marchèrent les événements, et comment ces nobles projets furent étouffés dans le sang avec la Pologne elle-même.

Toute amélioration a été repoussée par ces gouvernements. On l'a vu pour l'Autriche. En 1844, les représentants de Posen voulaient fonder une caisse d'amortissement pour le rachat des corvées de leurs paysans. La Prusse s'y opposa.

Il n'est pas jusqu'aux sociétés de tempérance, instituées pour relever les paysans de leur dégradation morale, qui n'aient été entravées de mille manières par l'Autriche et la Russie. Un ukase russe a interdit de prêcher contre l'ivrognerie.

C'est dans les cabarets des juifs que l'Autriche a brassé la contre-insurrection où les paysans ivres ont égorgé les libérateurs du pays, qui, à ce moment même, proclamaient l'émancipation des serfs et leur donnaient des terres.

En face de cette propagande hideuse que font l'Autriche et la Russie au sein de la Pologne, et qui, grâce à Dieu, n'a réussi que sur un point, par des circonstances tout exceptionnelles, il faudrait en montrer une autre.

Je parle de l'action étrange, mystérieuse, que la Pologne, sans le savoir ni le vouloir, par le fait seul de ses souffrances et de son héroïsme, exerce sur la Russie. La vengeance qu'elle tire de son ennemie, c'est de la démoraliser, d'y développer une force inouïe de dissolution. Sans parler, sans agir, il semble qu'elle ait troublé son cœur, dévoyé son esprit, l'ait affaibli et égaré. La facilité étonnante avec laquelle la Pologne a magnétisé la Russie tient à un bien triste mystère qu'il nous faut expliquer, au vide immense que la Russie avait en elle, à la destruction intérieure qu'elle a subie, surtout depuis un siècle. La douleur polonaise, traversant l'âme russe, n'y a rencontré que néant.

XIV

COMMENT ON DÉTRUIT LA RUSSIE.

L'historien de la Russie, Karamzine, s'arrête à l'entrée du siècle de Pierre le Grand, au seuil de la période brillante et funeste où la Russie va grandir comme empire, baisser comme race et nation, achetant l'éclat extérieur par la perte de sa vitalité native.

On sait que ce vrai Russe, dans les Mémoires confidentiels qu'il adressait à l'empereur Alexandre pour combattre ses velléités libérales, ses pensées d'émancipation, ne niait pas que la Russie n'eût pu, à d'autres époques, être amenée à la liberté. Mais, disait-il, l'immense extension qu'a prise parmi les Russes l'usage des spiritueux, le succès effrayant qu'a eu par tout l'empire l'établissement de la ferme impériale des eaux-de-vie, sont loin de le préparer à l'émancipation.

L'observation de Karamzine est juste. Seulement il s'arrête à un signe extérieur ; il fallait entrer plus avant, chercher ce que veut dire ce signe. Si le Russe se plonge, se perd dans l'eau-de-vie, s'il achète un moment d'oubli au prix d'une dégradation durable et d'un abaissement progressif dans la race elle-même, c'est qu'il a achevé de perdre ce qui, jadis, eût soutenu son âme.

Les Russes distingués que je connais, généreux, spirituels, sont tellement cultivés, ils ont tant vécu de la vie et des livres de l'Occident, qu'ils paraissent avoir très-peu le sentiment de leur peuple. Ce sont des Français, et brillants, mais nullement des Russes. Je ne vois pas en eux la profondeur naïve qu'il faudrait posséder pour suivre et bien comprendre la décadence et la mort morale de cette population infortunée.

En trois siècles, les plus brillants du monde, où l'invention a tout au moins doublé le patrimoine scientifique du genre humain, seule, la Russie n'a rien donné. Elle est restée muette dans ce grand concert des nations.

Triste signe, quoi qu'on dise. On cite les Romains, « qui ne savaient que combattre et gouverner. » On se trompe. Les Romains ont couvert le monde de monuments utiles ; ils l'ont doté de ce vaste système de lois que nous suivons encore. Ils vivent par leurs œuvres. Mais que la Russie disparaisse, quel monument restera d'elle? C'est une tente dressée aujourd'hui au milieu du désert, qui peut se replier demain.

Est-ce la faute du peuple russe, s'il est resté stérile? non, sans doute. Et quel autre aurait été fécond en souffrant ce qu'il a souffert?

Nulle part il n'y a plus d'esprit que dans la haute société russe. Le peuple, c'est bien plus, il a une variété de facultés, une souplesse d'action, un esprit de ressources, un génie multiforme, qui étonne et charme parfois. Comment a-t-il gardé encore ces dons heureux, à travers les épouvantables épreuves qu'il a subies? C'est ce qu'on ne peut s'expliquer.

C'était, nous l'avons dit, un peuple tout méridional de race et de génie, aimable plus que fort, peu moral, médiocrement solide, mais doux, docile, aimant facilement.

La réputation très-peu méritée de force et de résistance qu'il a dans l'opinion européenne tient à ce qu'on juge le Russe uniquement par le soldat russe, oubliant que la Russie a toujours opposé de vieux soldats à nos jeunes troupes, et qu'on met vingt années à former ces soldats. On ne leur donne cette fixité automatique qu'en les tenant toute la vie sous le drapeau, disons mieux, sous le bâton. Voilà comme on fixe le Russe ; on fait le soldat, on tue l'homme. Par cette affreuse discipline, on a une machine, plus d'âme ; le Russe a disparu.

Ce peuple, en deux cents ans, a subi trois opérations atroces, dont la moindre pourrait amener l'extermination du génie d'un peuple.

Vers 1600, à l'époque où le servage disparaît dans l'Europe, il commence en Russie. Ce peuple, le plus mobile de tous, est incorporé à la terre, enraciné à la glèbe. Et le siècle n'est pas écoulé, qu'à cette fixité du serf agricole s'ajoutent toutes les misères et les abjections du servage.

Vers 1700, au moment où les nationalités modernes se distinguent et se déterminent avec tant d'originalité et de vigueur, Pierre le Grand (ou Pierre le copiste?) déclare la guerre à la nationalité de sa patrie; il défend aux Russes d'être Russes, les tond, en fait des Allemands. Une effroyable invasion d'intrigants étrangers s'empare de la Russie. Ils n'en sont pas sortis : ils règnent. Ils ont remplacé la noblesse. Hommes de cour et favoris, bureaucrates et seigneurs, d'une double tyrannie impériale et seigneuriale, ils ont écrasé, aplati l'âme russe. Ils n'ont pu la germaniser; ils l'ont anéantie.

Voilà la seconde opération. La troisième, que j'expliquerai tout à l'heure, la plus cruelle des trois peut-être, est celle qui s'accomplit en ce moment dans la propriété et dans les conditions du servage. Ici encore, et plus que jamais, on verra la Russie marcher, pour la troisième fois, au rebours de l'Europe. Sous son immobilité apparente, elle va à reculons dans la barbarie, affreux progrès contre nature; le servage n'est plus assez barbare, elle retourne à l'esclavage antique [1].

Le plus étrange dans ces tristes nouveautés si contraires à l'esprit européen, c'est que la Russie se figure imiter l'Europe. Et d'abord l'Allemagne. Le profond génie allemand dans ses trois idéalités, philosophie, musique et poésie, est justement ce qu'on copie le moins. L'Allemand, non idéaliste, est une triste nature d'homme. C'est celui-là que la Russie adopte. Le

---

[1] On affirme hardiment que, dans ce terrible accroissement de misère, la population augmente rapidement. Mais qui peut dire avec certitude ce qui en est? Qui connaît la Russie?— M. de Falloux a dit à la tribune, avec une remarquable intrépidité d'ignorance : *La Russie, en 1789, avait trente-trois millions d'âmes* (qu'en sait-il?) , *et aujourd'hui elle en a soixante-dix millions!* (Qu'en sait-il?) — En réalité, que veulent les Russes et les amis des Russes en lançant au hasard ces chiffres romanesques? terroriser l'Europe. — Nul doute que le communisme russe, par son imprévoyance, ne soit propre à augmenter la population ; mais cette même imprévoyance, meurtrière sous un tel climat, la décime cruellement, surtout pour les premières années ; l'immense majorité des enfants ne naissent que pour mourir. — Comment la Russie aurait-elle une vraie statistique? Toute statistique est née d'hier. La France, le seul État qui pourrait en avoir une, étant le mieux centralisé, n'a pu, même en 1826, faire un dénombrement sérieux. (Voir là-dessus le très-judicieux M. Villermé.)—Le dernier observateur et le plus sérieux qui ait visité la Russie, M. Haxthausen, malgré tout son respect pour le gouvernement russe, avoue qu'il n'y a aucun fonds à faire sur les documents statistiques qu'il publie. Il établit, par plusieurs bonnes raisons, qu'on ne peut connaître la population des villes

commis et le caporal, l'écritoire et le bâton, voilà ce qu'elle a pris de l'Allemagne.

Le servage s'est cruellement appesanti, devenant pédantesque et systématique, comme l'intendant allemand qui maintenant régit les terres. Le maître russe, léger, variable et fantasque lui-même, passait aux serfs plus d'une fantaisie. L'Allemand ne passe rien. Sous sa discipline ennuyeuse, est mort d'abattement le pauvre génie slave, avec sa mobilité indépendante,

qui est très-mobile. Pour la Russie des campagnes, elle est si peu connue encore, qu'il y a dans les forêts des villages dont la police ne sait pas même les noms ; ce sont surtout les dissidents qui fuient les persécutions religieuses. — La population flottante est immense ; beaucoup changent de pays pour changer de condition. Ceux qui reçoivent sur leurs terres des serfs fugitifs, et les acquièrent ainsi, ont soin, pour les cacher, de les mettre sous le nom de quelque serf mort. De là ces prodigieuses longévités qu'on ne voit qu'en Russie. Tel y vit deux ou trois vies d'homme, cent cinquante ans et plus. — La population augmente-t-elle? Lentement, si l'on juge de l'empire par certains gouvernements mieux connus, par exemple celui de Charkow, qui avait, en 1780, 800,000 âmes, et, en 1838, 1,150,000 âmes. (Voir l'ouvrage spécial et estimé de Passek, sur le gouvernement de Charkow.)

Au reste, que la population augmente plus ou moins rapidement, c'est un fait secondaire, en comparaison d'un autre *très-certain* ; c'est que la race baisse, comme énergie, force et vitalité. Voyez dans les revues, et les plus belles, celles de la garde russe, ces pauvres visages pâles, ces yeux éteints, sans vie. La race change notablement depuis trente années, et par le progrès de la misère et par l'abus des spiritueux.

ses douces mélodies, sa légère existence, libre comme l'oiseau des bois.

Ce chant mélancolique d'un homme qui paraît vif et gai, c'était l'âme même du Slave. Lui fini, tout finit. Sombre empire du silence, à peine y entend-on, aux profondes forêts, quelques notes anciennes qu'on dit à demi-voix. La langue sèche, la parole tarit dans cet empire. Voyez la nation des Cosaques, nation poëte jadis, elle est devenue muette du jour où elle tomba aux mains glacées de la Russie.

On put croire deux fois que ce peuple, réveillé, raffermi, prendrait l'essor, rentrerait dans la vie, se classerait parmi les nations. Suwarow, un vrai Russe, un fou rusé, bouffon, dévot, suscita l'âme russe, lui donna un moment d'élan. Napoléon et 1812, le danger de la sainte Moscou, le czar appelant *ses enfants*, tirant les reliques du sanctuaire et les faisant porter devant l'armée, ce fut un puissant ébranlement populaire. L'impression fut forte aussi d'aller en France, de voir Paris, la Moscou de l'Ouest, d'apprendre que la Russie n'est pas toute la terre. Un rêve en est resté et une transmission de récits. Rien n'indique pourtant qu'il en soit sorti des légendes. L'âme russe est trop malade et souffre trop pour se jouer ainsi aux fleurs de poésie. Elle est plutôt tournée à la négation.

Une chose grave, qui les a frappés, c'est d'apprendre à la longue que leur czar a brûlé Moscou. Longtemps, dans leur respect, dans leur sentiment filial, ils ont nié obstinément que *leur père* eût fait une telle chose. — Ce sont les Français, — disaient-ils. La lumière s'est faite, à la fin, malgré toutes les dénégations. Non-seulement le dernier empereur a brûlé la ville sainte, mais celui-ci la démolit, et sans nécessité, en pleine paix. Il défait, refait le Kremlin, avec une barbare indifférence pour les vieilles religions du peuple russe. Il a vendu en pleine place, à l'encan, les meubles vénérables des anciens czars (pour les refaire à neuf), le siége des Iwans, de Dimitri Donski.

Ces czars de race allemande révèlent à chaque instant leur profonde ignorance du peuple qu'ils gouvernent et de ce qu'il a de meilleur.

Exemples :

Nicolas ignorait quelle force le serment a chez le Russe, et qu'ayant une fois fait serment il se sent fortement lié, et ne peut s'en croire libre qu'autant qu'on l'en délie régulièrement, légitimement. Il exigea à son avénement, sans délai ni explication, l'obéissance immédiate des troupes qui venaient de faire serment à Constantin. De là cette terrible et si légitime révolte, dont les conjurés profitèrent.

Alexandre ignorait le fond de la vie russe, la famille. Autrement, ce prince, nullement cruel, n'eût pas fait la tentative barbare de ses colonies militaires. Il lui parut tout naturel d'introduire un hôte inconnu, un soldat, dans la chaumière étroite du paysan, de faire coucher un soldat entre sa femme et sa fille. Pour marier les soldats répartis dans la commune, on n'était pas embarrassé. Toutes les filles du village d'un côté, de l'autre les soldats, tiraient des numéros ensemble. Le numéro 1 des soldats épousait le numéro 1 des filles ; c'était tout l'arrangement. Il y eut des révoltes effroyables. Les Cosaques montrèrent une indomptable opposition à ces brutalités. Le bâton, le knout, n'y firent rien. Ils se laissaient mettre en morceaux, mais n'obéissaient pas.

Ce qui n'est pas moins remarquable et fait un honneur infini au cœur des Russes, c'est l'impression qu'ils ont reçue des infortunes de la Pologne. Nous l'avons vu déjà au moment où Kosciusko fut relevé du champ de bataille. Mais c'est surtout dans les Mémoires de son compagnon Niemcewicz qu'il faut lire les commencements de cette réaction morale. Les soldats russes qui le gardaient n'avaient de confident que leur prisonnier polonais. La nuit, non sans péril, ils venaient près de lui, soupirer et gémir, lui dire leurs vœux, lui demander si l'on n'abrégerait jamais le service militaire, et s'ils reverraient leurs pauvres maisons.

Voilà comme la Pologne pénètre, envahit l'âme russe. Un seul Polonais prisonnier dans une citadelle, un seul incorporé dans un régiment, ébranle et trouble tout. Il n'a pourtant rien dit, cet homme. Qu'a-t-il fait? Rien. Il a gémi la nuit. Et dès lors l'ébranlement moral a commencé, il va, il gagne. L'on songe, l'on raisonne. — C'est un homme pourtant, ce prisonnier, il souffre, il n'a pas l'air coupable. — Du jour où le soldat s'est dit cela et mis à réfléchir, dès ce jour, je le dis, son cœur est en révolte.

Sur quoi fut bâti cet empire? Sur la foi, sur une foi brutale, barbare, aveugle, sans pitié, même pour soi, qui entraînait l'anéantissement de l'esprit et de la personne. Quand ce boyard empalé par Iwan criait pendant deux jours de son effroyable agonie : « Mon Dieu, sauvez le czar! » alors, sans doute, l'empire russe était ferme.

Par quoi chancelle-t-il? Je le dis, par le doute. Il est entré en lui. Et ce qui honore la nature humaine, c'est que la pitié y a fait autant que le reste.

Tout le monde connaît, au moins par les gravures, le sanctuaire de la Russie, le Kremlin, ces massives et bizarres constructions, ces palais monstres, où respire le génie mongol, et qu'on serait tenté d'appeler une pétrification de la Terreur. Ces monstres du monde des fées vivaient, ce semble, et sont devenus pierres en voyant Iwan le Terrible. En vain Napoléon y a porté la main, en vain l'effroyable incendie enveloppa le Kremlin de ses flammes : il était resté ferme... De nos jours, il faiblit, sa base de granit chancelle, et par moments la sublime flèche paraît ivre, elle branle... Pourquoi? ah! pour bien peu de chose. Un souffle dans ses fondations, une plainte aux caveaux de ses églises, un sourd gémissement aux tombes impériales... Tout le monde l'a entendu, hors un seul... Cette chose faible

et forte, qui fait trembler les tours, qu'est-ce donc?..,
Un soupir.

Soupir sacré de la nature contre un monde dénaturé, gémissement mêlé des douleurs de deux nations!... Il ne s'est pas enfermé là; il a monté, grossi comme une trombe... Il ne s'est pas perdu aux forêts, aux marais, il s'en est emparé, et les forêts se sont mises à gémir, les eaux à sangloter, les sapins à pleurer!

Prenez garde, cet homme insouciant, léger et mélancolique à la fois, qui chantait au travail sa chanson monotone, il a assez chanté, il songe, et il est entré en pensée. Il pensera désormais et toujours.

Et toute sa pensée, je vais vous la dire d'un seul mot, qui la résume toute, et le grand changement qui se fait depuis trente années dans sa condition : *Né serf, il meurt esclave.*

Serf, il avait pied et racine en la terre; il était arbre, résigné comme l'arbre; il végétait misérable et paisible. L'imprudente tyrannie de ses maîtres l'a déraciné.

Les seigneurs, détachant des parties de leurs biens pour vente ou pour partage, ont cru ne couper que la terre, et ils ont coupé l'homme. Il vivait moins en lui qu'en la commune; ils ont brisé cet ensemble vivant où s'harmonisait, dans un communisme immémorial, toute la vie du paysan russe. La terre passant de main en main dans le cercle de la commune, comme la coupe circule au banquet, c'était le fonds moral du Slave.

Ce n'est pas tout. La commune brisée et la terre divisée, ils lui ont raccourci sa part de cette terre. « Si ta famille est trop nombreuse, va, va chercher ton pain, charpentier, jardinier, batelier du Volga; va, et rapporte-nous l'argent. »

Cela est dur, injuste. S'il était serf, c'était serf de la terre, non serf mobile, mais serf dans la famille, dans la commune, entouré des consolations, des adoucissements du travail commun; n'importe, il se résigne, il va. — Il revient fidèle, il rapporte... Mais alors, ce n'est pas assez; ils ont bâti d'immenses maisons, l'horreur des Russes, d'affreux bagnes, qu'ils appellent des fabriques, des manufactures, où les hommes vendus viennent travailler et mourir sous le fouet. Vendus? non, je me trompe, l'empereur philanthrope a défendu qu'on vende; on loue un homme pour quatre-vingt-dix ans!

Pauvre race, douce, faible, toute dominée par les sentiments naturels, qui avait vu l'État dans la famille, et dans le maître un père!... C'était un spectacle risible et touchant, quand un nouveau seigneur arrivait au village; ils pleuraient tous de joie : « Petit père! » criaient-ils, ils se jetaient à genoux, lui racontaient leurs maux, toutes les affaires de leurs familles; plusieurs à haute voix se confessaient à lui.

Le père des pères, le czar! qu'était-ce donc, grand Dieu? ils confondaient dans leurs prières le *czar du monde et le czar du ciel.*

Ce sentiment filial, si fort dans l'âme russe, à quelles terribles épreuves n'a-t-il pas été mis? Est-il père, ce seigneur avide qui vend ses hommes? Est-il père, ce czar qui protége si peu, qu'on aime mieux être serf que libre?

Ce monde qui perd peu à peu son idée, sa base antique, la *paternité*, ne s'asseoit pas encore sur la base nouvelle, *la loi*, le gouvernement de l'homme par lui-même.

O désert, ô vide, ô néant! Plus de père. Pas encore la loi.

Moins désolés, ces grands plateaux tartares où la terre nue, salée, stérile, n'a rien de la nature que l'aigre sifflement du vent de Sibérie.

Le gouvernement russe produit en ce moment une chose terrible. En maintenant une séparation absolue et comme un cordon sanitaire entre les populations russes et le reste du monde, il n'empêche nullement ces populations de perdre leur ancienne idée morale, et il les empêche de recevoir l'idée occidentale qui les replacerait sur une base nouvelle. Il les tient vides et nulles moralement, sans défense contre les suggestions du mauvais esprit et la tentation du désert.

Quand on dit qu'un de nous, Occidentaux, est douteur, sceptique, cela n'est jamais vrai absolument. Tel peut être douteur en histoire, qui est ferme croyant en chimie, en physique. Tout homme ici a foi en quelque chose; l'âme n'est jamais vide. Mais là, dans ce monde tout ignorant, barbare, qu'on maintient vide d'esprit, et qui le devient de tradition, si cet état durait, si l'homme descendait la pente du doute, rien ne l'y arrêterait, rien n'y ferait contre-poids ou balance ; nous aurions l'effroyable spectacle d'une démagogie sans idée, sans principe ni sentiment ; un peuple qui marcherait vers l'Occident, d'un mouvement aveugle, ayant perdu son âme, sa volonté, et frappant au hasard, automate terrible, comme un corps mort galvanisé, qui frappe et peut tuer encore.

Qui sauvera la Russie de cette infernale perdition, et l'Europe de la nécessité d'exterminer ce géant ivre et fou?

C'est surtout la pauvre Pologne.

Ce que la Russie a de meilleur en ce moment, ce qui la rattache à l'humanité et à Dieu, c'est le mouvement de cœur que la Pologne a suscité en elle.

XV

CE QUE LA POLOGNE PEUT FAIRE AVANT LA RÉVOLUTION.

Tout ce que nous avons dit sur le néant moral où arrive la Russie est faible en comparaison de ce que les Russes en ont dit eux-mêmes. Cet état est si douloureux, que, bâillonnés, muselés, du fond de leur *in pace*, ces pauvres muets n'en ont pas moins éclaté. Plusieurs, comme l'illustre amiral Tchitchacoff, ont hautement désespéré, quitté la patrie. D'autres, en restant, ont acheté de la vie le bonheur d'être libres une heure, en criant : « La Russie est morte!

On pouvait deviner ce triste mystère dans les poésies désolées de leurs derniers poëtes, pleines de deuil, d'ironie sceptique. Mais ces avis indirects ne satisfaisaient pas l'âme russe; elle était trop oppressée.

Un matin, dans une revue généralement discrète et pâle, *le Télescope* de Moscou, un article, échappé par la distraction de la censure, fait trembler toute la Russie. Cet article, signé (Tschadaef), était l'épitaphe de l'empire, celle de l'auteur aussi : il savait qu'écrire ces choses, c'était accepter la mort, plus que la mort, des tortures et des prisons inconnues. Du moins, il soulagea son cœur. Avec une éloquence funèbre, un calme accablant, il fit sur son pays comme un testament de mort. Il lui demande compte de toutes les amertumes qu'on inflige à qui veut penser, il analyse avec une profondeur désespérante, inexorable, le supplice de l'âme russe; puis, se détournant avec horreur, il maudit la Russie. Il lui dit *qu'elle n'a jamais existé* humainement, qu'elle ne représente *qu'une lacune de l'intelligence humaine*, déclare que son passé a été inutile, son présent superflu, et qu'elle n'a aucun avenir.

L'empereur a fait enfermer cet homme dans une maison de fous. Mais la Russie, le cœur percé, a cru qu'il avait raison. Elle s'est tue. Depuis 1842, pas une production russe, ni bonne, ni mauvaise. Le terrible article, en réalité, a clos et scellé le tombeau.

Sous la tombe est une étincelle[1]. Nous ne souscrivons nullement aux anathèmes de Tschadaef.

[1] L'étincelle! ne serait-elle pas dans une brochure admirable qui paraît à l'instant? L'auteur, né Russe, mais doté d'autre part du plus généreux sang du Rhin, écrit dans notre langue avec

En bas, nous voyons un peuple faible, mais d'autant plus élastique, qui peut encore se relever. Et il se relèvera un jour par la fraternité de la Pologne.

En haut, nous voyons des hommes, peu nombreux, mais admirables, des héros!... Comment appeler autrement les hommes du 14 décembre, eux qui, seuls, dans la gueule même du dragon, ont tenté ce coup hardi!... Comment donner un autre nom au glorieux martyr Bakounine, aujourd'hui (1850) enseveli, les fers aux pieds, dans un cachot de Russie?... Ah! grand cœur, noble nature, frère aimé de la Pologne et de la France, excusez-moi d'avoir dit ces choses sévères sur le pays que vous aimez. Dieu m'est témoin que, si parfois la main m'a tremblé en écrivant ces lignes sur la Russie, c'est à vous que je pensais (vous que je ne connais pas), c'est vous uniquement que je craignais de blesser... S'il arrivait que mon livre perçât les murs où vous êtes enfermé, qu'il vous dise que nos cœurs sont tout pleins de vous, et nos yeux de larmes en

---

une vigueur héroïque, qui brise l'anonyme et révèle partout le grand patriote. Je l'ai lu et relu dix fois avec stupeur. J'y croyais voir les vieux héros du Nord tracer d'un fer impitoyable la sentence de ce misérable monde... Hélas! ce n'est pas seulement la condamnation de la Russie, c'est celle de la France et de l'Europe. — « Nous fuyons la Russie, dit-il; mais tout est Russie; l'Europe est un cachot. » Tant que l'Europe a de tels hommes, pourtant, rien n'est désespéré encore. (*Du développement des idées révolutionnaires en Russie*, par Iscander, chez Franck, rue Richelieu, 67.)

pensant à vous, et que le monde sent le poids de vos fers...

Pourquoi, malgré nos vives, nos ardentes sympathies pour les grands patriotes russes, avons-nous cru devoir exposer notre opinion si librement sur la Russie? C'est que, hélas! il nous est impossible jusqu'ici de distinguer le peuple russe du gouvernement qui l'écrase. Nous les voyons seuls encore, ces illustres citoyens. Ils sont les citoyens du monde, bien plus que de la Russie. Les révoltes sont fréquentes en ce pays; mais une révolution, quel jour arrivera-t-elle? Il y faut une communauté d'idées que rien ne nous indique encore.

Donc, nous devons envisager la Russie en masse, provisoirement, et simplement comme une force,— force barbare, monde sans loi, *monde ennemi de la Loi*, qui ne fait aucun progrès en ce sens, au contraire, qui marche à rebours et retourne aux barbaries antiques, qui n'admet la civilisation moderne que pour dissoudre le monde occidental et tuer la loi elle-même.

Le monde de la Loi a sa frontière où elle fut au moyen âge, sur la Vistule et le Danube.

La Russie n'admet rien de nous, que le mal. Elle absorbe, attire à elle tout le poison de l'Europe. Elle le rend augmenté et plus dangereux.

Quand nous admettons la Russie, nous admettons le choléra, la dissolution, la mort. « Quoi! philosophes, nous dit de sa plus douce voix la jeune école russe qui fleurit dans nos revues, vous vous éloignez de vos frères!... Où est la philosophie? Où est la philosophie? »

Telle est la propagande russe infiniment variée, selon les peuples et les pays. Hier elle nous disait : « Je suis le christianisme. » Demain elle nous dira : « Je suis le socialisme. »

Elle emploie des journalistes, des gens du monde, des femmes spirituelles et charmantes... Comment refuser la coupe des belles mains de Médée?

Ici ce sont des articles [1], des gravures même habilement exposées sur nos promenades. Au Danube, ce sont des chansons russes qu'on fait circuler, chansons faites par les poëtes officiels de l'empereur, pour amener les Serbes, les Bulgares, etc., à se remettre aux mains protectrices de la Russie.

Cette propagande, en Pologne, a un caractère sinistre qui rappelles les menées de l'Autriche avant le massacre de la Gallicie.

---

[1] Même des livres, et de forme grave. M. Alexis de Saint-Priest, fils d'une princesse russe, et d'une famille comblée par la Russie, a reconnu magnifiquement les bienfaits de cette patrie adoptive. Il a écrit une *Histoire du démembrement de la Pologne,* qui met le tort du côté des victimes. La France lui a ouvert ses mystérieux trésors diplomatiques. Il a pu à son aise, y choisir tout ce qui pouvait colorer l'invasion russe ; il a fait un livre spirituel, mais qui le serait davantage s'il était moins hardiment partial.

La Russie a employé un moyen terrible de se populariser auprès du paysan : sa cruelle persécution des Juifs, continuée plus cruellement par l'enlèvement annuel de leurs enfants.— Effroyable flatteur du peuple, qui, sans lui faire aucun bien, le séduit par le mal des autres! une enquête, il est vrai, a été ordonnée aussi pour améliorer le sort des cultivateurs. Non suivie et sans résultat, elle n'en fait pas moins croire aux paysans que le czar s'intéresse à eux.

Que fera maintenant le propriétaire polonais? Il est entre deux abîmes.

La Russie irrite le paysan contre lui, lui dit : « Il ne fait rien pour vous. »

Maintenant qu'il essaye de faire quelque chose, c'est un homme désigné, suspect. Un matin, sous un prétexte, enlevé, jeté dans un coffre, cahoté à mort pendant quinze cents lieues, il s'en ira habiter pour toujours le pays dont on ne revient pas.

Je le sais trop, Polonais, sous ce gouvernement terrible, il vous est difficile de changer le sort du peuple. La plupart des réformes sont ajournées forcément aux jours de la liberté.

Moralement, vous pouvez beaucoup. Si la loi est impuissante, si l'action est interdite, rien ne peut enchaîner le cœur.

Oserai-je former un vœu, souhaiter une chose pratique, qu'on ne peut guère empêcher? Supprimez, autant qu'il se peut, les intermédiaires qui vous séparent du cultivateur; renvoyez l'intendant, l'agent, l'économe. Occupez-vous vous-mêmes de votre terre et de ceux qui la cultivent. Vivez parmi eux, avec eux, aimez-les, tout est gagné.

« Il faut aimer pour être aimé, » disait le général Hoche.

Ce peuple vous demande plus que la liberté, plus que la propriété, qu'il a méritée si bien, plus que l'égalité sociale, — il demande surtout l'amitié.

Nous connaissons votre grandeur de cœur. Ceux qui ont aimé jusqu'à leurs bourreaux pourraient-ils ne pas aimer leurs pauvres compatriotes?

Le paysan a sujet d'aimer votre vieille République de Pologne, qui lui demanda un tribut si faible, si léger en comparaison d'aujourd'hui; qui l'abrita des barbares derrière ce peuple chevalier d'un million de lances, dont pas un homme, durant des siècles, n'est mort qu'au champ de bataille.

Et vous fils de ces chevaliers, aimez, admirez ce peuple, qui, dans vos terribles luttes, tellement inégales, contre la Russie, vous donna ces vaillants faucheurs, la terreur des Cosaques, qui se battit sans s'informer si la liberté reconquise le serait pour lui, qui, dans les légions polonaises, anobli, chevalier lui-même, sous le drapeau de la France, marcha du même pas près de vous, et, par des exploits incroyables, s'est placé avec vous dans l'égalité de la gloire.

La nationalité polonaise, si cruellement attaquée, mutilée dans son territoire, brisée dans l'existence de ses hommes les plus dignes, poursuivie avec fureur par l'arbitraire et par la loi, il dépend toujours de vous de la raffermir et de la refaire plus solide qu'elle ne fut. Cette fois, qu'elle se révèle hors des lois, ailleurs qu'en l'État, qui est toujours vulnérable. Fondez-la dans l'âme humaine, au sanctuaire de toute vie ; enfoncez-en la racine en ce qui n'est point attaquable ni accessible aux tyrans, dans l'amour mutuel de l'homme et dans la fraternité.

Si les actes vous sont interdits, les sentiments ne le sont pas. Veuillez, aimez; personne n'en méconnaîtra les signes. La fraternité de cœur, l'égalité volontaire, se manifestent aisément.

Si vous ne pouvez encore changer l'état social des habitants des campagnes, vous pouvez changer leur esprit. L'on vous a empêché de leur fonder des écoles ; mais chacun de vous est une école. Ne vous enfermez point dans vos maisons solitaires, pour languir, attendre, mourir, pour tourner, retourner en vous le fer aigu de la douleur. — Sortez, venez dans le peuple, partagez les travaux des hommes ; descendez sur le sillon, suivez la charrue; dites-leur tant de choses qu'ils ignorent, hélas! et qui sont le cœur du cœur, le plus profond de leur être. Ce peuple, tel a été le terrible effet des longues misères, ne se connaît plus lui-même. S'il se souvenait ! Combien il en serait relevé ! Quel chaud et puissant cordial lui rentrerait dans la poitrine !... La culture qu'il lui faudrait, ce n'est pas, comme on le croit, d'apprendre un moment à lire (pour l'oublier le lendemain, n'ayant ni livres, ni loisir). Ce qu'il lui faut, et ce qu'il recevrait avidement, se sont ses propres souvenirs, rafraîchis et réveillés ; ce sont ses glorieuses antiquités, c'est la Pologne elle-même. — Dites-lui vos grandes guerres des Turcs, et l'Europe défendue par vous ; dites-lui Jean Sobieski, la délivrance de Vienne, le salut de l'Allemagne; dites-lui le vieux chant slave, qui lui fut un jour redit par un pape. — Des envoyés de Pologne, se trouvant à Rome, demandaient des reliques au pape pour en faire don à leurs églises. Ils en eurent cette réponse : « Pauvres gens, que venez-vous demander ici des reliques ?... Avez-vous donc oublié la vieille chanson de votre pays : *O Polonais ! Polonais ! ouvrez partout où vous voudrez la terre de Pologne, prenez-en ; tout ce que vous prendrez, c'est toujours cendre de martyrs.* »

Bel aveu, noble réponse, qui fait honneur à l'Italien. La Pologne a sa sainteté en elle-même, non dans la Rome des papes. La ville des catacombes ne lui renverra pas la vie, non plus que le don des miracles. La Rome qui ressuscite sous nos yeux, c'est la Rome ennemie des papes, la vraie Rome de l'antiquité.

Dans un sublime chant polonais (*Vision de la nuit de Noël*), on voit le dôme de Saint-Pierre, fendu, qui s'affaisse... Et les derniers des Polonais, par un dévouement suprême à ce qu'ils ont adoré, le soutiennent encore, ce dôme, sur la pointe de leurs lances.

Rome ne soutient pas la Pologne[1]. La Pologne soutient Rome encore, — Rome amie de la Russie, Rome qui reçut ce Phalaris ivre et rouge de sang chrétien.

Prenez-y garde, Polonais, depuis qu'il a prié dessous, il tombe, il s'écroule, ce dôme, rien n'en arrêtera la chute ; il descend dans la boue sanglante... Votre fidélité obstinée n'empêchera rien.

Voyez ce que le catholicisme a fait de l'Irlande ; effroyable destinée ! la population subsiste nombreuse, et la race a disparu, a perdu sa vitalité, s'est neutralisée, évanouie. Voyez la stérilité de l'Espagne depuis Philippe II. Voyez que de siècles la foi des esclaves, la foi des morts, a retenu l'Italie comme enfermée dans un tombeau. La France enfin, ah ! quelle blessure vient de lui porter le catholicisme ! (1849) elle en saignera à jamais... maudite de l'Italie !

De grâce, ne perdez pas de vue la première origine de vos malheurs. Vous étiez au seizième siècle le plus tolérant, le plus doux des peuples, ainsi que le plus

---

[1] Ceci répond à l'erreur grave qu'on trouve dans une brochure, du reste excellente, pleine de choses ingénieuses et profondes : *La Russie considérée au point de vue européen*, 1831. (A la librairie polonaise, rue de Seine, 20.)

guerrier. L'invasion des jésuites en Pologne, leurs persécutions, ont séparé de vous, livré à vos ennemis, vos frères du rit grec, les Cosaques. Cette lance acérée qui depuis entra au cœur de la Pologne, qui l'a donnée à la Russie, sinon le catholicisme?

C'est le catholicisme encore qui, au milieu du dernier siècle, excluant les dissidents de l'élection royale, donna prétexte à la Russie et la popularisa en Europe comme défenseur de la liberté religieuse contre le clergé polonais.

Ceux qui voudraient aujourd'hui asseoir votre nationalité sur ce qui vous a perdus, sont vos plus cruels ennemis. Qu'ils le sachent ou non, ils vous perdent. En donnant le catholicisme comme caractère essentiel de la nationalité polonaise, ils éloignent à jamais de vous vos jeunes frères du Danube, les Slaves, fils de l'Église grecque, qui, si la Pologne se proclame étrangère à eux par l'opposition de sa foi, écouteront la Russie.

Malheureux prêtres, n'est-ce pas assez d'avoir, il y a deux cents ans, découvert le flanc de la Pologne, de l'avoir désarmée de sa vaillante barrière, la nation des Cosaques : aujourd'hui, vous lui ôtez ces frères, ces alliés nouveaux, que venait de lui susciter la bonté de la Providence. Ces Slaves, nés d'hier comme peuple, ils regardent de tous côtés, ils se cherchent des parents, ils ont besoin d'aimer une grande nation; ils vont se cherchant des frères. La Pologne leur dira-t-elle : « Je ne suis pas votre sœur... J'ai mon Dieu; cherchez vos dieux! »

Je ne vous propose pas de renier vos croyances, Polonais. Je le sais, vous êtes fidèles; vous ne sûtes jamais déserter. Cette foi, je ne vous demande pas de l'abjurer, mais de la comprendre, de l'étendre et de l'agrandir. Vous avez longtemps, comme tous les enfants, répété des mots; hommes par l'âge et la douleur, il est temps d'aller à l'idée. Le Dieu qu'on vous mit sur l'autel dans telle image de pierre, sentez-le donc maintenant dans le genre humain, dans son image de chair. La religion du monde n'est plus la foi égoïste, qui fait son salut à part et va solitaire au ciel. C'est le salut de tous par tous, la fraternelle adoption de l'humanité par l'humanité. Plus d'incarnation individuelle; Dieu dans tous, et tous Messies!

Qui, de nos jours, ne sent Dieu tressaillir en lui? qui, dans les heures de souffrances, par le cœur, ne sent l'avenir?

Mais il ne faut pas seulement le voir et le sentir, il faut le vouloir, et, par un immense élargissement du cœur, accepter d'avance tous les sacrifices que nous imposera demain le monde nouveau.

Qui n'aura à sacrifier? De quelque côté que je regarde les nations qui vont être les acteurs du nouveau drame, je vois qu'avant toute action Dieu va leur demander à chacune de lui donner ce à quoi elles tiennent le plus; généralement le vieux vice, le vice chéri, cultivé au fond de l'âme. A l'Italie, il dira : « Donne-moi tes vieilles discordes, ton esprit d'isolement et d'orgueil local ; j'en veux faire un sacrifice... Tu ne seras libre que dans l'unité. » — A l'Allemagne, il dira : « Donne-moi tes deux vices d'esprit, opposés, et que tu trouves moyen d'unir à la fois : scolastique et rêverie. Donne-moi la somnolence de tes bourgeois *philistins*. Donne-moi ta foi aux livres, à tous les mensonges écrits. » — A la Hongrie, il dira : « Vaillant peuple, donne ton orgueil ; donne ta vieille royauté... Sois frère au milieu de tes frères... La royauté vaut-elle la fraternité ?... »

L'ennemi est peu de chose au grand combat qui se prépare. L'ennemi redoutable est en nous, en nous le mal qu'il faut craindre ! Et la France ! je n'ose penser à tout ce que Dieu doit réclamer d'elle, pour qu'elle soit digne d'agir !... Ah ! peuple que l'Angleterre même a nommé *le soldat de Dieu*, songe à quelle purification ce titre t'oblige ! La chevalerie, souviens-t'en, n'avait droit de prendre l'épée qu'après la purification de l'âme et du corps, le bain qui ôte les souillures...

Qui précédera tout le monde au sacrifice préalable, la veille de la bataille au soir ? La Pologne, comme toujours.

Elle n'a pas attendu. Les premiers, tels de ses enfants ont mis sur l'autel une offrande inouïe, immense... la haine de la Russie !

Ce qui reste est plus facile. Il y faut bien moins d'efforts. C'est que, des grands aux petits, des petits aux grands, la Pologne, en son intérieur, s'adopte, s'aime elle-même.

Je me fie ici, pour cette révélation nouvelle du cœur de ce peuple, non aux Polonais seulement, mais à vous surtout, Polonaises!... Les femmes de cette nation eurent toujours l'initiative. Aux plus extrêmes périls, aux plus héroïques efforts, elles n'ont pas quitté leurs époux. L'amour n'est pas un vain mot en Pologne. Elles les suivaient dans les batailles, elles les suivent au martyre. La sinistre route qui, par deux mille lieues de sapins, mène aux glaces de la Sibérie, s'est vue couverte de longues files de femmes polonaises, suivant, les enfants dans les bras, les pieds tout sanglants, leurs époux enchaînés, sous la lance des Cosaques. Embrassant ce long supplice et le bénissant de leur sainteté, elles ont vaincu par l'amour toutes les fureurs des tyrans, emparadisé la Sibérie, et fait de l'enfer un ciel...

Anges, déployez vos ailes, dans un nouvel héroïsme. Précédez-nous ici encore dans cette route difficile de la pauvreté volontaire, de la simplicité de vie que ce temps va nous demander. Douce est la fraternité, mais sa voie est âpre. Plus d'un la trouve trop dure. Plus d'un allègue la famille. Ils seraient simples pour eux-mêmes, disent-ils; s'ils ont du luxe, s'ils ne peuvent se faire pauvres, fraterniser avec les pauvres, la femme les en empêche; ils sont fastueux pour l'objet aimé. La femme seule peut les affranchir.

Pour ces derniers sacrifices, pour cette grande ouverture de cœur que la situation commande, il ne faut pas moins, Polonais, que cette vaillance native qui vous fit toujours aller en avant. Dans cette route nouvelle aussi, vous serez encore l'avant-garde; vous passerez les premiers la voie étroite et le pont aigu que tant d'autres hésitent à passer.

Ai-je besoin de vous rappeler un de vos plus beaux souvenirs, cet âpre défilé d'Espagne qui par vous est immortel. « Trois fois, dit le guerrier poëte qui a chanté cet exploit, trois fois les escadrons français, comme un jet puissant des fontaines, jaillirent jusqu'au sommet du mont. Autant de fois, de cascades en cascades, ils déroulèrent dans l'abîme..... Les Français, riches de gloire, trouvaient la montagne inaccessible, comme le ciel l'est aux possesseurs de trésors. Silencieux, impatients, attendaient les lanciers de Pologne... « A vous, dit leur commandant, « voyageurs expérimentés, qui franchîtes les glaces « des Alpes, les sables de Syrie, à vous d'ouvrir ce « chemin... » La trompette sonne, les lances plongent au travers de la mitraille... Tout à coup un grand silence. Toute la batterie s'est tuée... L'aigle blanc s'est reposé au faîte de Somo-Sierra. »

A vous cette fois encore. Que la France ait la Pologne avec elle dans cette route nouvelle, plus âpre que

Somo-Sierra. Qu'elle l'ait pour compagne et pour sœur. Et, dût-elle en être devancée d'un pas, elle n'en serait pas jalouse. Elle lui dit : « Ta gloire est ma gloire... Allons ensemble au sacrifice, et nous entraînerons le monde. Qu'il suive en nous l'avant-garde de la Fraternité humaine! »

Qu'il soit bien entendu que les éloges donnés à M. Haxthause (p. 26 et suivantes) s'appliquent à l'Haxthausen de 1846, nullement à celui de 1851, — au 1er volume de son livre, et non au 3e. Rien de plus curieux à observer que la *russification* de ce pauvre homme, le progrès de la fascination ou de la terreur qu'on exerce sur lui. Il faut aussi tenir compte de l'effet de la révolution de 1848, qui a jeté tant d'autres Allemands dans un complet idiotisme. — Peu importe. Le premier volume, dans ses nombreuses contradictions avec ceux qui suivent, n'en est pas moins un monument très-précieux.

LES MARTYRS DE LA RUSSIE

LES
MARTYRS DE LA RUSSIE

I

AUX OFFICIERS RUSSES

Messieurs,

Encore un sacrifice humain. Hier même (le 20 juillet 1854), Varsovie saisie d'horreur a vu, sans cause ni prétexte, quatre prisonniers tout à coup tirés des cachots, jugés et condamnés par vos tribunaux militaires, écrasés sous le bâton.

Nul complot récent qui explique cet événement atroce. C'étaient d'anciens prisonniers politiques. Leurs familles croyaient que l'arrivée de l'empereur, la célébration prochaine du vingt-cinquième anniversaire de son avénement, pourraient leur valoir leur grâce. C'est la grâce qu'ils ont eue.

Est-ce bien vous, messieurs, vous pleins de l'esprit de la France, nourris d'elle et de sa pensée : vous, Français bien plus que Russes, qui pouvez ordonner ces barbares, ces ignobles supplices ?

Nous n'ignorons pas l'épouvantable terreur qui pèse sur vous. Une main de fer vous rive à ces affreux jugements et vous fait signer ces arrêts. Plus d'un briserait son épée, s'il ne risquait que de mourir.

Nous vous connaissons, nous savons que, quand vous êtes loin des regards, vous hasardez d'être humains. Je pourrais dire où et comment, mais je ne vous dénoncerai pas. Il est à croire qu'au 20 juillet vous avez réduit le nombre des victimes qu'on vous demandait. De trente-quatre qu'on vous fit juger, trente vivront : ils vont en Sibérie.

Quel était le crime de ces Polonais? Celui de penser exactement comme vous.

Qui plus que vous déteste, exècre le gouvernement barbare de ces Allemands bâtards qui écrasent la Russie? La plupart d'entre vous, messieurs, si on leur ouvrait le cœur, qu'y trouverait-on, sinon la révolution, la foi du 14 décembre, l'impérissable étincelle de Pestel et de Ryleïeff? Désolante fatalité, d'aller à travers l'Europe, combattant ou condamnant les complices de vos pensées, les martyrs de votre foi, ceux dont vous enviez la mort!

Vous admiriez ces Hongrois que brisa en 1849 l'intervention russe. Les supplices qui suivirent, les outrages exécrables qu'ont subis des femmes héroïques, vous les ressentez comme nous.

Vous admiriez ces héros de la révolution polonaise, qui, en 1837, du fond de la Sibérie, par un coup d'incroyable audace, entreprirent d'armer le désert; vous étiez plus morts qu'eux le jour où ils tombèrent sous le bâton, sous les coups de vos soldats en larmes et désespérés.

Quel poignard dut percer vos cœurs lorsqu'en 1847, du gibet, Wisniowski cria cette grande parole: « Aimez-vous et pardonnez. »

Ceux d'entre vous qui servaient en 1831 ont, auront toujours aux yeux et au cœur une désolante image, de quoi gémir à jamais et se réveiller dans leurs nuits. Ils se souviennent de Cronstadt, du solennel martyre de l'armée polonaise, dans ce port si fréquenté, sous les yeux indignés de tous les marins du monde. Plusieurs centaines de braves, prisonniers de guerre, et par capitulation, refusèrent d'abjurer la patrie et de se faire Russes. Battus, guéris, rebattus quand leurs blessures se fermaient, ils persévérèrent, invincibles, jusqu'à ce que les charrettes les emportassent en lambeaux, chairs informes, hideuses, où rien ne rappelait plus l'homme.

Quels sont vos sentiments secrets dans ces terribles épreuves? Nous ne les ignorons pas. — Qu'il me soit permis de dire un fait :

Dans une guerre très-récente, un de vos jeunes officiers, arrivant dans une ville du pays envahi, se trouva logé chez une grande dame qui, pleine de ressentiment contre les Russes et la Russie, le fit recevoir par ses gens et refusa de le voir. A grand'peine il réussit à pénétrer jusqu'à elle, et d'abord parla très-haut. Elle, immuable, héroïque, répondit comme eût répondu la Patrie même à l'ennemi... Le cœur du jeune homme n'y tint pas, et, saisi d'admiration : « Madame, dit-il en se jetant à ses pieds et versant des larmes, nous sommes plus malheureux que vous...; et moi-même, que vous voyez, j'ai tous les miens en Sibérie. »

Ainsi donc, vous avancez, muets, pâles, l'arme au bras, pour exécuter malgré vous l'arrêt d'une fatalité ennemie. Vous avancez, tête basse, sans regarder derrière vous ni devant vous. Derrière est la Sibérie, peuplée de noblesse russe, le Caucase ou l'abattoir où l'on vous fait massacrer. Et vous n'en allez pas moins. — Derrière est la révolution, à laquelle vous sympathisez, la France et les idées françaises qui sont votre substance même. Et vous n'en allez pas moins.

Ayez pitié de vous-mêmes... Et que risquez-vous enfin, sinon de mourir?

Mais ne mourez-vous pas déjà? Cette vie, n'est-ce pas une mort?

Plusieurs, dans cette situation désolante, essayent de se tromper eux-mêmes. Ils s'efforcent d'être ambitieux pour la grandeur de la Russie.

Distinguons, messieurs, distinguons. Ce mot a deux sens bien divers, l'empire et la nation. Or, l'empire n'a pas fait un pas, je me charge de le prouver, qui n'ait été un pas aussi dans l'anéantissement de votre génie national, l'effacement de l'esprit slave qui était en vous. La seule bonne définition du terrible gouvernement que vous subissez, c'est : *la mort de la Russie.*

D'autres, sans chercher à se tromper, ferment les yeux, se livrent à la fatalité; ils s'asseoient en plein scepticisme, se posent sur l'abîme même : « Qui sait où est la raison? disent-ils. Nous sommes corrompus, c'est vrai. L'Occident ne l'est pas moins... Jouissons, et puis mourons. »

Oui, l'Occident est corrompu, mais dans les couches supérieures, les seules que vous connaissez, bien plus que dans celles d'en bas. La France a de plus cela, que, plus ou moins corrompue, elle garde toujours une puissante virtualité de régénération morale par la force des idées. La France vit de l'esprit, et elle y trouve d'inépuisables ravivements, des retours et des renaissances. Ses abattements sont grands. Le monde crie alors : « Elle est morte. » On le criait à Rosbach. Et c'est justement de là, qu'éveillée d'une faible étincelle, elle reprit force et chaleur, ranima ceux qui la croyaient éteinte, et, transfigurée par l'esprit, devint le soleil du monde.

Cette force de régénération, elle est dans l'idée qui se renouvelle. Que serait-ce si un peuple qui perdrait son idée antique était sevré de toute autre, isolé, tenu hors des communications vitales, si l'on empêchait l'air d'arriver jusqu'à lui ?

C'est le cas du peuple russe.

Sa vie était dans la commune, petite association patriarcale qui divise la terre à ses membres, et leur en répartit la culture alternative. Puissant lien entre les hommes. Maintenant l'homme est déraciné de la terre et de la commune. Possesseur jadis de cette terre, serf, depuis deux siècles attaché à elle, il se consolait en la croyant attachée à lui. — Voilà qu'il n'en est plus qu'une dépendance mobile, un meuble qu'on vend aux mines, aux fabriques.

Chose touchante, et qui arrache les larmes! cette population vouée au servage avait fait un effort du cœur pour l'assimiler aux sentiments de la nature ; le serf appelait le maître son *père*. Il était l'enfant du seigneur, et le seigneur fils du czar. Tout ce monde était suspendu à l'idée de *paternité*. Là fut la foi russe et tout le cœur russe... Et vous l'avez brisé, ce cœur!

Livrant le serf à vos agents, qui le réduisent au désespoir, il vous a fallu appeler au secours contre ses révoltes la police impériale, solliciter son extension dans tout l'empire, faire venir dans chaque village l'homme pâle et malveillant qui menace le paysan et qui dénonce le maître. Jadis, très-dépendants sans doute dans vos rapports avec le czar, vous aviez du moins ce bonheur que ces rapports étaient rares; maîtres chez vous, dès que l'hiver rompait les communications, la tyrannie cessait pour vous. Huit mois par an, vous étiez rois. A l'automne, vous fermiez la porte, et nul ne venait vous troubler. Maintenant, partout sur vos terres, vous rencontrez l'homme sinistre, l'œil trouble et louche, par où le czar vous voit de Saint-Pétersbourg.

Un de mes amis, se trouvait dans un palais russe, au centre de la Russie, loin des routes, assistait à un grand dîner que la dame de la maison donnait à la nombreuse noblesse du voisinage. La salle du banquet avait vue sur un grand parc, dont la principale allée aboutissait en face de la croisée du milieu et de la place que la dame occupait à table. Tout à coup elle se tait, devient immobile, ses yeux se fixent... puis voilà qu'elle pâlit; elle est livide, tremblante... Ses dents claquent... Elle est près de s'évanouir. Un personnage militaire entre dans la salle; c'était le général de la gendarmerie impériale qu'elle avait vu dans l'allée. Elle se croyait perdue. Il la rassure heureusement. Un accident survenu dans ses équipages l'avait arrêté, et il s'était détourné pour lui faire une visite.

Voilà comme vous vivez. Serrés entre deux terreurs, craignant d'en bas les révoltés, d'en haut l'écrasante idole qui chaque jour pèse davantage, vous vous réfugiez sous elle. Vous fuyez, où? malheureux ! A l'autel sanglant de Moloch.

Ce qu'il dévore, ce dieu terrible, ce ne sont pas seulement des individus ; ce sont les facultés, les puissances, les vitalités de la Russie.

De 1812 à 1825, vous essayâtes l'activité publique. La douccreuse paternité d'Alexandre se fit la confidente de votre philanthropie. Le coup du 14 décembre effraya, serra les cœurs, les refoula dans l'égoïsme.

L'activité littéraire continua encore, au défaut de l'activité publique ; même dans cette sphère innocente, l'âme russe fut poursuivie, la poésie tuée avec les poëtes... Lermontoff? tué. Griboïedoff? tué. Puschine? tué. Et de quelle tragique mort[1] !

Peu après 1840, finit votre littérature. Grand silence. Vous ne parlez plus. Croyez-vous qu'on vous tienne quittes? Non, une carrière nouvelle de persécutions s'est ouverte, plus profonde, plus terrible. Ce despotisme, jusqu'ici extérieur, matériel, il veut pénétrer les âmes, et s'inquiète de la foi.

[1] Voir *des Idées révolutionnaires en Russie*, par Iscander, 1851 ; chez Frank, rue Richelieu. — J'ai déjà signalé à l'attention ce livre héroïque d'un grand patriote russe.

« Vous obéissez, c'est bien. Comme Pologne et comme Russie, vous êtes brisée, c'est bien... Il manque pourtant quelque chose, sans quoi je ne veux pas du reste ; c'est que vous me reconnaissiez comme règle de la raison, comme arbitre de la foi, que vous honoriez en moi l'union des deux puissances hors desquelles il n'y a rien. Si toutes deux sont en moi, je suis complet, je suis Dieu. »

Ainsi dit Nabuchodonosor, il l'a fait proclamer par un de ses serfs (janvier 1850); il a déclaré que Rome était finie, l'Église latine réunie à l'Église grecque, seule catholique, universelle, que le czar était le pontife du monde.

Le grand-duc Michel l'avait dit, il y a vingt ans, en visitant Saint-Pierre de Rome, au moment où le pape officiait : « Cela est beau, cela est grand ; mais combien cela sera plus beau quand nous officierons ici ! »

L'Empereur a fait plus que de dire. Dès 1833, il a agi comme pape, par la persécution atroce des Uniates (des Grecs réunis aux Latins). La Pologne, écrasée politiquement, a fourni encore les victimes à cette terrible exécution religieuse.

Que reste-t-il au nouveau Dieu, sinon de sévir contre la Russie, contre les sectaires innombrables qui s'y cachent jusqu'ici sous la protection des seigneurs? Ces infortunés déjà fournissent, année moyenne, cinq cents condamnés à la Sibérie.

Ainsi va cette puissance de mort, brisant, dévorant. Si elle n'avait rien à mettre dans ses mâchoires meurtrières, elle se mangerait elle-même. — Vie politique? dévorée. Vie littéraire? dévorée. Elle en veut maintenant à la vie religieuse, en Russie et en Europe. Elle avance, gueule béante. Pourquoi la révolution lui est-elle intolérable? L'organe du czar l'a dit avec beaucoup de franchise : *Parce que la révolution française est une religion.*

La France ni la révolution ne sont point inquiètes et ne craignent rien. — Qui doit craindre? Vous surtout, messieurs. La machine par laquelle cette puissance agit sur le monde, elle prend son point d'appui en vous, elle pèse sur vous et vous écrase. Elle ne fait rien au dehors, sans qu'elle ne le fasse au dedans.

Ce n'est pas un homme seulement, notez-le, c'est une machine. La mort d'un individu (quoique sa violence personnelle ajoute à la pression), sa mort, dis-je, ne suffira pas à relâcher la mécanique si prodigieusement tendue.

Qui peut la desserrer, messieurs? Vous, plus que personne. Le czar même ne peut rien sans vous.

S'il a tendu la machine par la violence naturelle au pouvoir suprême, par l'emploi des étrangers, ignorants de l'esprit russe, — vous aussi vous l'avez tendue en aggravant le sort du serf, en rendant partout nécessaire, pour contenir les révoltes, l'intervention de la puissance impériale. Vous avez donné au trône du czar ce poids nouveau, effroyable, sous lequel craque la Russie.

Votre situation est forte encore, votre puissance énorme pour le bien et pour le mal. Ce peuple, entre le czar et vous, vous préférerait. Affranchi, il est livré à une pire servitude, celle des bureaucrates vendus, sans cœur ni honneur. Ce qu'il demande, c'est que, vous associant au véritable élément russe, la commune, vous la protégiez et contre le gouvernement et contre vos agents même. La commune, sous votre abri, s'essayera à la liberté. Écoutez les anciens, les vieillards, respectez les coutumes; faites taire votre intendant devant le starost et les patriarches du lieu. Écartez les gens d'affaires. Rendez les redevances modérées, raisonnables; que l'*obrok* (redevance fixe), malheureusement moins répandu de nos jours dans la Grande-Russie, devienne universel, remplace les corvées variables, et soit librement consenti.

Le gouvernement local étant ainsi desserré, le gouvernement central sera pour vous un protecteur moins nécessaire. Il vous sentira fort de l'amour des vôtres, et il vous ménagera. Tout ira s'adoucissant par un mouvement gradué, comme sont ceux de la nature.

La Russie, pour sa grandeur, n'a pas besoin de rester un monde dénaturé.

« *Revenez à la nature.* »

Quand une fois on en sort, une énormité rend nécessaire, indispensable, telle autre, non moins monstrueuse.

Pour ne donner qu'un exemple, votre cancer, la Pologne, demande le Caucase pour écoulement. Et le cancer du Caucase demande sans cesse le sang russe, le sang polonais.

« *Revenez à la nature.* »

II

DU SERVAGE

Un libre penseur de la Frise, officier sorti de la garde russe, qui nous a donné un livre piquant sur la tyrannie militaire qu'il avait vue et subie, M. Harro-Harring, a pris cette épigraphe : *Ausi* (je l'ai osé),1832.

Peu d'années auparavant, un Allemand, le lieutenant Mœrtens, sorti aussi du service russe, auteur d'un petit volume sur les affaires étrangères de la Russie, s'était retiré à Dresde. Qui ne l'eût cru en sûreté au milieu de cette capitale, sous les yeux de l'Allemagne? Il a disparu, cependant, sans laisser trace, et personne n'a pu dire ce qu'il était devenu (1829).

On accuse le gouvernement russe, et il n'en est pas fâché : il spécule sur la terreur.

Au moment où l'on apprit la Révolution de juillet, deux ingénieurs français, très-connus, très-distingués, MM. L... et Cl..., étaient dans un salon de Moscou. Le premier se tut; le second parla, loua la révolution. Arrêté le même soir, il partait pour la Sibérie, si notre ambassadeur n'eût été averti à temps et ne l'eût vivement réclamé.

Nul passe-port ne doit rassurer l'étranger. Kotzebue avait un passe-port prussien fort en règle lorsqu'il fut enlevé à Saint-Pétersbourg et mené d'une traite tout droit à Tobolsk. On avait voulu lui faire peur, et l'événement prouva qu'on avait parfaitement réussi. Il se convertit sans réserve, devint sincèrement bon Russe; si bien que l'empereur, charmé de lui au retour, le fit directeur des théâtres de la capitale. On sait que depuis cette époque sa plume, vendue à la Russie, trahit, calomnia l'Allemagne.

Notre ami, M. Pernet, directeur de la *Revue indépendante*, avait aussi un passe-port lorsqu'il fut traîtreusement arrêté. On le laissa librement voyager jusqu'à Moscou. Là, loin des yeux de l'Europe, loin de l'ambassade française, on le saisit sans prétexte. Aucun des Russes qu'il connaît n'ose réclamer pour lui. On le jette dans un bas cachot, au niveau du fond des fossés, de sorte qu'à travers ses grilles il eût toute la journée la vue et le bruit désolant des barbares exécutions que l'on y faisait. On lui amenait là, sous les yeux, des serfs que l'obligeante police impériale se charge de bâtonner pour leurs maîtres. Ces cris, ces plaintes douloureuses, ces coups de bâton sonnant sur les os, les furieuses clameurs des bourreaux enragés à leur office, tout cela lui composait un spectacle d'enfer qui lui brisait le cœur, absorbait horriblement ses yeux, ses oreilles, et peu à peu son cerveau. Attaché à cette grille sans pouvoir s'en séparer, en deux jours il se sentait déjà devenir comme hébété; sa pensée lui échappait... Mais que fut-ce donc encore quand on amena, demi-nues, deux jeunes filles de vingt ans, que leur maîtresse, une mégère, faisait cruellement flageller? C'étaient deux pauvres ouvrières en modes qui, ne se croyant pas serves, avaient reçu leurs amants en l'absence de la maîtresse. Elle les fit déchirer de verges. Elles criaient grâce et se tordaient... A voir ces corps de femmes en sang et les nerfs à nu, notre compatriote était près de défaillir. Enfin, on ne s'arrêta que quand une des jeunes filles tomba et qu'on vit qu'elle allait mourir... Pernet se mourait lui-même.

Tout ceci, était-ce un hasard? Il faut ne pas connaître la Russie pour le croire. On voulait briser le Français, lui donner une forte et durable impression de terreur. L'étranger, en effet, a sujet de réfléchir quand il voit que du libre au serf la distance est si petite, que le moindre homme de police arrête le libre et le fait battre. Ces modistes n'étaient point serves; elles étaient probablement Françaises; les modistes le sont toutes.

Deux Allemands, sortant de Russie et mettant le pied

sur un bâtiment anglais, se jettent dans les bras l'un de l'autre : « Ah ! mon ami ! s'écrie l'un d'eux, nous pouvons donc respirer ! »

Je ne sais si tous ceux qui partent de Russie peuvent ainsi se féliciter. La plupart y laissent une partie considérable d'eux-mêmes. Ceux qui y ont vécu quelque temps n'en parlent guère qu'avec beaucoup de prudence, soit qu'ils gardent un reste de terreur qui ne les quitte jamais, soit qu'ils se soient assimilés à cet étrange pays, *russifiés*, pour ainsi dire. Ils ne nient point ce qu'il y a en Russie d'odieux ou de dénaturé; ils l'avouent, mais sans le blâmer. Ainsi, leur sens moral, affaibli et énervé, n'est plus celui des autres hommes. Ils sont devenus incapables d'un jugement ferme et sérieux.

La Russie, outre ses terreurs, a une puissance d'énervation considérable. Cette vie d'étuves et de bains chauds, ces maisons chauffées nuit et jour, les molles habitudes des pays d'esclaves, tout relâche la fibre morale. Le cœur, blessé d'abord des côtés barbares de l'esclavage, apprend à se taire; les côtés sensuels prévalent. Tel qui fut révolté d'abord excuse ensuite, et finit en lui-même par trouver cela très-doux.

Un écrivain qui a passé vingt ans en Russie décrit le saisissement qu'il eut au premier jour où il entendit battre des femmes. Leurs voix navrantes et déchirantes arrivaient à son oreille avec toute espèce de plaintes enfantines, d'une naïveté douloureuse, tous les mots caressants par lesquels la victime espère adoucir le bourreau. La fille : « Grâce ! pitié ! pas aujourd'hui ! je suis malade ! épargnez-moi ! » — La femme : « Grâce ! je suis enceinte !... Ah ! mon ami ! doucement !... Vous allez tuer deux personnes ! » Enfin, tout ce que la douleur et la peur peuvent inspirer de touchant. Il fondit en larmes. La princesse, maîtresse de la maison, qui le surprit dans cet état et qui ne pouvait le comprendre, lui dit : « Ce qui vous trouble tant, c'est vous qui en êtes cause. Vous avez dit aimer les fraises ; j'ai envoyé ces filles au bois, et elles se sont oubliées à danser dans le village. » C'était par bonté, par suite d'une attention pour l'étranger, qu'elle faisait fustiger ses quatre-vingts domestiques.

Les femmes sont, en Russie, beaucoup plus nombreuses que les hommes ; l'armée fait une horrible consommation de ceux-ci. Elles travaillent peu aux champs, peu à la maison. Une domesticité oisive, avilie, est le lot d'une infinité des femmes. Une dame russe me disait : « Sur une petite terre de cent cinquante paysans, que je ne visite jamais, j'ai quarante *femmes de chambre* qui ne font exactement rien. » Elles sont comptées pour si peu, que les banques n'avancent d'argent que pour des serfs mâles ; les femelles sont par-dessus le marché.

L'avilissement des femmes, toujours à discrétion, est une des choses qui mettent très-bas la Russie. La famille russe est moins garantie que celle du nègre.

Du maître aux serves, la couleur est la même, et les mélanges se font sans qu'une nuance accusatrice révèle la vraie paternité. De là, des effets hideux qu'on voit beaucoup moins dans nos colonies. Le maître fait servir ses frères, abuse de ses sœurs, souvent de ses filles. Et quand nous disons le maître, il faut entendre par là moins le seigneur que le vrai maître, l'intendant, l'agent brutal qui, dans une terre éloignée, sans contrôle ni surveillance, sans respect humain, violente à son plaisir cette population infortunée.

Quoi qu'on se plaise à dire sur l'insensibilité des serfs, nous n'en croyons pas moins que cette profanation continuelle de la famille est l'un des martyres de l'âme russe. Nul homme n'est si dégradé qu'il ne souffre de doute amer, ne sachant pas si les enfants qu'il embrasse sont à lui. Il n'y a nulle race, nul pays, d'ailleurs, où la paternité soit plus tendre. Sous l'outrage, ils baissent la tête. Mais comment s'en étonner? les révoltes sont isolées, sans espoir d'affranchissement; ils n'en viennent là qu'en acceptant la certitude de mourir sous le bâton. L'homme naît prisonnier en Russie, captif par la nature même avant de l'être par l'homme. Les villages, à grandes distances, communiquent peu, séparés par les forêts, les marais, et la plus grande partie de l'année, par d'infranchissables fondrières. Là ils sont nés, là ils meurent, sous la main de fer du destin. Mais ils n'en ont pas moins un cœur, et ce cœur est d'autant plus attendri pour la famille, que tout le reste est si dur! et le pouvoir, et le ciel.

On frémit de songer avec quelle facilité barbare on brise ces chers liens. Ce qui nous semble révolter le plus la nature, les enlèvements d'enfants, sont ordinaires en Russie. Personne ne s'en étonne. L'empereur en donne l'exemple. Il a pratiqué et pratique d'épouvantables razzias d'enfants. Après la révolution, c'étaient des enfants polonais qu'on enlevait sous le prétexte de les élever dans le rite grec. Les mères poursuivaient les voitures et se faisaient écraser aux pieds des chevaux. Plus tard, et aujourd'hui encore, il enlève les enfants des juifs à six ans, pour les préparer, dit-on, à la vie militaire. Les pauvres petits, durement menés, qui pour bonnes et nourrices n'ont que les Cosaques, meurent tout le long du chemin. N'importe, les conducteurs n'en amènent pas moins le nombre indiqué; ils suppléent les morts en volant les enfants des paysans russes.

Les seigneurs prennent les enfants, non-seulement pour le plaisir, mais parfois par spéculation. Citons celui qui, dans ses terres, formait des petits danseurs qu'il exposait aux théâtres de Moscou et qu'il vendait à grand prix aux seigneurs qui font jouer l'opéra dans leurs châteaux.

Ces enfants, transportés ainsi dans un autre monde, recevant une éducation distinguée, meilleure parfois que celle de leurs maîtres, sont les plus malheureux de tous. Ils restent serfs; un caprice brutal peut à chaque instant les faire retomber dans la plus dure abjection du servage. Un jeune serf, que son maître avait envoyé en Italie et qui était devenu un excellent violon, souffrit tant à son retour, que, de désespoir, il maudit son art et se coupa un doigt pour se rendre incapable de tenir son instrument. Une scène encore plus tragique fut donnée par la barbarie de la maîtresse du cruel Arascheieff, le favori d'Alexandre. Cette femme, non moins barbare, avait élevé, comme demoiselle de compagnie, une fille distinguée et charmante. Un jour, dans je ne sais quel accès de fureur, elle la fait saisir et fouetter. La sœur de la victime (qu'on dise encore que les serfs sont insensibles) poignarda la grande dame. Toute la maison passa par des tortures effroyables et fut envoyée en Sibérie.

Un petit nombre de faits tragiques éclatent ainsi et saisissent l'attention. La plupart sont étouffés. Il est impossible de savoir tout ce que cette sombre Russie, ce vaste empire du silence, contient de douleurs. Nous savons quelques catastrophes. Nous ignorons ce qui serait plus important, plus instructif : la série des souffrances par lesquelles passe le serf, l'ensemble d'une destinée.

J'ai eu le rare avantage de connaître la vie complète d'une serve très-intéressante et très-vertueuse, qui, enlevée cruellement à sa famille par le caprice d'une grande dame, puis abandonnée par elle, a été ici domestique de dames respectables qui m'honorent de leur amitié. Cette pure et sainte personne ne lit guère, je crois; si pourtant le hasard voulait que ces lignes tombassent sous ses yeux, qu'elle m'excuse de révéler, avec la barbarie de son pays, le mystère de son âme infiniment douce, sans fiel ni souvenir du mal, tendre et respectueuse pour ceux qui l'ont fait souffrir.

III

HISTOIRE DE CATYA, SERVE RUSSE

Je n'ai pas besoin de dire que, dans cette histoire, très-simple en elle-même, j'ai soigneusement évité le moindre ornement d'imagination. Il n'est aucune circonstance que je n'aie connue par moi-même ou par des personnes très-sûres; leur nom seul, que je donnerai, sera pour le public la meilleure des garanties.

Tout le monde a vu Catya, sans la connaître, dans les tableaux où elle a servi de modèle. M. Paulin Guérin a placé sa belle tête dans plusieurs tableaux d'histoire. Le charmant peintre de femmes, M. Belloc, l'a peinte en sainte Cécile pour un curé de Paris, et a saisi parfaitement la douceur de son regard.

Sa précoce beauté la perdit. Elle était dans sa

famille, au fond de la Russie, fort au delà de Moscou. C'était une famille serve, mais de gens aisés : son grand-père, qui l'aimait infiniment, faisait le commerce de fourrures. L'enfant, âgée de quatre ans, jouait sur le bord d'un lac, tout près de la route, lorsque des voitures passèrent, les voitures d'une grande dame, la femme du gouverneur de..., qui voyageait avec ses enfants et toute sa maison. Elle remarqua la gentillesse de Catya, et, comme ses enfants étaient à peu près du même âge, elle eut la fantaisie de l'avoir et de la leur donner pour jouet. Sans autre cérémonie, sans consulter la famille ni le maître auquel elle appartenait, elle la prit comme un chat qu'on trouverait sur la route; elle la mit dans sa voiture et poursuivit son chemin.

La famille, fort inquiète, apprit enfin l'événement. La dame s'était arrêtée dans une ville voisine. Le pauvre grand-père en larmes y court, offre une rançon, sa fortune entière, si l'on veut, pour qu'on lui rende son enfant. Il fut rudement repoussé, et battu peut-être. La dame lui rit au nez et partit, emmenant sa proie.

On sait quel est le sort des enfants des classes inférieures qu'on élève avec ceux des grands. Ceux-ci, gâtés et flattés dans leurs caprices égoïstes, font, de ces jouets vivants, de pauvres souffre-douleurs. Si les parents, d'autre part, ont quelque exemple à faire, une leçon sévère à donner, ils la donnent de préférence sur le dos du petit étranger. On sait l'histoire du jeune prince auquel on avait donné un page pour camarade; il était de règle que, si le prince manquait, le page serait fouetté.

À mesure qu'elle grandit, sa maîtresse l'employa à son service personnel comme une petite femme de chambre. Son sort semblait devoir s'améliorer. Ce fut le contraire. Ces dames, maîtresses d'esclaves, sont elles-mêmes de grands enfants, aussi fantasques que les petits, plus violents et plus tyranniques. Catya, déjà grandelette, jolie fille d'environ dix ans, commençait à être remarquée des hommes, qui ne manquaient pas sans doute d'en faire compliment à sa maîtresse. Celle-ci l'aimait d'autant moins. Elle ne perdait pas une occasion de la traiter durement. Si, par exemple, elle était un peu lente à chausser madame, celle-ci, d'un coup de pied, la jetait face contre terre.

Elle couchait, comme un chien, sur une natte à la porte. Malheur à elle quand, la nuit, on l'y entendait pleurer. Quoique enlevée de si bonne heure, elle avait emporté une trop vive image de la maison paternelle, du village, des forêts, du lac, de ses petits camarades, de ce bon temps de douceur et de liberté, des caresses du pauvre grand-père, dans les bras duquel elle s'était si souvent endormie! Ce souvenir l'a suivie toujours aussi présent que jamais au bout de quarante années. Passé lointain et obscur, mais si doux! Il a été pour elle toute la réalité de ce monde, et le reste de la vie un songe qu'elle a tristement traversé.

Elle avait à peu près douze ans lorsque sa maîtresse vint en France et l'y amena, en 1815. La dame, venue avec son mari, le laissa retourner avec l'armée russe et resta ici. Retenue par quelque caprice de passion ou de religion, dominée peut-être par quelque convertisseur (comme plus d'une dame russe au temps d'Alexandre), elle s'obstina à rester à Paris et ne voulut plus entendre parler de la Russie. Son mari, las d'écrire en vain, de prier, d'ordonner, cessa de lui rien envoyer, imaginant sans doute la ramener par la famine. Mais elle persévéra, s'établit dans un couvent de Paris pour une pension minime, renvoya tous ses domestiques. La petite Catya n'en fut point exceptée. Sa maîtresse la chassa durement et brusquement tout comme elle l'avait prise. Elle l'envoya perdre, à la lettre. Des environs du Panthéon, où la maîtresse demeurait, elle fut conduite au Marais, rue du Chaume, à la nuit tombante, et laissée sous une porte.

Il faisait déjà obscur, il pleuvait. Une dame qui passe entend pleurer un enfant, approche. Grande est sa surprise de voir cette fille, déjà grande et belle comme un ange, qui ne sait que pleurer et ne parle pas. A peine savait-elle deux mots de français. Dieu avait eu pitié d'elle. La dame était madame Leroy, sœur de M. Belloc. La voilà, fort attendrie, qui prend

Catya avec elle, s'indigne de la dureté, de la barbare indélicatesse qui peut abandonner aux hasards de la nuit, d'une grande ville, une infortunée de cet âge, qu'expose encore plus sa beauté. Elle la prend chez elle, en a soin, l'élève, lui apprend notre langue, la gouverne avec une douceur qu'elle n'avait jamais rencontrée depuis la maison paternelle.

Madame Leroy, quittant Paris plus tard, la remit aux mains les plus chères, à celles de deux dames entre toutes aimées, honorées, vénérées. Pourquoi ne les nommerais-je pas et ne rappellerais-je pas ici un de mes meilleurs souvenirs, celui d'une si aimable et sainte maison? Ces dames étaient l'énergique, la spirituelle madame de Montgolfier, alors octogénaire, femme de l'inventeur des ballons, et sa très-digne fille, grand écrivain, qui n'a écrit que pour le bien, non pour le bruit, et n'a signé presque jamais. Qu'on pense si celle-ci, d'un cœur si chaleureux, si tendre, fut bonne pour Catya. La jeune fille avait grand besoin de ménagement, et aurait eu besoin d'être servie elle-même. Elle avait beaucoup grandi et était très-faible. Le moindre poids à soulever, un escalier à monter la mettait hors d'haleine. On supposait qu'elle pouvait avoir un anévrisme au cœur.

Tombée en si bonnes mains, et comme l'enfant de ces dames, leur bijou, il n'était pourtant pas difficile de voir que ses souvenirs de famille la suivaient toujours, que rien ne les lui ôterait, qu'elle était toujours en Russie, toujours au bord du lac natal où on l'avait enlevée. A peine, en réalité, était-elle sortie de sa patrie. Son esprit s'était médiocrement étendu (quoiqu'elle parlât le français avec une remarquable élégance); son cœur s'était développé, et trop, sans doute, mais uniquement au profit des souvenirs d'enfance. Ils ne lui revenaient point qu'elle ne se mît à pleurer.

Ces dames, la bonté même, de concert avec leur amie, madame Belloc, résolurent de faire toutes les démarches pour lui faire retrouver sa famille. Elles trouvèrent de l'obligeance dans l'ambassade russe, mais on ne put rien découvrir. Les indications que Catya pouvait donner étaient vagues et confuses.

C'était vers 1823, je la vis alors une fois chez ces dames. C'est la seule fois que je l'aie vue. Je me rappelle très-bien l'impression qu'éprouvèrent les étrangers qui étaient au salon quand elle y entra. Il y eut d'abord un mouvement d'admiration bientôt contenu, puis une sorte d'attendrissement. Elle était fort grande, visiblement faible ; de ses jeunes bras, élégants, mais un peu grêles pour une fille de vingt ans, elle portait, un peu penchée en avant, un plateau chargé de tasses de thé. Elle semblait plier sous ce léger poids, comme un peuplier au souffle du vent. Elle souriait de sa faiblesse et semblait s'en excuser.

On était tenté de s'excuser d'être servi par elle. Son

élégance, son langage, sa beauté, plus remarquable par les lignes que par la fraîcheur, donnait justement l'idée d'une princesse russe qui se serait déguisée. Mais la pureté de ses yeux, avec leur caractère de bonté et de tendresse, était d'un charme tout autre et qu'on ne rencontre guère dans les classes aristocratiques.

Cette expression de bonté, de douceur, de docilité, n'encourageait que trop les hardiesses impertinentes, et c'était pour la pauvre fille un embarras continuel. Les hommes jeunes et légers, les heureux du monde, contristaient de leurs poursuites indiscrètes ce cœur si brisé. Elle était tendre, mais d'âme, pure (sans en avoir le mérite), froide comme les glaces du pôle. Sous ce rapport, il semblait qu'elle fût restée à l'âge où on l'avait enlevée.

Elle aimait à être seule. D'elle-même, et sans influence ecclésiastique, elle allait beaucoup à l'église. Elle serait devenue très-mystique si elle eût eu un peu plus de culture. Ce fut très-probablement pour avoir plus de solitude, de libre rêverie, et la prière à ses heures, qu'elle quitta le service, voulut avoir sa chambre et se mit à coudre. Situation difficile à Paris, où les femmes gagnent si peu. De temps à autre, manquant d'ouvrage, elle rentrait en service. Mais, dès qu'elle le pouvait, elle retournait à son désert, qui, sur les toits de Paris, lui permettait de rêver toujours au désert natal et à sa famille.

Ses protectrices, qui ne l'ont jamais perdue de vue, lui ont conseillé souvent de se marier. Les prétendants ne manquaient pas. Elle a ajourné toujours, soit que, comme les cœurs mélancoliques, elle craigne de se consoler, soit que les hommes honnêtes et bons, mais un peu rudes peut-être, qui auraient recherché sa main, aient effarouché sa délicatesse et peu répondu à ses vagues instincts de poésie. Bien ou mal mise, elle a toujours l'air d'une dame et d'une grande dame, pleine de noblesse et de douceur. Rien de fier, rien de servile. Une seule chose rappelle son passé, c'est qu'en visitant ces dames, qu'elle aime beaucoup, elle leur baise humblement les mains, à l'orientale.

L'âge vient. La belle Catya doit avoir environ quarante-sept ans. Elle s'est mise en dernier lieu dans la société d'une vénérable personne qui, à quatre-vingts ans, vit encore de son travail. Madame Paul, pauvre ouvrière, qui de plus a le malheur d'être contrefaite et naine, partage son logement avec elle. Je ne sais comment elles font, mais dans leur grande pauvreté elles trouvent encore moyen de faire du bien à leurs pauvres voisines.

Le cœur de Catya fut mis, il y a peu d'années, à une remarquable épreuve. Elle rencontra dans la rue une dame âgée qu'elle crut reconnaître, mais mal mise, traînant un vieux châle, un vieux chapeau. Étrange renversement des choses! c'était son ancienne maîtresse, devenue plus pauvre qu'elle. Catya approche, la salue, lui baise la main ; l'autre, étonnée et confuse, laisse échapper d'une âme trop pleine quelques mots de son malheur, de son extrême misère. « Ah! madame, s'écria-t-elle, se refaisant serve par l'excès de son bon cœur, vous êtes toujours ma maîtresse, et ce que j'ai est à vous. » Ce jour même, elle sortait de service et se trouvait en argent. Elle courut à son grenier, qui était tout proche, et, revenant vite, remit ses épargnes entre les mains de la dame, qui ne sut que fondre en larmes.

Nos lecteurs s'étonneront que, dans un ouvrage si court, où nous n'énumérons les souffrances de la Russie que pour arriver aux martyres qui en sont le couronnement, nous nous soyons arrêté si longtemps sur la vie de cette fille.

Nous répondons que la connaissance complète d'une seule destinée nous a plus initié au mystère de l'âme russe qu'aucun récit, aucun livre, aucune communication.

La Russie est un supplice, cela n'est que trop visible. Maintenant, jusqu'où l'âme russe en est-elle atteinte ? c'est là la vraie question. Ces infortunés opposent aux coups, aux outrages, une apparente insensibilité. On sait très-rarement leur langue. Et, la sût-on, dans leur défiance si légitime pour les classes qui les tyrannisent, ils se garderaient bien de livrer leur cœur. Leur existence est si incertaine, leurs plus chers liens si peu garantis, qu'ils craignent horriblement de déplaire, et quiconque les visite leur trouve le sourire sur les lèvres. Ils ont peur de paraître malheureux, et demandent presque pardon du mal qu'on leur fait. Comment saisirai-je le vrai sens, l'idée secrète d'un monde sans voix? A peine en devinerai-je quelque chose dans les mélodies profondément tristes que cet homme, qui semblait gai, fait entendre quand il est seul, quand il laboure, quand, le matin, il s'enfonce aux grandes forêts.

Catya fut pour moi l'intuition d'un monde. Sa simple vue et son histoire m'expliquèrent mille choses que j'avais lues sans les comprendre.

En l'apercevant une fois, et cette fois fut la seule, un mot m'échappa : *Cœur brisé.*

C'est le vrai nom de l'âme russe.

Nous ne généralisons pas ici à la légère. Nous avons bien des fois étudié la question.

Il n'est guère d'années où nous n'y ayons donné une attention nouvelle. Et depuis plus de vingt-cinq ans qu'elle nous apparut ainsi, cette solution, qui a subi en nous bien des épreuves variées, elle nous apparaît la même.

Nous sentîmes, ce jour, la Russie, le vrai fond moral de ce peuple, un tel *brisement du cœur*, que nul ne peut s'y comparer.

L'âme polonaise est malheureuse, et elle n'est pas

brisée; au contraire, elle est ravivée du sentiment de son martyre.

Les servitudes orientales ne donnent non plus aucune idée de ce brisement. Rien de plus absurde que de rapprocher, comme on fait, la Russie de l'Orient. Les pays d'Asie, même les plus tyranniquement gouvernés, y participent bien plus des libertés de la nature.

L'Asie est généralement détendue et vague, même en ce qu'elle a de barbare; la Russie, tendue jusqu'à rompre, est savamment, cruellement, organisée pour la douleur.

Ce qu'elle a d'atroce est ceci que la seule chose à quoi tienne le Russe, l'unique idée qu'il ait en tête, l'unique amour qu'il ait au cœur, — tout semble combiné pour le briser à chaque instant.

Chose unique, nous le répétons, hors laquelle l'âme russe est un vide, un blanc absolu où les meilleurs yeux ne sauraient rien lire.

Quelle chose? est-ce l'idée politique, l'État? Nullement.

L'*État* n'est pas pour le Russe; il ne connaît que la commune, ou, s'il entrevoit l'État, c'est comme un rêve lointain, poétique.

La *religion* est tout extérieure pour lui; il est dévot à telle image, en y rattachant peu d'idées, nul dogme précis. Rien de plus bizarre que les sens divers qu'il donne au christianisme; il l'ignore parfaitement.

La *propriété*, cette idée si chère aux Occidentaux et qui les occupe tant, est nulle dans l'idée du Russe. Faites-le propriétaire, il retourne immédiatement à son communisme.

L'idée russe, la seule idée russe et le seul sentiment russe, *c'est la famille*, rien de plus.

Tout le reste, la commune même, vaut pour lui, comme famille. Ce que la cruelle politique a surajouté à sa primitive existence, le *maître* et le maître des maîtres, il ne les a compris qu'au point de vue de la famille, traduisant ces mots par d'autres si doux, le *petit père*, le père des pères, etc.

Le paradis de l'âme russe, c'est cette étuve, où, huit mois durant, tissant un habit grossier, s'amusant à charpenter pour le besoin de la famille, il vit sous son énorme poêle, pendant que l'aigre vent du nord, soufflant d'Archangel, passe sur la petite maison, sans trouver le moindre jour entre les arbres serrés, étoupés de mousse, qui ferment si bien le nid.

Et l'enfer de l'âme russe, c'est le brisement de la famille. Le seigneur peut le faire d'un mot. Voilà pourquoi le pauvre homme a l'âme basse devant lui. Il appartient *jusqu'aux entrailles*. Qu'on lui prenne sa femme ou sa fille, rien à dire ; qu'on enlève son petit enfant, il faut qu'il le trouve bon.

Enfin qu'on l'enlève lui-même, qu'un matin, saisi, tondu et mis à la chaîne, on le fasse marcher aux mines, aux fabriques, à l'armée, rien à dire encore. Sa femme éplorée est obligée d'entrer au lit d'un autre homme. Elle aussi, elle est une propriété, et il ne faut pas que cette propriété chôme ; il faut que, comme la terre, elle produise chaque année, qu'elle donne de nouveaux serfs et conçoive dans le désespoir.

IV

LE MINOTAURE. — DE L'ARMÉE COMME SUPPLICE

Une chose en dit sur l'armée russe plus que toutes les paroles. C'est la rareté des hommes en Russie. Les femmes sont visiblement plus nombreuses, et, ce qui le constate mieux, ce sont les unions disproportionnées qu'on leur impose : on fait souvent épouser un enfant de douze ans à une femme de vingt-cinq ou trente plutôt que de la laisser veuve.

Ce petit nombre des mâles n'est point le fait de la nature, mais celui du gouvernement ; il résulte de la dépense d'hommes excessive qu'on fait pour l'armée. Il n'y a pas en Russie cette foule de métiers fatigants ou malsains qui, chez nous, emportent tant de travailleurs. Le serf russe fatigue peu ; il travaille légèrement, lentement, jamais avec l'ardeur dévorante de nos hommes d'Occident.

Quelle armée est-ce donc celle qui peut, en temps de paix (le Caucase est chose secondaire), éclaircir d'une manière si visible une population de soixante millions d'hommes! A quelque chiffre monstrueux qu'on veuille porter cette armée, on ne pourrait le comprendre si l'on ne savait de quelle manière inhumaine elle est recrutée, dressée et nourrie. Elle doit tirer du peuple trois fois plus d'hommes qu'elle ne compte de soldats. Que devient le reste? Peu, très-peu, rentrent au foyer, *pas un homme sur une centaine;* c'est le mot de Paskewitz lui-même, que j'ai déjà cité. On ne voit nulle part en Russie ces vieux soldats amputés, si nombreux en d'autres pays. Tous guérissent; ils ont le médecin qui guérit toujours : la Mort.

Quand le duc de Raguse, dans son livre plus que russe, suppute, pour nous effrayer, que le soldat russe coûte à l'empereur deux ou trois fois moins que les nôtres, il oublie dans le calcul que, pour obtenir un soldat russe formé et durable, il a fallu préalablement qu'il en mourût deux ou trois. Il néglige, comme chose minime, au-dessous de lui sans doute, de tenir compte d'une si épouvantable consommation de chair humaine[1].

---

[1] Le duc de Raguse n'a pas vu cela. Et il a vu une infinité de choses incroyables: par exemple, qu'une famille de colons, nou-

Cette mortalité atroce a trois causes principales :
1° le Russe, physiquement (de race, de vie, d'éducation), est le moins préparé des hommes au service militaire ; 2° il sert malgré lui, il se meurt d'ennui, de nostalgie ; jamais il ne se console de son pays, de sa famille ; 3° on n'emploie nul ménagement pour l'habituer et lui faire accepter son sort ; il est brusquement transporté d'une vie à une autre toute contraire.

Une observation mérite peut-être l'attention des physiologistes, c'est que cette race semble, en comparaison des autres de l'Europe, peu formée, peu mûre, enfantine. Les têtes sont souvent jolies, jamais fortes,

vellement établie en Russie, en deux générations, *a centuplé sa fortune !...* Oh ! le bon pays !

Tout est sur ce ton. Ce que les Russes n'ont pas osé dire eux-mêmes, ils l'ont dit par leur flatteur gagé. La seule chose où la vérité n'a pu être tuée tout à fait, c'est la comparaison instructive des colonies russes avec celles du Danube. Dans celles-ci l'ingénieux créateur (le prince Eugène, au dix-septième siècle) a trouvé sur la frontière turque la famille armée et la bande armée ; il a respecté la famille et constitué la bande en régiment. Il a aidé la famille et ne lui a rien ôté ; ce ménagement va à ce point, que le colon-soldat est toujours, comme autrefois, habillé par la famille, et l'État paye l'habillement. En Russie, au contraire, les colonies militaires, vastes établissements de cavalerie, n'ont été créées, comme tout ce qui s'y fait, qu'au prix des plus terribles violences. La famille a été pliée, brisée, barbarement violée ; l'habitant immolé au soldat, comme le soldat au cheval. Les hommes ont été sacrifiés aux choses avec le plus terrible mépris de la personnalité humaine.

point de cerveaux capaces et profonds. Vous rencontrez un grand nombre de jolis vieillards, à joues rosées, qui semblent jeunes sous leur barbe blanche, et point du tout vénérables.

Chez les Russes, comme chez les enfants, la vie moins organisée, faiblement centralisée, produit sans cesse des vies excentriques, je veux dire des insectes : la vermine les dévore.

Il semble qu'ils aient le sang froid ou qu'ils aient de l'eau dans le sang. Ils boivent impunément des quantités d'eau-de-vie qui brûleraient des hommes d'un tempérament plus ardent, d'un sang plus riche et généreux.

Il y a, dans nos races occidentales, qui ont traversé tant de choses, un caractère de solidité vigoureuse inconnue à la Russie. Le Russe est à nous ce qu'est à l'orme, au chêne formé par les siècles, le svelte peuplier, grande herbe poussée sur-le-champ, rapide et molle improvisation de la nature. Dans tel homme d'Angleterre, de race rouge et nourrie de viande, de parents qui toujours ont battu le fer, et qui, de forgerons, ont monté à la mécanique, il y a, dans cet homme seul, la substance de cinquante Russes. Le sobre paysan français, plein de vigueur et de sens, qui passe les hivers en plein champ, pendant que le Russe s'énerve dans son étuve de huit mois, supporterait bien mieux que lui les bivouacs du Caucase. Ce paysan est, en sept ans, un soldat aussi formé que le Russe en vingt, et il a de plus un coup d'œil, une vive et forte manière de voir et d'agir, de se décider, que le Russe n'a jamais. Celui-ci, même devenu brave, a très-peu d'initiative.

Observez, au même jour, deux villages, en France, en Russie, au jour du départ. Le conscrit français attache des rubans à son chapeau, et, quoique souvent il pleurerait volontiers de quitter sa famille, il boit et tâche d'être gai. Le Russe se roule par terre et arrache sa barbe. Désigné par le seigneur, le plus souvent par punition, il eût pu être envoyé colon en Sibérie ; il est plus malheureux encore, on le fait soldat. Chose terrible pour un homme souvent marié, père de famille, qui a trente ans ou davantage. Car, jusqu'à quarante ans, le paysan peut être pris, et reste dans la plus triste anxiété sur son sort.

L'enlèvement annuel des soldats par tout l'empire a tout le caractère d'une battue générale de pauvres animaux sauvages, poussés sur un point par les chiens. Autour de la chaîne qui les tient ensemble, rasés et tondus, caracole le Cosaque, véritable chien de garde de cet infortuné troupeau. Celui-ci, le seul dans l'empire dont les libertés soient quelque peu respectées, naît soldat, et, loin de payer tribut, reçoit l'argent de l'empereur. Mangeur de chair, actif et âpre, il regarde en pitié ces paysans russes faiblement nourris. Son petit cheval, laid, mal bâti, mais rapide, infatigable, appartient au cavalier. Le Cosaque, vrai factotum de la Russie, l'exploite à merveille. Pêcheur, chasseur, marchand, brocanteur et douanier, il fait la guerre à la contrebande, mais par jalousie de métier et pour pouvoir faire seul la fraude.

Qui peut dire l'épouvantable quantité de coups de bâton qui sont jugés nécessaires pour faire un bon soldat russe? Ceux qui ont vu au bain des Russes de tout état, mais principalement les soldats, les vieux grenadiers de la garde, étaient stupéfaits de leur voir le dos couturé, cruellement historié de cicatrices. Ces braves gens, qui n'avaient de blessures que par devant, portaient derrière les stigmates affreux de la discipline, et vieux soldats, vénérables, après cent batailles, pour la moindre bagatelle étaient flagellés.

Non, barbares, ce n'est point là une éducation militaire. La discipline russe, comme l'ont dit souvent vos propres officiers, est un affreux monachisme de caserne, une dure règle de cloître, où les fautes les plus légères, et qui ne sont pas des fautes, sont punies si cruellement, qu'on ne trouve plus de châtiment pour les fautes réelles.

Le sublime dans ce genre, pour le baroque et l'atroce, fut le czaréwitz Constantin. Pour un gant qui n'était pas d'une blancheur absolue, il faisait donner cinq cents coups de bâton. Les soldats, terrifiés, économisaient sous main pour acheter des gants eux-mêmes; ceux qu'on fournissait, dès le second blanchissage, les auraient fait bâtonner. « Je n'aime pas la guerre, disait Constantin, elle gâte le soldat et elle salit les habits. » Et quelqu'un disant, pour excuser près de lui un officier : « C'est du moins un homme qui a beaucoup de courage. — Du courage? Que m'importe? je n'aime pas le courage. »

Il révélait là, dans sa brutalité naïve, la vraie pensée de l'autorité. Elle ne se soucie nullement du courage ni de l'énergie. L'héroïsme, même à son profit, lui serait suspect. Ce serait mal faire sa cour que d'être un héros. Il faut être un bon sujet, médiocre et humble, aller derrière, attendre l'ordre.

Si ce gouvernement si dur était du moins en proportion régulier et ferme, le mal serait bien moins grand. Pour le malheur du soldat, il y a, dans l'administration, infiniment de hasard, d'irrégularité, d'abus; tout cela connu du pouvoir, qui n'y met aucun remède. Comment ce pouvoir, très-fort, ferme-t-il les yeux sur les profits monstrueux qu'on fait sur les vivres, sur la vie même des hommes? Comment n'a-t-il pas osé faire encore cette réforme simple, élémentaire, admise depuis longtemps partout, de séparer l'administration du commandement, d'ôter aux colonels la distribution lucrative des subsistances? Quelle serait l'indignation de nos officiers si on leur imposait des fonctions qui risqueraient de les enrichir!

Voilà donc ce pauvre soldat, battu, mal nourri, mal vêtu, qu'on amène à l'entrée des gorges du Caucase. Ses habitudes de jeunesse, qui furent de s'enfermer l'hiver (pendant un hiver si long), contrastent cruellement avec ces bivouacs de montagnes, ces violentes alternatives de chaud et de froid, de brûlant soleil, d'ouragans, de grêle. Les logements, mal établis, souvent même n'existent pas; ils sont en projet sur la carte où l'empereur suit les opérations. Il ordonne, il y a vingt-cinq ans, de construire un fort, donne l'argent tous les ans, fait pousser vigoureusement l'ouvrage. Le général Woronzoff, qui croyait, comme l'empereur, que le fort existait, y envoie un bataillon; on cherche longtemps : point de fort. A la longue, on trouve pourtant un poteau qui désignait son futur emplacement. Le bataillon coucha dans les neiges de la montagne.

Je ne dirai rien du Caucase ni de cette race guerrière supérieure non-seulement aux Russes, mais à toutes les races du monde. Les Tcherkesses ont, comme on sait, fourni à l'Égypte ses mamelucks qui la gouvernèrent, et des chefs à bien d'autres pays de l'Orient. Regardez les fort bonnes gravures qu'on en voit ici. Ce sont visiblement des rois. Par leurs armes toutes royales, leurs lames héréditaires, leurs fusils de platine qui ne manquent jamais leur coup, leurs merveilleux chevaux qu'on mène à la voix, sans brides ni mors, ils sont aux Russes ce qu'est l'aigle au mouton. Souvent ils ne daignent pas tuer l'homme, ils l'emportent au galop de leur cheval, que rien ne saurait atteindre.

Le Cosaque lui-même, très-guerrier mais baroquement monté, et faisant des *affaires*, est un être ridicule devant ces rois de la montagne.

Il ne faut pas s'étonner de l'ennui et du dégoût que donne aux officiers russes une guerre où l'on reçoit toujours des coups sans en rendre. Ils ne sont guère moins malheureux que leurs infortunés soldats. Nobles et riches, habitués dès l'enfance aux jouissances, ils ont été de bonne heure enfermés dans une école militaire où l'on n'apprend rien. Rien de plus triste, de plus lugubre à lire dans le livre d'un officier, que le vide désolant, la désespérante inactivité où l'on tenait sous Constantin (les choses ont-elles changé?) les élèves de l'école militaire de Varsovie. Nulle instruction, nul livre, nul amusement permis, sauf les filles, tant qu'ils voulaient ; méthode excellente pour énerver les corps, abaisser les âmes, faire de bons serviteurs et de *bons sujets*. On les trouvait exemplaires; déjà on se félicitait de les voir devenus dociles. Ces jeunes gens qu'on croyait démoralisés, un matin, au nombre de deux cents, par une audace incroyable, marchent contre une armée russe qui croyait garder Varsovie, rallient le peuple et s'en emparent.

Quel est l'état moral du militaire en Russie? Comment se déciderait-il dans un grand conflit avec l'Europe? On ne peut nullement le prévoir; quels que soient les sentiments des officiers ou des soldats, ils portent un joug de terreur difficile à secouer.

Cette race entre toutes celles du monde est la plus facile à *terroriser*.

Entendons-nous bien sur ce mot, sur le phénomène de la *terreur*. Il ne s'agit point de la peur, et je ne dis point que les Russes soient lâches. La terreur est un phénomène d'imagination tout à part. C'est l'état d'un individu fasciné par une force qu'il juge irrésistible, comme celles de la nature. Tel est brave contre les hommes, qui ne l'est plus contre ces puissances mystérieuses. Eh bien, au Russe le plus brave l'autorité apparaît comme une irrésistible fatalité naturelle. Faible individu, il se courbe sous l'idée confuse qu'il a de ce monstrueux empire; il le porte, il en sent le poids dans le commandement de ses moindres chefs. Et ce n'est pas une obéissance extérieure : il mêle à son fatalisme un sentiment religieux, il obéit dévotement.

Une remarque a été faite par un excellent juge, qui, froidement, en amateur, observait les choses. Le Russe et le Français, également braves au péril, offrent cette différence : le Russe enfonce son shako jusqu'aux yeux et avancent sans regarder; le Français avance et regarde.

Les Russes ne mettent en ligne que de vieux soldats. On peut croire que ceux qui survivent, qui vieillissent dans une discipline si dure, sont des hommes d'une résistance peu commune, des soldats très-fermes. On ne doit pas leur en opposer d'autres. En face d'un tel ennemi, toute armée européenne doit se fortifier toujours par les réengagements.

L'armée russe, jadis fanatique, l'est-elle aujourd'hui? Nullement. Est-elle au moins enthousiaste? Et de qui le serait-elle? Tenue trente années l'arme au bras, en présence de l'Europe, excédée, refroidie de cette parade éternelle, elle croit moins à ce dieu de la guerre qui a toujours préféré les moyens de la diplomatie.

Rien n'a plus énervé cette armée que l'esprit d'excessive défiance que la police inquiète y a introduit. Tous épient et observent tout. Chaque officier craint d'être dénoncé par son voisin, et trop souvent le devance. Le soldat voit parfaitement ce triste état moral des chefs; il garde le respect, non l'estime. L'obéissance intérieure en est ébranlée.

Personne ne connaît bien le soldat russe. Sous cette tenue d'automate, sous ce visage de bois, il conserve un jugement parfois très-critique. Il est infiniment rare qu'il le laisse pénétrer. Citons une précieuse révélation en ce genre. Notez qu'il s'agit de l'époque fanatique des soldats de Suwarow. Dans le récit qu'on va lire, très-naturel, évidemment exact et véridique, on ne voit rien de cela, mais une ironie légère, une tendance fort touchante à la compassion, le vague espoir de sortir enfin du service, et, ce qui ne quitte jamais le Russe, l'amour du pays, de la famille.

C'était à la mort de Catherine. Voici l'entretien des

soldats que Niemcewicz entendit de sa prison : « Enfin, nous aurons un czar ! » disait l'un. A quoi l'autre répondait : « Il y a longtemps que cela n'est arrivé. Notre vieille *matuszka* (petite maman) s'est, je crois, suffisamment divertie. » «—Plus que suffisamment, dit l'autre, chacun son tour. J'espère que maintenant nos pauvres prisonniers sortiront. » « — Il y aura de grands changements, disait un troisième. On dit que tous ceux qui ont servi trente ans auront la liberté de retourner chez eux. » « — Dieu le veuille ! » dirent-ils tous avec un profond soupir.

V

SIBÉRIE

On a parlé souvent des martyrs de Sibérie. Mais pourquoi les isoler? La ligne de séparation serait toute fictive. Sauf une aggravation de froid, la Sibérie est partout en Russie, elle commence à la Vistule.

On parle de condamnés. Mais tout Russe est condamné.

Dans un pays où la loi, n'étant qu'une dérision, ne peut juger sérieusement, tous sont condamnés, nul ne l'est. Il n'y a point à distinguer entre souffrance et supplice.

Le supplice général n'est point tel mal matériel, c'est le brisement du cœur, c'est l'anxiété morale d'une âme brisée d'avance par l'éventualité des malheurs possibles. Dans ce monde si dur, où tout semble avoir la fixe rigidité des glaces, rien n'est fixe; en réalité tout est plein de chance et de doute.

Tous sont condamnés, disons-nous. Le serf l'est moins encore pour son servage et sa misère, que parce qu'il n'est pas sûr de sa misère même. Demain tout peut changer pour lui ; il peut être enlevé pour l'armée ou les fabriques, sa femme donnée à un autre, sa famille dispersée.

Le soldat est un condamné, non-seulement parce qu'un matin, enlevé à sa maison, il a été livré à la bastonnade perpétuelle qu'on nomme service militaire, mais encore parce qu'il ignore le temps de sa libération. Trente ans jadis, aujourd'hui vingt : voilà la loi. Mais qu'est-ce que la loi en Russie?

L'officier est un condamné. Malgré lui il est entré dans une école militaire. Malgré lui il suit la voie rude et monotone d'une éternité d'exercices, de parades, de mutations d'une garnison à l'autre. Triste moine de la guerre, tandis que sa fortune l'appelait aux jouissances du monde! Mais, s'il ne sert, qu'adviendra-t-il? sa famille, dès lors, est suspecte, elle peut être ruinée, dégradée, et lui-même *il est perdu*.

Perdu? Que signifie ce mot? *Tué?* Mais c'est apparemment quelque chose de plus que tué, puisque l'officier fait la guerre, se fait tuer s'il le faut ; *autrement*, dit-il, *il serait perdu*.

Le serf qu'on saisit pour l'armée dit : « Je suis

perdu! » Il est au fond du malheur, et ne peut guère descendre. L'officier peut descendre encore. Il a quelque chose à craindre, et qu'il craint plus que la mort, c'est la Sibérie.

On n'a pris que le corps du serf en le faisant soldat; on se soucie peu de son cœur. Mais, pour l'officier, c'est l'âme qu'on veut; le problème du gouvernement russe, c'était de savoir comment il se saisirait de l'âme d'un homme qu'une vie insupportable rend indifférent à la mort.

Cette âme, on l'a de bonne heure amortie dans des écoles qui n'enseignent que le vide, peu, très-peu de matériel, et rien de moral; de sorte que l'ennui profond la jette aux plaisirs énervants qui l'amortissent encore. Mais cette double opération ne réussit pas toujours à éteindre une âme forte. Ce qu'elle pourrait garder de l'homme, il faut le contenir, le dompter par une terreur morale. Quelle? Celle d'un supplice inconnu.

L'inquisition catholique, outre les cachots, les tortures, avait, pour continuer le supplice matériel, un supplice moral, l'enfer éternel, l'infini du temps. La Russie a son enfer, l'infini du lieu, l'horreur du désert, du vide.

Un infini de distance. Tel qui fait le voyage à pied, sous ses lourdes chaînes, part jeune et arrive vieux. Un homme de vingt-cinq ans, plein de vie, de sève, est parti de la Pologne. Une ombre, trois ans après, vient tomber au Kamschatka.

Un infini de souffrances résulte du climat même. Impitoyable climat; quelques degrés de plus du côté de la mer de glace suffisent pour y donner la mort.

Si le Russe, même chez lui, enfermé six mois au poêle, dans une étuve brûlante, trompe à peine la fureur du Nord, qu'est-ce en cette seconde Russie, où le froid brûle, où l'acier rompt comme du verre, où les chiens qui tirent les traîneaux périraient s'ils n'avaient le ventre et les jambes garnies de fourrures?

Arriver là sans ressource, sans abri, ce serait la délivrance; on mourrait. Il ne faut pas qu'on meure vite. Établi dans un petit fort, au milieu du désert glacé, piochant ou traînant la brouette, nourri de lait aigre, de poisson gâté, deux ans, trois ans, quelquefois plus, vous mourrez lentement sous les coups.

Pour ceux même qui ne sont pas condamnés à ce sort affreux, qui ont une demi-liberté, une vie matérielle presque tolérable, l'effet moral n'est guère moins terrible. Si la Sibérie n'est pour eux un infini de souffrances, c'en est un d'oubli, où ils se sentent disparaître, mourir pour le monde des hommes, pour la famille et l'amitié. Perdre son nom, s'appeler *numéro dix*, *numéro vingt*, et, si la famille dure, engendrer des enfants sans nom, une race misérable qui se perpétuera dans le malheur éternel! barbare image du dogme barbare du péché originel; l'homme perdu perd ses enfants; damné, il les damne, et, par un *crescendo* atroce, il se trouve que les enfants d'un homme condamné pour vingt ans aux mines seront mineurs quarante ans, cinquante, jusqu'à la mort, leurs enfants encore après eux, et toute leur postérité.

La Sibérie entraîne la dégradation non-seulement pour les personnes, mais pour les choses qui y sont déportées. Une cloche y fut déportée pour avoir sonné le tocsin dans une révolte. Des canons y furent déportés et reçurent le knout à Tobolsk. La dégradation est fort sérieuse pour les personnes, dans un pays où elle implique la bastonnade à volonté.

Les déportés n'eussent-ils à craindre que le changement complet de leurs habitudes, le passage d'une molle vie asiatique à une vie de travailleurs, cela suffirait pour que la Sibérie fût l'horreur des Russes. Leur mollesse supporte à peine la vie que les gens aisés mènent dans l'occident de l'Europe. Une dame russe m'avouait ne pouvoir rester ici; une infinité de douceurs orientales lui manquaient; les services de nos domestiques lui semblaient trop rudes, leurs voix dures et fières; elle ne supportait pas les froissements naturels d'un monde d'égalité. Il lui fallait les flatteries de ses femmes, leurs complaisances, des faiblesses de nourrice, une vie d'étuves et de bains, la tiède atmosphère de la maison russe. Que serait-elle devenue, cette pauvre femme, si, au lieu du voyage de Paris, qu'elle trouvait si dur, elle eût fait celui de Tobolsk?

C'est une tradition en Russie que Catherine (ou peut-être une des impératrices qui l'ont précédée), pour briser l'orgueil de certaines grandes dames, leur envoyait parfois l'ordre de se faire flageller elles-mêmes par leurs gens dans leur palais. Le chef de la chancellerie secrète intimait l'ordre avec respect, surveillait l'exécution. La triste opération finie, la patiente se rajustait et remerciait, se tenant heureuse d'en être quitte à ce prix et d'éviter la Sibérie.

Qu'on juge en effet l'horreur d'une pauvre femme craintive qui, tirée de son palais, de son luxe voluptueux, de son été éternel, peut être jetée la nuit, pour rouler quinze cents lieues, dans un coffre doublé de fer!... ou bien encore, forcée, elle qui n'a jamais marché, de faire à pied, sous le fouet, cet effroyable voyage, mendiante, recevant sur sa route quelque misérable aumône de la charité des serfs!...

De quelque manière qu'elle aille, c'est en vérité, pour une femme, un affreux supplice de s'en aller seule, laissant son mari, ses enfants, tout ce qu'elle aimait, seule dans la nuit, dans le Nord et l'hiver, dans l'horreur de l'inconnu. Passer d'Europe en Sibérie, c'est comme tomber dans le vide. Désert d'hommes et désert d'idées. Vaste néant, sans histoire, sans traditions, sans religion (nulle autre que la sorcellerie). Un vide si complet, si parfait, que les religions même qui y sont entrées, le mahométisme tartare, par exemple, y perdent leur dogmes, leurs légendes, leur auréole, deviennent pâles, effacées, nulles, comme l'invisible soleil de la Sibérie.

Peu résistent à cette puissance désolante de négation. Perdus dans ce vaste rien, ils se font à son image et deviennent aussi un néant.

Dans un voyage publié en 1850 à Vilna, sous la censure russe, mademoiselle Ève Felinska décrit l'état déplorable où elle vit, à Tobolsk, un colonel polonais. Impliqué dans l'affaire de 1825, il avait été condamné par le sénat à trois ans d'emprisonnement, seulement *pour non révélation*. L'empereur ne fit aucune attention à ce jugement ; il le fit déporter au nord de la Sibérie, au soixante-troisième degré, d'où, *par grâce*, on le laissa revenir à Tobolsk. Cet infortuné, qui avait été le plus bel homme de l'armée, n'était plus reconnaissable. « Ne pouvant se soutenir, il était assis au fond d'un fauteuil à bras. Ses cheveux (blanchis déjà), rares mais peignés avec soin, lui tombaient sur les épaules et descendaient jusqu'aux coudes. Son visage était très-pâle et bouffi, son regard éteint. L'émotion faisait trembler ses yeux et ses lèvres. On voyait qu'il voulait parler et qu'il ne le pouvait pas. Il nous fit signe de la main de nous rapprocher, afin qu'il pût nous saluer. Son esprit jouissait alors d'un moment de lucidité, mais l'émotion lui rendait difficile de se servir de sa langue, à moitié paralysée. Sachant que nous allions à Berezowa, où il avait habité, il nous engagea à loger chez son hôtesse. Toute cette conversation se faisait avec une grande peine ; il fallait plutôt deviner ce qu'il voulait dire. Mais bientôt on vit qu'il avait épuisé l'usage de ses facultés, car, son imagination s'étant reportée sans doute sur les rives du Tage et de la Seine, qu'il avait tant connues, il nous dit que nous trouverions à Berezowa des melons, du raisin et autres fruits méridionaux. Nous abrégeâmes notre visite, le cœur serré, tandis qu'il cherchait à nous retenir encore du geste, et tâchait de dire : *Encore!!!* »

VI

SIBÉRIE. — LES SUPPLICES

« Ici la nuit est sombre comme l'hiver. Elle est triste, mais grandiose. Quand elle est éclairée de l'aurore boréale, le ciel bleu foncé, presque noir, présente mille étoiles filantes et paraît en feu. Ce feu n'échauffe pas, n'éclaire pas. Ces astres sont mélancoliques; on les prendrait pour les regards d'esprits condamnés à fixer éternellement cette scène de malheur...

« Des colonnes de feu, des formes bizarres, terribles, majestueuses, se choquent de tous les points du ciel; vous diriez de la braise ardente, parfois des flots de sang... Est-ce que la nature, comme l'homme, aurait des visions? Cette nature du Nord, malheureuse, endormie, semble songer des rêves d'exilés. »

C'est un des traits du grand tableau que le bon général Kopec, compagnon de Kosciusko, nous a tracé de la Sibérie orientale, où il était relégué, à la pointe du Kamschatka. Rien de plus touchant que les Mémoires de cet homme simple. Rien de plus différent de ceux de son prédécesseur dans les mêmes contrées, le Polonais Beniowski. Celui-ci, indomptable, remuant, hardi joueur et plus hardi soldat, en un moment s'approprie le désert et devient roi de son exil. Il refait sa fortune, il retrouve une femme, persécute ses persécuteurs, bat ses gardiens, et au lieu de se tenir captif au Kamschatka, il l'emmène, l'embarque avec lui. Kopec s'adresse à Dieu; il est frappé au cœur, trop blessé pour tenter de telles aventures. Sans études ni instruction, mais élevé par son malheur, il met dans son simple récit la mélancolie tendre et pieuse de l'âme lithuanienne. C'est une révolution morale que signale ce livre. La Pologne est changée, elle a le don des larmes.

« Je me promenais au bord de la mer, et, quand le temps était à l'orage, je voyais toutes sortes d'animaux étranges, des baleines, des lions et chiens marins. Parfois il me venait des pierres; c'étaient des ours qui les lançaient pour me blesser et m'attaquer ensuite. Cette mer est très-houleuse en automne; elle brise si fort, que le Kamschatka en tremble jusqu'aux fondements. Les jours sont gris et les nuits noires. Quand la tempête vient, et que l'Océan gronde, les grandes bandes de chiens qui vivent de poisson (ils sont là peut-être vingt mille) hurlent à l'Océan, et d'innombrables ours répondent par des grondements sinistres. Pendant ce temps, les volcans tonnent et vomissent des flammes et des cendres. Ah! quel spectacle d'enfer! et quelle est la situation d'un honnête homme au milieu du conflit de ces méchants éléments! »

Kopec se plaint de la nature, très-peu des hommes. Il avait été traité cependant avec une grande barbarie. Blessé, malade, sans égard à ses plaies qui se rouvraient au froid, il avait été traîné jour et nuit dans un coffre doublé de fer en dedans. N'en pouvant plus, il demandait quelque repos à l'officier qui le menait. « J'ai l'ordre d'aller sans m'arrêter, dit-il; j'amènerai au moins votre corps. Vous être libre de mourir en route. »

Ce qui était bien triste encore pour lui, c'était de rencontrer d'immenses convois de pauvres Polonais qu'on emmenait en Sibérie, tondus, marqués au front et le nez arraché. Le chemin, en avançant, n'était plus indiqué que par des ossements d'ours, de chevaux ou d'hommes, quelques tombes d'exilés qui étaient morts dans le désert et attendaient leurs successeurs.

A un relais, il vit une femme distinguée qui était servante. « Qui êtes-vous ? » dit-il. — « Jadis, femme d'un colonel, aujourd'hui d'un forgeron; » et elle s'éloigna sans dire qui elle était.

Kopec était perdu. Sibérien pour toujours, sans un

hasard heureux. D'autres généraux, qu'on chercha pour les faire revenir, ne purent jamais se retrouver.

« Un jour, sur les débris d'un vaisseau naufragé, je regardais tristement la mer remplie de tant de monstres. Tout à coup j'aperçois un homme beau, jeune, majestueux et d'un costume étrange ; je fus saisi de cette apparition. « De quelle nation êtes-vous ? « me dit-il. — De la nation malheureuse. — Ah ! tu « es Polonais... Je suis marchand... je retourne en « Russie... Écris aux tiens... Je sais ce que je risque... « N'importe ! va, écris. » Il brava le danger, se chargea de la lettre et la porta fidèlement.

Les mois et les années s'écoulent. Un jour l'hôte de Kopec entre tout pâle dans sa chambre : « On a vu « en mer un vaisseau. — Ah ! tant mieux ! dit le Po- « lonais. — Tant pis, dit l'hôte. Le commandant d'ici « va nous accuser de complots, comme il le fait par- « fois ; il prendra nos biens et nos vies. Il sait qu'il « faut trois ans pour qu'une plainte arrive. »

Le vaisseau apportait la grâce de Kopec, sa délivrance. Il n'y voulait pas croire. Quand il eut lu lui-même, il s'évanouit. Pour se remettre, il alla à la mer. « Le temps était à l'orage ; les monstres venaient, par troupes, se rouler vers les côtes. Je croyais reconnaître des hommes, des visages connus, des scènes de notre vie nationale, des processions, des moines qui portaient la croix à ma rencontre. Je m'élançai... Mais on me retint.

« De retour, j'eus peine à rentrer dans ma chambre. Tous venaient me féliciter. Les femmes m'apportaient des présents, des choses bonnes et rares, du rhum, du sucre, des bougies (chose, de toutes, la plus précieuse au pays des nuits éternelles).

« Le curé, bon vieillard de quatre-vingt ans, exilé comme les autres, vint en habits sacerdotaux, avec ses chantres, six enfants des îles voisines qu'il avait formés, et qui chantaient très-bien, de la manière la plus touchante. J'allumai à la fois toutes mes bougies. Leurs voix tendres nous allaient au cœur. J'ai toujours eu le don des larmes; mais cette fois j'éclatai en sanglots, ou, pour mieux dire, en cris sauvages.

« Nous nous assîmes ensuite autour de ma table de pierre, et tout le monde continua de pleurer. Je préparai du punch polonais. Chacun pensa à sa patrie, pleura. Nul n'espérait de revenir. »

« Vous, vous êtes heureux, disaient-ils à Kopec. Vous partez dans trois ans. » Le vaisseau, en effet, ne devait repartir qu'après être resté trois ans dans ces parages.

Combien d'histoires touchantes pourrait dire le désert s'il savait raconter! Il est muet autant que ténébreux. Le ciel, la terre et le pouvoir semblent d'accord pour étouffer, éteindre toutes les voix humaines. Cet océan de plaines glacées est plus discret encore que l'océan des eaux sur les naufrages qu'il recouvre. A ce vaste sépulcre, la Russie, fatale comme la mort, a confié le soin d'absorber l'héroïsme des trop brillantes nations dont elle était environnée. Ne rendant point de prisonniers de guerre, les faisant disparaître, elle a épuisé la Suède. Les compagnons de Charles XII, transformés par elle en maçons misérables, dorment au pied des bastions de Tobolsk, péniblement bâtis par eux. La Suède s'est écoulée là. Et la Pologne y vient. La lugubre procession ne s'arrête pas ; un peuple entier marche au désert, au tombeau.

Ainsi, pendant que multipliée, impersonnelle, indifférente, multiplie la grande Russie serve, féconde comme l'herbe des steppes, et non moins monotone, — la vigoureuse personnalité des peuples héroïques, où tout cœur fut une flamme, disparaît, s'amortit, entre sous la terre. La Sibérie couvre, enfouit son trésor.

Chose touchante ! ce qu'on n'a pu cacher, ce qui a éclaté au jour, ce ne sont pas les vaillantes résistances, ce sont les dévouements de la nature, de la famille. Les héros ne sont plus ; mais le père, le mari, l'amant reste, et la nature subsiste, les miracles du cœur, les victoires de l'amour sur la férocité humaine.

Tout le monde a lu dans Custine l'histoire attendrissante de la princesse Troubetskoï, qui a tout quitté pour suivre son époux, un homme infortuné mais peu intéressant, qui eut le grand malheur de laisser périr ses amis, de s'excuser et de survivre. Prince, était-il aimé ? Rien ne l'indique. Condamné, il le fut. En

Russie, ils n'avaient pas d'enfants; en Sibérie, ils en ont cinq. Cette femme admirable, par son amour inattendu, a donné au proscrit bien plus que la vengeance impériale n'avait pu lui ôter.

Consignons ici une histoire plus admirable et moins connue, très-certaine, attestée par une bouche très-pure, héroïque, qui ne peut mentir. En 1825, un jeune Russe (appelons-le Iwan) fut envoyé en Sibérie. Il aimait et était aimé. Une Française, jeune institutrice dans sa famille, avait de lui promesse de mariage. La famille, qui ne l'ignorait pas, et craignant cette union, avait éloigné la jeune fille. A peine eut-elle appris que son amant, perdu, ruiné, misérable, abandonné de tout, s'en allait à la chaîne, elle attesta sa promesse de mariage. Elle alla bravement à Saint-Pétersbourg, droit à l'empereur. Il la crut folle, essaya de la ramener, lui dit de ne pas persister à devenir la femme d'un forçat. Hélas! il était si facile que ce forçat ne le fût plus... La grâce qu'on lui accorda ne fut autre que de le suivre, de souffrir avec lui, de mourir avec lui... La pauvre Française, en effet, fut victime de son dévouement; sa faible poitrine ne tint pas à ce climat terrible; au bout d'un an elle mourut. Son mari ne survécut pas; soit misère, soit douleur, il l'accompagna au tombeau.

Ils laissaient un enfant, malheureux orphelin, dégradé, ruiné en naissant. Les biens du père avaient passé à un fils naturel du grand-père. Celui-ci (rien n'est plus honorable pour le caractère russe) refusa de profiter de l'atrocité de la loi et rendit tout à l'orphelin.

Un danger de la Sibérie, et le plus grand, c'est de mourir avant sa mort. La variété infinie des destinées que l'on y trouve, l'arbitraire absolu qui règne là sur tous, rend trop aisé d'éteindre, d'annuler les âmes les plus fortes. La Russie n'a pas besoin de bâtir, comme l'Autriche, de savantes prisons où le condamné est forcé de prendre des métiers serviles, des arts de femmes, de futiles occupations qui énervent l'esprit. Elle se fie au climat trop fort pour l'homme et qui le brise. Elle se fie à la brutalité du caprice militaire, où tout condamné énergique trouve comme une meule qui le broie à chaque heure. Le dur soldat, renouvelé sans cesse, use le condamné dans ce frottement. Celui-ci baisse peu à peu, il s'affaisse, il perd toute faculté de résistance. L'esprit vient au secours et se montre ingénieux pour lui prouver à lui-même qu'il aurait tort de s'obstiner à ce martyre obscur. Il lui justifie ses tyrans, détruit en lui l'idée du bien, du mal, le jette dans la plus triste indifférence, lui pervertit le sens, lui fait croire que le mal est le bien.

Voilà ce que la liberté a toujours craint pour ses enfants, non la mort, une mort noble et sainte. Voilà ce que craignait l'Europe, quand elle a su que les héros de novembre 1831, condamnés à mort, étaient graciés, réservés pour la Sibérie. Nous lisions dans le beau recueil des *Polonais de 1830* (par M. Strasze-wicz), à la fin de chaque légende : « Ils vivent, ils sont en Sibérie, voilà tout ce qu'on sait; quel est leur état de corps et de cœur, on l'ignore malheureusement. »

Eh bien, nous le savons, grâce à Dieu ! Nous sommes rassurés,—leur âme n'est point morte. Ils l'ont gardée entière, et donné leur corps au destin. — Les uns morts, les autres mourants; ils sont tous restés immuables dans la foi et dans l'espérance.

Un exilé, venu de Sibérie (M. Piotrowski), nous a instruit de leur martyre.

Pierre Wysocki, le jeune homme héroïque qui frappa le coup de novembre, entraîna l'école militaire à la délivrance de Varsovie, a souffert le premier. Vers 1833, arrivé en Sibérie, il osa entreprendre de revenir à main armée. On voulut le briser : on lui donna quinze cents coups. On n'en peut infliger davantage sans donner la mort. Par un raffinement barbare, on voulut qu'il vécût, qu'il fût appliqué aux plus durs travaux des forçats. Long martyre ! Mais une telle âme est forte en la patrie, en Dieu !

En 1837, a péri l'illustre poëte Sierocinski avec trois de ses compagnons. En 1831, jugé et condamné, malgré son âge, malgré son caractère (il était prêtre), on l'avait fait soldat. Mis à cheval et la lance à la main, l'infortuné menait la rude vie des Cosaques de la frontière, qui font en Sibérie la chasse aux Tartares, aux contrebandiers. Les autorités de la Sibérie, plus sages que celles de Saint-Pétersbourg, pensèrent qu'il serait plus utile comme instituteur dans une école militaire. Là, cet homme faible et délicat, mais d'une âme énergique, conçut le plus hardi projet, celui d'imiter et de surpasser l'audace de Beniowski, de faire en toute la Sibérie ce qu'il fit pour le Kamschatka, de soulever les condamnés et la Sibérie même. Ce pays, gouverné municipalement, eût gagné sans nul doute à s'isoler du grand empire qui ne colonise le Sud qu'en faisant du Nord un désert. Ces vieilles tribus du Nord, jadis heureuses dans leur vie nomade et pastorale, ne pouvant plus promener leurs troupeaux de rennes, ne vivent que de chasse, ou plutôt elles meurent et disparaissent comme les sauvages de l'Amérique.

Une association immense se forma. Le projet était arrêté, si l'on ne pouvait résister, de se faire passage les armes à la main et d'aller jusqu'en Bucharie, peut-être jusqu'aux Indes. Trois conjurés trahirent. De 1834 l'instruction du procès se fit, à Saint-Pétersbourg, jusqu'en 1837; Sierocinski, immuable, gardait tout le calme de l'âme, et faisait en prison des vers.

Enfin, l'horrible sentence arrive de Saint-Pétersbourg. Plusieurs Polonais et un Russe devaient recevoir sept mille coups! *sans merci, sans grâce d'un seul!* les autres, trois mille, ce qui suffit pour mourir. — On avait envoyé exprès le général Gatafiejew pour surveiller l'exécution. Sa férocité indigna les Russes. Au point du jour, deux bataillons complets, chacun de mille hommes, pour compter plus aisément les coups, s'alignèrent hors de la ville. Gatafiejew se plaça au centre de l'opération. Les baguettes étaient des bâtons, et les soldats furent rapprochés, pour mieux appuyer les coups.

« Il faisait très-froid (mars en Sibérie!). On dépouilla Sierocinski. On l'attacha au canon d'un fusil dont la baïonnette était tournée contre sa poitrine, ce qui est l'usage. Après quoi deux soldats font la conduite entre les rangs au condamné, pour que la marche ne soit ralentie ni précipitée. Alors le médecin du bataillon s'approcha du patient pour le ranimer avec des gouttes fortifiantes, car sa faible constitution avait été épuisée par trois ans de prison, et il semblait plutôt une ombre qu'un homme; mais il avait conservé sa force d'âme et sa volonté.

« Il détourna la tête quand le médecin lui présenta les gouttes, et répondit: « Buvez notre sang et le mien, « je n'ai nul besoin de vos gouttes. » Quand on donna le signal, il dit à haute voix le psaume *Miserere*. Gatafiejew s'écria trois fois avec rage : « Frappez plus « fort, plus fort, plus fort. » Les coups étaient si furieux, qu'ayant passé une seule fois dans les rangs, à l'autre bout du bataillon, après mille coups de bâton, il tomba sur la neige inondé de sang, et s'évanouit. »

« On voulut le remettre debout, mais il ne pouvait plus se soutenir sur ses jambes. Un échafaud monté sur un traîneau était déjà prêt. Sierocinski y fut placé à genoux, on lui lia les mains derrière le dos et on l'inclina en avant. Dans cette position on l'attacha sur l'échafaud de manière que tout mouvement fût impossible. Ainsi attaché, on commença à le traîner dans les rangs. Gatafiejew criait toujours : « Plus fort ! plus fort ! plus fort ! » Au commencement Sierocinski poussait encore des gémissements arrachés par la douleur, qui, se ralentissant et s'affaiblissant toujours, cessèrent enfin tout à fait.

« Il respirait encore ayant reçu quatre mille coups; il expira alors ; on compta les trois mille qui restaient sur son cadavre ou plutôt sur un squelette. Tous les condamnés, lui surtout, furent si accablés de coups, que, selon l'expression des témoins, Polonais et Russes avec qui j'en ai parlé, la chair s'enlevait en parcelles à chaque coup ; on ne voyait plus que des os brisés. Ce carnage inouï jusqu'alors répandit une indignation générale parmi les Polonais et même les Russes.

« Deux des condamnés qui étaient morts sur la place et ceux qui respiraient encore dans d'atroces souffrances furent portés à l'hôpital, et aussitôt après les Polonais et un Russe furent enterrés dans un seul et même tombeau. On permit aux Polonais de placer une croix sur le tombeau de ces martyrs, et jusqu'aujourd'hui (en 1846) cette grande croix de bois noir s'élève dans la steppe solitaire, étendant ses bras, au-dessus de la tombe des victimes en signe de protection, et comme pour implorer la miséricorde de Dieu. »

VII

DU TERRORISME CROISSANT DE LA RUSSIE. — MARTYRE DE PESTEL
ET DE RYLEÏEFF

Il y a juste cent ans que la Russie a aboli la peine de mort. Nos philosophes en pleurèrent de joie. Aujourd'hui encore, un écrivain russe, M. de Tolstoï, en triomphe. Heureuse, humaine Russie, qui seule a su respecter sur la terre l'œuvre vivante de Dieu, tandis que la Mort trône encore dans les législations impies du barbare Occident !

On ne tue pas, — on exile. Seulement il peut arriver que l'homme trop délicat, envoyé trop près du pôle, meure de froid et de misère. Que faire à cela ?

On ne tue pas, — on dégrade. Seulement il peut arriver comme à la dégradation récente d'un M. Pau

Iof. Le bourreau, en lui brisant l'épée sur la tête, appuya trop, par mégarde, et lui enfonça le crâne.

On ne tue pas, — on bat de verges. Le knout a été aboli. *N'épargne la verge à ton fils.* Il peut arriver seulement que les verges soient des bâtons.

La sentence des 7,000 coups dont nous avons parlé plus haut contenait cette dérision, que, *si les patients survivaient,* ils travailleraient aux mines *jusqu'à la fin de leur vie.* Or on meurt généralement à 3,000 ou 4,000 coups.

Cette terrible hypocrisie, qu'on sent partout dans la Russie, n'est pas le fait de l'homme seul. Elle résulte principalement de l'insoluble problème qui est au fond de l'empire russe : *Gouverner par les mêmes lois les nations les plus barbares et les plus civilisées.* Cet empire est constitué par cela seul un affreux Janus, qui grimace la douceur en regardant l'Occident, tandis que vers l'Orient il montre sa face vraie, celle de la barbarie mongole.

Les populations sauvages de la Sibérie ont seules peut-être une intuition vraie de ce gouvernement. Elles ne comprennent pas l'empereur comme un homme, mais comme un monstre à deux têtes, le double griffon, l'aigle-tigre qu'elles voient sur les armes de Russie.

Là est le vrai mystère de la férocité russe. Dans cette dualité inconciliable, elle trouve son impuissance. Elle fait de furieux obstacles pour la vaincre.

et tous les obstacles, elle les traite de révolte. Mais c'est elle, dans cet injuste effort, qui est en révolte contre la nature.

Quand cette dualité rencontre un homme violent et sincère, comme Pierre III ou Paul Ier, elle apparaît ce qu'elle est, une fureur, une folie.

Folie, moins de l'individu que de la situation. Pierre le Grand, quoi qu'on puisse en dire, apparaît comme fou dans un grand nombre de ses actes. Russe et barbare de nature, Européen de volonté, c'est la contradiction vivante.

Catherine, partie du point contraire, une Allemande devenue Russe, esprit très-sec, très-net, très-froid, n'en offre pas moins dans ses actes la contradiction la plus forte. Philosophe, elle défend la tolérance en Pologne, et elle organise contre les Polonais la Saint-Barthélemy de l'Ukraine. Elle fait massacrer les révolutionnaires à Praga, et fait élever son petit-fils par un Suisse révolutionnaire.

Alexandre, élevé ainsi, Allemand par sa mère et doux de nature, est celui de tous dont le peuple russe a le plus souffert. Dans sa sauvage entreprise des colonies militaires, conduite par son barbare favori, Araschieff, il atteignit la Russie au cœur, dans la famille, au foyer.

Ainsi, quel que soit le caractère individuel des czars, ce terrible gouvernement va sévissant davantage, du moins plus profondément. Alexandre, qui n'avait pas la cruelle sécheresse de Catherine, a plus cruellement atteint la Russie. Mais qu'est-ce que tout cela en présence du czar qui règne aujourd'hui !

Personne n'a appliqué la mort sur une si grande échelle, non sur des individus, mais sur des peuples entiers. Les chiffres officiels que donnent les Russes eux-mêmes font reculer d'étonnement. D'énormes destructions d'hommes que l'épée n'aurait jamais faites, ont été opérées avec l'aide de la nature, je veux dire par des transplantations rapides de populations entières sous des climats meurtriers.

Spectacle sauvage, unique, d'une si vaste action de la mort ! Triste destinée de ce globe! La mort violente est-elle donc tellement dans les nécessités de la vie ! Il y avait peu d'années que la grande destruction des guerres napoléoniennes s'était arrêtée, lorsqu'ont commencé ces migrations meurtrières plus funestes que des batailles, et qui, en pleine paix, ont atteint des générations entières.

L'empereur, dans son enfance, ne donna nul signe particulier de férocité, nul d'excentricité barbare, comme son frère Constantin. Son biographe, Schnitzler, remarque seulement qu'il avait une disposition ironique, et se plaisait à contrefaire les courtisans du palais. Il fut élevé spécialement, sous l'autorité de sa mère, par une vieille femme de cour, la comtesse de Lieven, qui ne dut pas lui montrer les meilleurs côtés de la nature humaine.

Une influence était très-forte sur les princesses de la famille impériale, celle d'un savant respectable, profondément Russe, honnête et désintéressé, l'historien Karamzine. Elles lui avaient donné un logement dans les jardins de Tsarsko-Sélo. Ce bon homme, nourri dans l'antiquité, qui avait vécu longues années dans la familiarité des anciens czars, n'aimait rien, n'admirait rien (après les Iwans) que la Terreur et Robespierre. Il avait été à Paris en 93, et il en avait rapporté une grande satisfaction. Quand il apprit le 9 thermidor, il fondit en larmes. Tout son travail, auprès d'Alexandre de concert avec les princesses, c'était de l'arrêter dans ses velléités libérales.

A cette influence vint s'en joindre une autre, forte sur la société russe, celle de M. de Maistre. Grâce à ce grand écrivain, la Russie apprit, comme de la bouche de la France, que le despotisme dont elle s'excusait était justement l'idéal des sociétés humaines. Quoique Alexandre eût un moment éloigné M. de Maistre, son influence alla grandissant, et les *Soirées de Saint-Pétersbourg* (1822) la portèrent au comble. Sa thèse paradoxale de l'éloge du bourreau, *de ce miracle vivant* trop méconnu jusque-là, fit une grande impression. Nicolas avait 26 ans. Ce livre dut fortifier en lui la tradition de Karamzine.

Contre ces étranges doctrines de l'arbitraire absolu, une force sacrée qui ne meurt jamais, la Loi, la Justice, réclamait pourtant. Les essais législatifs de Catherine furent repris par Alexandre. Il chercha dans ses dangers un affermissement dans les lois. Speranski, en 1808, se mit à compiler le droit russe. Mais des hommes jeunes, énergiques, ne s'en tinrent pas à compiler : ils voulurent que ce droit devînt chose vivante, et qu'il eût une âme. Un jeune homme entrevit l'idée de faire un véritable code russe, dans l'idée de la liberté.

Pestel, c'était son nom, était un homme de génie, pratique, point du tout utopiste. Il ne se faisait pas une Russie imaginaire. Il la prenait comme elle est, communiste, et la laissait telle. Il supposait qu'en fortifiant la commune, en l'affranchissant, en lui faisant appliquer son principe (la terre au travail), on avait l'élément primitif, la molécule originaire de la République ; qu'en montant à l'arrondissement (la commune des communes), à la province, au centre enfin, on pouvait de l'élément russe arriver au gouvernement républicain plus aisément qu'au czarisme tartare ou à l'impérialisme allemand.

Ce jeune homme, alors officier, et qui mourut colonel, fit la campagne de France, et y montra un sentiment exalté d'humanité et de justice. Arrivant à Bar-sur-Aube, et voyant des Bavarois maltraiter les habitants, il ne s'informa pas si ces Allemands étaient alliés des Russes, il fondit sur eux avec ses soldats.

Alexandre, à cette époque, avait donné au monde le spectacle curieux d'un czar libéral. Les amis de Pestel y furent pris. Ce fut à Alexandre même qu'ils confièrent peu après leurs plans d'amélioration. Ils arrivaient un peu tard ; Alexandre appartenait à la mystique madame Kruedener ; ce n'était plus un empereur, c'était un saint. Il avait dépouillé le vieil homme, et, en même temps, tout souvenir des promesses et des espérances qu'il avait données dans le danger. Il les écouta volontiers, s'émut, pleura, et leur dit que, pour ces choses si belles, la société n'était pas mûre.

Voyant qu'il ajournait tout à la céleste Jérusalem, ils parurent dissoudre l'association et la resserrèrent secrètement. Neuf ans durant, ils l'étendirent. Elle était tellement dans l'esprit et les nécessités du temps, qu'elle découvrit trois sociétés semblables qui ne se connaissaient pas. L'une (*les Chevaliers*, redresseurs d'abus) était russe. Une autre (*l'Indépendance*) était polonaise. Une troisième embrassait la Russie, la Pologne, tous les pays slaves, sous le nom de *Slaves-Unis*.

Elles se rapprochèrent, s'entendirent. Deux points seulement divisaient la grande société russe, l'affranchissement de la Pologne et la liberté des serfs. Il est juste de dire que les fondateurs de la société n'hésitaient point là-dessus. Ils avaient supprimé tout châtiment corporel parmi leurs serfs. Ils voulaient affranchir le paysan, et le rendre propriétaire, c'est-à-dire qu'ils risquaient leur vie pour le succès d'une idée qui, réalisée, leur eût tout d'abord coûté leur fortune.

Ces fondateurs, d'immortelle mémoire, furent, pour la branche méridionale de l'association, Pestel devenu colonel, et les Mouravieff, officiers aussi ; pour le Nord, c'était Ryleïeff, les Bestoujef, le prince Obolenski et quelques autres.

Quelque source que l'on consulte, il reste constant par tous les témoignages que Ryleïeff est un des plus grands caractères que présente l'histoire. Militaire, puis employé à la compagnie américaine établie à Pétersbourg, il n'avait pas dédaigné d'accepter la place non rétribuée de secrétaire du tribunal criminel ; acte d'excellent citoyen, dans un pays de vénalité, où il était important que cette place ne tombât point dans des mains indignes. Ryleïeff était un poëte : on lit toujours avec larmes son poëme prophétique, où il se personnifie sous le nom de Mazeppa : victime liée par le dévouement au coursier fougueux, terrible, d'une révolution barbare qui devait l'emporter aux steppes de l'inconnu, le faire mourir dans le désert.

Le premier, dans ce poëme, le premier des Russes, Ryleïeff écrivit ce mot, peu intelligible à la Russie d'alors, mais grand, saint pour l'avenir... « Je suis, avant tout, citoyen. »

C'était un homme doux, humain, autant qu'héroïque. Quelque effort que fasse l'enquête pour donner un autre aspect à son caractère, il est constant que, voyant un des conjurés décidé à tuer l'empereur Alexandre, il le pria au moins d'attendre, le conjura à genoux, et, le voyant inébranlable, lui dit : « Je te tuerai plutôt. »

Avec de si dignes chefs, le malheur des conjurés fut de ne pas se serrer davantage autour d'eux, de suivre d'autres influences et de trop étendre l'association.

Les chefs d'une autre société qu'ils avaient admis dans la leur, Michel Orloff et quelques autres, demandèrent, obtinrent qu'au-dessus de Ryleïeff dont la situation était peu élevée, au-dessus de Pestel qu'on jugeait trop fin et ambitieux, on nommât un dictateur. On prit un homme de haut rang, d'une famille qui avait disputé le trône aux Romanoff. C'était un prince Troubetskoi, doux, faible, incertain, l'homme, en un mot, le plus propre à faire manquer une telle entreprise. Ceux qui le firent nommer ne voulaient, par la révolution, établir qu'une oligarchie de grands seigneurs, et craignaient par-dessus tout un chef énergique.

Nous n'oublierons jamais l'étonnement de l'Europe en 1825, quand on lut dans les journaux que ni Constantin, ni son frère, ne voulaient être empereurs. Ils restaient l'un devant l'autre, en présence de cette sanglante couronne et de ce trône de feu, sans vouloir y toucher du doigt. En ce pays de fratricide, chacun d'eux, prié par l'autre, semblait regarder cette invitation comme un appel à la mort. En réalité, ils étaient sincères. Constantin, roi de Pologne, mari d'une Polonaise, avait dès 1822 cédé aux larmes de sa femme et donné son désistement d'avance. Nicolas, qui ne pouvait pas ignorer cet acte, n'en fait pas moins proclamer son frère, lui fait prêter serment. Puis le nouveau désistement de Constantin arrive, il persiste; le sénat proclame Nicolas. Cela à huis clos, à deux heures de nuit. Nulle explication pour le peuple ni pour l'armée. On dispose d'elle comme d'un troupeau; elle a juré, et l'on va lui faire jurer le contraire.

On est saisi de pitié en voyant l'incertitude, la complète nuit morale où l'âme consciencieuse du soldat russe était laissée par ces chefs. Les uns, partisans de Nicolas, ne daignèrent pas instruire le soldat du changement de situation. Les autres, conjurés, ne pouvant lui faire comprendre leurs idées de liberté, lui faisaient croire que Constantin, auquel il venait de prêter serment, était le vrai czar, qu'il était en marche, et qu'il punirait ceux qui passaient à Nicolas. Pleins de scrupules et de craintes, ces pauvres gens restèrent la plupart inertes, immobiles. Quelques-uns ne furent entraînés que par un mouvement de bon cœur et d'humanité, lorsqu'ils entendirent des décharges et qu'on leur dit qu'on massacrait leurs camarades.

L'empereur avait rempli le palais, la citadelle, de troupes isolées de toute communication. Pour mieux s'assurer de celles du palais, il leur mit dans les mains son fils, un bel enfant de huit ans. Ils le reçurent avec larmes, et, quoiqu'ils appartinssent aux troupes finlandaises, qui étaient dans l'insurrection, ils devinrent inébranlables dans leur fidélité.

Les conjurés n'entraînèrent que le régiment de Finlande, troupe étrangère à la Russie, et qui la sert malgré elle, le régiment de Moscou, le corps des marins de la garde, et les grenadiers de la garde, ces derniers encore à grand'peine, après un court mais violent combat, ou les Bestouchef sabrèrent les officiers de Nicolas et enlevèrent le drapeau.

Ils vinrent le planter sur la place immense, disons mieux dans la plaine de Saint-Isaac, et prirent poste derrière la statue de Pierre le Grand. Il y avait un bon nombre de conjurés non militaires armés jusqu'aux dents, des curieux plus nombreux et beaucoup de peuple, mais tout cela comme perdu dans cet énorme champ de Mars. Ils cherchèrent les deux colonels, chefs militaires de l'insurrection, Troubetskoi et Boulatof. Ni l'un ni l'autre ne parurent. Boulatof resta tout le jour dans l'escorte même de l'empereur, près de sa personne, soit qu'il fût indécis encore, soit, comme il s'en est vanté, qu'il fût là pour le tuer, dès qu'il le verrait faiblir. Pour Troubetskoi, éperdu, il laissa tout, et le commandement de l'insurrection, et le soin de ses papiers qui allaient perdre tant d'hommes; il se sauva chez une femme, sa belle-mère, puis chez l'ambassadeur d'Autriche, enfin chez l'empereur même, au milieu de son état-major, comme un lièvre effaré qui se cache au milieu des chiens.

Chef civil de l'insurrection, Ryleïeff se montra plus ferme que les deux chefs militaires. Il vint sur la place, les chercha inutilement. Le petit nombre des troupes insurgées donnait peu d'espoir. Quelques-uns lui conseillèrent d'improviser une armée, d'adjoindre à l'insurrection une masse de petit peuple qui se trouvait là. Il suffisait de lui livrer les boutiques d'eau-de-vie. Il les eût à peine forcées, qu'elle eût bientôt procédé au pillage général, au massacre de la police qui le bat horriblement et qui le hait à mort. Ce désordre aurait produit une immense diversion, Nicolas étant obligé d'employer une partie de ses troupes à massacrer ces massacreurs. Mais Ryleïeff refusa d'employer ce moyen affreux. Dès lors il était facile de prévoir l'événement. L'insurrection resserrée contre le palais du Sénat, au bout d'une place immense, devait être infailliblement balayée par la mitraille, sabrée par la cavalerie. Ryleïeff quitta la place ; il ne chercha pas d'asile, il retourna à sa maison et y attendit la mort.

L'empereur, pâle et défait, dit un témoin oculaire, ne montra pas moins beaucoup de courage. A la tête des gardes à cheval, il avança dans la plaine, et rencontra des détachements qui rejoignaient les insurgés : « Bonjour, mes enfants ! » dit-il selon l'usage des czars. « Hourrah ! Constantin ! » fut toute leur réponse. On s'accorde à dire qu'il parut très-ferme et ne se déconcerta point. Que dit-il ? C'est ce qu'on ne sait pas d'une manière positive. Deux versions sont données, l'une par M. Schnitzler, qui était présent, l'autre par M. de Custine, à qui l'empereur même a conté la chose. La plus vraisemblable des deux, c'est qu'il aurait dit d'une voix retentissante : « Conversion à droite!... Marche! » Le soldat, automatiquement, aurait obéi.

Le jour, très-court en décembre, s'écoula ainsi, sans que les insurgés vissent venir leurs deux colonels. Leur nombre diminua. Le régiment de Moscou se convertit et les quitta. Ceux qui restaient étaient très-fermes. Sans s'inquiéter de l'artillerie qu'on avait amenée à l'empereur, et qui allait les foudroyer, ils repoussèrent toute parole de conciliation, criant : « Vive Constantin! vive la Constitution! » Ce dernier mot, loin d'encourager les leurs, comme ils le croyaient, jetait plutôt le soldat dans l'incertitude : « Qu'est-ce que cette *Constitoutzia?* disait-il. Est-ce la femme de l'empereur? »

Le gouverneur de Pétersbourg, le brave Milorado-vitsch, qui avait détaché quelques insurgés avec de belles paroles, pour les enfermer dans la citadelle, osa approcher, comptant sur le vieil attachement des soldats. « Traître, dirent les conjurés, tu n'es pas ici aux coulisses du théâtre. (Il courait fort les actrices.) Qu'as-tu fait de nos camarades? » Obolenski porta un coup de baïonnette au poitrail de son cheval, et Ka-khofski l'abattit d'un coup de pistolet. Ce dernier, fort exalté, et qui s'était fait fort de tuer l'empereur, se croyait très-affermi; mais, ayant encore tiré et tué le colonel Sturler, son cœur réclama. « Encore un sur ma conscience! » s'écria-t-il; et il jeta loin de lui son pistolet.

L'impression des marins fut la même, lorsqu'un des leurs ajustait le grand-duc Michel. Soit respect, soit débonnaireté, ils lui rabattirent le bras, firent manquer le coup.

Cependant en grande pompe, la croix à la main, s'avançaient les Métropolitains de Pétersbourg et de Kiew envoyés par l'empereur. On put voir combien le Russe, avec toute sa dévotion extérieure, est peu impressionné par les objets de son culte dans les grandes circonstances; combien il fait peu de cas de ses prêtres, il est vrai, peu édifiants. Ceux-ci furent reçus des soldats avec des huées, et leur voix fut couverte d'un roulement de tambour.

C'est ce que l'on attendait. Ayant mis Dieu de son côté, l'empereur, retiré au palais fit commencer le combat. Ses troupes avaient vaincu d'avance. Il leur suffisait de laisser agir l'artillerie. Le grand-duc Michel, craignant que les artilleurs ne se fissent scrupule de tirer sur leurs pauvres compatriotes, commença le feu lui-même et tira le premier coup. Tirée de près, la mitraille fit un affreux abattis de corps, de membres déchirés. On tira environ dix fois, et alors ceux qui restaient se dispersèrent, poursuivis par les cavaliers, dont un détachement vint les couper par derrière. On ne sait ce qui périt; des trous faits dans la glace épaisse dont la Néva est couverte reçurent à l'instant les cadavres.

Les conjurés du Midi n'eurent pas meilleur sort. L'un des Bestoujef et les frères Mouravieff, intrépides et enthousiastes, ne s'étonnèrent pas de l'inertie où restaient la plupart de leurs associés. Ils s'adressèrent aux soldats, leur firent lire dans une église, par le prêtre même, un catéchisme républicain que Bestoujef avait fait de textes tirés de la Bible. On y disait que les hommes sont égaux et que l'esclavage est un crime contre Dieu. Ces maximes agirent peu sur eux; on ne les entraîna que par le nom de Constantin. Les partisans de Nicolas, plus nombreux, ayant de plus l'artillerie impériale, les battirent; mais leurs vaillants chefs se tuèrent ou se firent tuer : Bestoujef et Mouravieff ne furent pris que blessés grièvement.

Pestel, arrêté à Moscou, ne montra nulle émotion. Averti par un ami, il ne lui avait dit qu'un mot : « Sauvez seulement mon Code russe. » Ce livre, enfoui dans la terre, y fut pris, livré à la commission, qui essaye dans son enquête de le rendre ridicule. On assure pourtant que les auteurs du Code de Nicolas ont été obligés d'adopter plusieurs des vues de Pestel. Ce qui est sûr, c'est que, dans la partie politique, son livre contenait des idées sages et humaines. Un relâchement raisonnable du cercle horrible de fer où étouffe la Russie, un gouvernement naturel et doux, analogue à la confédération américaine; la réparation de la grande injustice, si fatale à l'empire russe, le rétablissement intégral de la Pologne ; de grandes libertés accordées aux juifs, dont on eût soulagé la Pologne en leur donnant les moyens de faire un État en Orient.

Voilà donc Pestel, Ryleieff, l'aimable et vaillant Alexandre Bestoujef, ces Mouravieff intrépides, le génie, la vertu, le courage, le vrai cœur de la Russie, dans les cachots de Pétersbourg. Il n'y manquait que Puchkin, le grand poëte national. Il était un des conjurés. Éloigné de la capitale, il venait combattre, mourir avec eux. Sur la route, il rencontre un lièvre, son cocher arrête ; cette rencontre, pour tout Russe, est un mauvais signe. Puchkin le fait continuer. Il rencontre une vieille femme ; nouvelle halte : le cocher ne voulait plus avancer.

Enfin, rencontrant un prêtre (ce qui est pour eux le plus mauvais signe), le cocher quitte son siége, se jette à genoux, communique à son maître sa terreur superstitieuse. Le poëte retourna, fut sauvé, réservé à de plus grands malheurs, à une fin plus tragique.

Le manifeste menaçant et terrible que l'empereur publia le lendemain avait été écrit, dit-on, par l'homme de la vieille impératrice, l'historien des Iwans, le patriarche de l'école de la Terreur, le vieux Karamzine.

Son élève et continuateur Bloudof fut secrétaire de l'enquête. Elle fut faite par une commission où l'empereur siégea lui-même dans la personne de son *alter ego*, son frère le grand-duc Michel. Celui-ci, dur et farouche soldat, se peint d'un seul trait ; un des conjurés confessant hardiment sa foi politique : « On devrait, dit le grand-duc, lui fermer la bouche à coups de baïonnettes. »

Les résultats obtenus par cette procédure secrète pendant cinq mois d'interrogatoires, où tous les moyens d'intimidation et de corruption furent sans nul doute employés, ont été imprimés par le gouvernement, distribués par toute l'Europe. Il va sans dire que les conjurés sont là tous des lâches et des imbéciles. Le juge accusateur leur prodigue à chaque instant des épithètes outrageantes. Sûr de n'être pas démenti, il attribue à la plupart d'entre eux les plus tristes palinodies. Sans doute plusieurs, surtout des conjurés militaires, Russes de la vieille roche, habitués dès l'enfance à diviniser l'empereur, revinrent sincèrement à ce culte, et virent dans l'événement du 14 décembre le jugement de Dieu ; mais pour le grand nombre des autres, n'a-t-on pas droit de supposer que des juges si partiaux n'ont voulu que les flétrir? Ce qui le fait croire, c'est que cette enquête si laborieusement travaillée contient des faits avoués faux par tous les partis, de fausses dates par exemple. Elle suppose qu'au principe des associations, en 1817, lorsque Alexandre était tellement aimé encore, consulté des conjurés même, qui lui soumettaient leur plan, ils pensaient à tuer l'empereur et la famille impériale !

Quand on songe que pendant tant d'années, parmi

tant de personnes, il n'y eut pas un seul traître, quand on songe à l'intrépidité connue des chefs, à leur mort simple et sublime, comment croire qu'ils aient à plaisir dénoncé, livré leurs amis ?

L'histoire gardera sa page la plus noire pour y écrire le nom des juges qui, non contents d'immoler ces grandes victimes, ont essayé, dans un pamphlet décoré du nom d'enquête, de les déshonorer et d'assassiner leur mémoire! Que dis-je, de les atteindre en un point qui touche souvent les grands cœurs plus que la gloire même, en ce qui fut la vie de la vie pour ces hommes héroïques et bons, je veux dire dans l'amitié !

Qu'on lise l'éloge enthousiaste que Ryleieff, dans son poëme, fait de celui qu'il promettait à la patrie comme un héros, de son jeune ami, Alexandre Bestoujef, on sentira la profondeur de tendresse qui fut dans cette grande âme.

Eh! qu'aurait gagné Ryleieff à dénoncer ses amis, lui qui, dès le commencement, réclama la mort pour lui seul, déclarant *que le 14 décembre était son œuvre et qu'il en était l'auteur?*

Les sentiments forts et calmes qu'eut Ryleieff au jugement sont exprimés déjà dans son poëme. Par une sorte de seconde vue, le héros avait vu son sort, et d'avance il avait chanté le chant du trépas. « Ce qui parut à nos rêves un décret du ciel n'était pas encore décrété. Patience! Que le colosse accumule encore ses fautes, qu'il défaille à vouloir éteindre la moitié de l'univers. Laissons-le, gonflé d'orgueil, parader aux rayons du soleil... Patience! La colère du ciel ne l'en mettra pas moins en poudre... *Dieu, c'est la rémunération elle-même!* Il ne permet pas que le péché, une fois semé, ne produise sa moisson. »

Cependant l'enquête, poursuivie dans les cinq mois, révélait aux yeux effrayés le nombre infini des coupables. L'empereur n'avait pas eu la moindre idée de son danger. Il crut, au 14 décembre, qu'il s'agissait de quelques hommes dévoués à Constantin, et voilà qu'on lui révélait l'immensité d'une mine terrible qui avait pénétré partout sous la terre. Nulle famille importante qui n'eût un de ses membres dans la conspiration. A vrai dire, c'était la Russie elle-même, du moins la Russie pensante, qui abjurait le czarisme, et voulait se transformer. Ce trône où Nicolas montait, quelle était maintenant sa base? Ne portait-il pas en l'air? Uniquement sur le vague respect des serfs, sur leur espoir de trouver tôt ou tard une protection dans ce dieu inconnu, lointain, qui ne protége jamais. Sous Paul, qui avait pourtant un vif instinct de justice, les serfs qui vinrent se plaindre à lui s'en trouvèrent fort mal; il trouva la chose si dangereuse, qu'il fit avertir leurs maîtres, et renvoya aux châtiments ces infortunés. Pendant les cinq mois que dura l'enquête, on dit par toute la Russie que l'empereur Nicolas allait prononcer l'émancipation des serfs. Ils le crurent si bien, qu'ils ne payaient plus. Raffermi, il rétablit l'ordre ancien et fit payer à main armée.

Que devinrent les régiments qui avaient pris part à l'insurrection? Leur sort est resté un problème. Tel bataillon fut envoyé au Caucase, tel en Sibérie. Beaucoup croient en Russie que la majeure partie des régiments de Finlande a été enfouie dans les cachots de Cronstadt, humides et sans jour, sous la mer. Ce que doit être une telle habitation, dans l'horreur du climat russe, on doit le comprendre. Ces infortunés, s'il en reste, entendent depuis trente années la Baltique rouler sur leurs têtes, enviant la vague libre et la liberté des naufrages. La pensée, la douleur peut-être, espérons-le, doivent s'éteindre dans une telle situation.

Dans les familles connues, on punit très-peu de personnes, cent vingt hommes en tout. On voulut dissimuler l'étendue immense du mal. On trembla que ces bandes innombrables de coupables ne se crussent connues pour telles et ne fussent précipitées dans l'action par le désespoir. L'empereur en fit venir un grand nombre près de lui, les écoutant volontiers, voulant les croire innocents, les renvoyant comme tels. Vains efforts, il n'y avait plus de sûreté ni de confiance ! La terreur, lancée du trône, était retournée au trône. Elle y reste, et l'empereur, né sévère, est devenu, sous cette impression de défiance universelle, de plus en plus dur et implacable. L'impossibilité de savoir ses vrais ennemis a aigri, ulcéré, ensauvagé son cœur. La

Russie étant sa base, il a dû détourner, autant qu'il le pouvait, des Russes, cette fureur de punir qui est devenue sa nature. Tout est coupable : c'est la Pologne, ce sont les juifs, ce sont les grecs-catholiques, c'est la révolution, l'Europe... Ainsi, du 14 décembre jusqu'à nous, va continuant, toujours plus violent, plus terrible, ce 93 russe, qui dure depuis trente années.

Ce qui lui fit le plus d'impression, ce fut son entrevue avec Nicolas Bestoujef. Nous tirons ce sujet d'un livre très-russe, très-partial pour l'empereur. Il fut saisi de l'intrépidité de ce conjuré, de sa franchise, de la netteté avec laquelle il exposa tous les abus de l'empire. Il le regarda fixement et lui dit :

« Si j'étais sûr d'avoir en vous désormais un serviteur fidèle, *je pourrais* vous pardonner. — Eh ! sire, répondit Bestoujef, voilà justement de quoi nous nous plaignons, *que l'empereur puisse tout*. Laissez la justice suivre son cours, et que le sort de vos sujets ne dépende plus que des lois ! »

Cinq des condamnés du 14 décembre furent condamnés à être écartelés : Pestel, Ryleieff, Mouravieff-Aspostol, Michel Bestoujef et Kakhofski.

L'empereur les gracia, en ayant soin, toutefois, que la peine inférieure, substituée à l'écartèlement, fût plus infamante. Ils durent être pendus, supplice inouï en Russie.

Tous les cinq se montrèrent fermes.

Plusieurs ne voulurent point de prêtres, se croyant

suffisamment épurés par le martyre qu'ils enduraient pour la patrie.

Pestel déclara que, plus que jamais, il était fixe dans la foi consignée dans son *Droit russe*.

Le 25 juillet 1825, à deux heures du matin, on éleva, sur le rempart de la forteresse, l'instrument du supplice, une haute et large potence, où cinq corps tinssent de front. Sous ce climat, on le sait, il n'y a pas de nuit réelle en juillet; le crépuscule joint l'aurore. On distinguait tout. Les troupes arrivaient, peu de spectateurs ; on avait laissé ignorer le moment de l'exécution. Toute la Russie dormait pendant qu'on mourait pour elle.

A trois heures, on amena les condamnés à qui on laissait la vie ; on les dégrada, on brûla devant eux leur uniforme. En capote de forçats, ils partirent pour la Sibérie.

Enfin parurent les cinq condamnés à mort avec de grands capuchons qui ne laissaient pas voir leurs traits et cachaient leurs yeux.

Quand ils eurent monté les escabeaux et qu'on leur eut passé la corde au cou, la plate-forme où ils étaient s'enfonça sous leurs pieds. Deux furent étranglés. Pour les trois autres, la corde, glissant sur les capuchons, les malheureux tombèrent pêle-mêle, avec la trappe et les escabeaux, dans le trou béant sous la potence. Le pendu manqué doit avoir sa grâce, selon maintes lois du moyen âge. Mais qui eût osé surseoir à l'exécution? L'empereur, absent de Pétersbourg, était aux jardins de Tsarko-Sélo. On les releva meurtris, on rétablit le gibet. Ryleieff, en remontant d'un pas ferme, prononça avec douceur un reproche à la destinée : « Il était dit que rien ne me réussirait, pas même la mort. » Un moment après, il n'existait plus.

Ce grand homme avait, dit-on, lui-même souhaité mourir, sentant qu'à sa noble action se mêlait une ombre. Quelle? il l'exprima lui-même : « J'ai agi sans l'aveu du peuple russe. »

Faute du temps, et non de l'homme. Ce peuple, en pleine nuit barbare, pauvre mineur, simple enfant, ne pouvait ni s'expliquer ses propres instincts, ni voir sa pensée, ni la formuler. Nul moyen de le consulter.

Est-ce à dire que cette nuit devait être perpétuelle? qu'on devait éterniser cette incapacité en la respectant? qu'ayant un peuple encore muet, on ne devait rien faire pour lui délier la langue, lui faire dire le premier mot?

Le scrupule de Ryleieff est naturel, on le sent. Se trouvant seul l'intelligence, la pensée et le cerveau de ce corps énorme de cinquante millions d'hommes qui ne pensaient pas encore, il fut lui-même frappé de sa responsabilité, et demanda un moment à Dieu si véritablement, lui, simple homme, pauvre individu, il était la pensée du peuple.

Scrupule respectable à jamais, qui ne tombe guère dans la tête des faiseurs de révolutions, et qui doit nous faire honorer la candeur de l'âme russe. Mais, en réalité, c'est trop.

Non, grand homme, n'en doutez pas. Vous avez été, ce jour-là, la conscience de la Russie, sa conscience prophétique. Ce qu'elle pensera, à mesure qu'elle se met à penser, fût dans le génie de Pestel et dans le cœur de Ryleieff. L'âme de la Russie, non telle qu'elle est dans ce point d'abjection misérable, mais tout entière en tous ses âges, surtout les âges à venir, elle était en vous; vous eûtes droit d'agir et de parler pour elle; pourquoi? Vous étiez elle-même.

Mais quel service votre mort lui a rendu, à cette âme! Elle était jusque-là flottante en tout un peuple et ne pouvait rien. Arrêtée, concentrée en vous, vous la lui rendez puissante, efficace, sous la seule forme où son enfance lui permette de la saisir, — sous forme d'hommes et de martyrs, — incarnée dans votre vie, glorifiée dans votre mort. En sorte qu'au lieu des ombres douteuses qu'elle eut dans les saints du passé, elle a en vous son saint des saints. Elle n'eût pas compris vos discours, mais elle comprend bien vos reliques. Vous lui avez donné de quoi mettre à jamais sur son autel.

VIII

DE L'EXTERMINATION DE LA POLOGNE

Au moment où l'empereur, remis des impressions du 14 décembre, rattachait les serfs à la glèbe et brisait leurs espérances, ils lui donnèrent une preuve de leur courageux dévouement au bien, confirmant ce que les conjurés lui avaient dit des abus de l'empire, et les révélant, à leur grand péril. Dans une revue que faisait l'empereur, quatre paysans se présentent et demandent à lui parler. On les repousse; on leur dit d'expliquer ce qu'ils ont à dire ; ils ne veulent parler qu'à lui. Admis, ils se jettent à genoux, et l'un dit :
« Père, on te vole... Tu n'as qu'à aller à Cronstadt, tu verras, en plein bazar, qu'on vend dans les boutiques les agrès de tes vaisseaux, les effets de ta ma-

rine. » L'empereur envoie trois cents hommes ; on cerne le bazar, on trouve les vols. Une enquête sévère commence. Peu après, chantiers, bazar, tout périt dans un incendie, et l'enquête en même temps.

L'empereur put apprécier les hommes du 14 décembre quand ces naïves voix du peuple appuyaient ainsi leurs révélations. Ils lui avaient rendu un véritable service dans leurs derniers entretiens, celui de lui montrer la Russie comme elle est, comme une grande plaie saignante. Ils lui avaient enseigné, à ce jeune militaire, né dur, ironique, le respect du peuple russe, un peuple où se trouvaient des hommes si fanatiques de loi et de justice, qu'en présence même de la mort ils ne voulaient pas de grâce arbitraire, et disaient : « Laissez faire aux lois. »

Pestel voulait un dictateur qui réorganisât, épurât l'administration. Et l'idée du peuple russe ne s'éloignait pas de cela. Il désirait un *juste juge*, terrible aux méchants. Et il eût fallu que ce juge se multipliât dans tout l'empire. Ce n'était pas de lois seulement, c'était d'hommes qu'avait besoin la Russie. Il eût fallu, entre le père et les enfants, choisir des juges honnêtes, les rétribuer convenablement, pour qu'ils n'eussent pas à se vendre, faire des exemples sérieux aux premières prévarications, frapper peu, mais frapper fort, rétablir la probité dans les tribunaux et l'administration, élever le niveau moral de la nation, l'aider à se dégager d'une corruption envieillie, la rendre peu à peu digne de s'administrer. Le premier point de cela, c'était qu'il y eût au sommet, non un homme de génie, mais un grand courage, un grand cœur, qui, par son exemple même, relevât le caractère russe, l'affermît, l'initiât au bien, — un héroïque *éducateur de la conscience nationale.*

L'empereur ne fut point cela. Mal entouré et plein de défiances légitimes, il essayait d'abord de tout faire lui-même, et il succombait à la peine. C'était moins des actes que des hommes qu'il eût fallu faire, choisir et créer des agents.

Comme la plupart des hommes de cette époque, comme plusieurs des conjurés même, il croyait fortement à l'efficacité des lois. L'un d'eux, M. Tourguénieff, dans son estimable livre, semble croire que la Russie serait sauvée si elle adoptait telle loi anglaise ou française. L'empereur croyait de même que l'ordre serait dans l'empire lorsqu'on aurait compilé le digeste des lois russes. Il confia ce travail immense au légiste Speranski. En cela, il a servi l'érudition plus que la législation. Dans ce chaos infini d'ukases contradictoires, le juge choisit ce qu'il veut, et l'arbitraire est le même.

Une organisation sévère du pouvoir judiciaire devait passer avant tout. Ce que demandait le peuple, c'était partout le *juste juge.* Il fallait lui donner une haute et sévère éducation de justice.

Hélas ! la fatalité, la passion l'ont poussé, ce peuple, dans la voie contraire, une éducation d'injustice, — lui faisant embrasser contre un peuple frère le plus dépravant des métiers, celui de bourreau.

L'empereur cherchait la voie droite, mais il avait en lui une cause intime de déviation. Il aimait la justice, mais l'aimait d'un cœur cruel ; il l'aimait dans un orgueil personnel, comme chose à lui, comme justice du czar, non comme justice de Dieu.

Une pierre s'est trouvée sur sa route, — il a déraillé pour toujours. — Où va-t-il ? On ne le sait.

Cette pierre est la Pologne.

Pierre fatale, indestructible, qu'on broie et rebroie en vain. Elle reste toujours la même.

L'enquête du 14 décembre avait dévoilé une chose qui devait étonner, toucher l'empereur, désarmer son cœur à jamais, c'était la magnanimité que les Polonais déployèrent dans leurs rapports secrets avec les conjurés russes. — Ceux-ci se montrèrent Romains, et les Polonais chevaliers. Pestel croyait, comme Brutus, qu'il faut tuer le tyran pour tuer la tyrannie. Les Polonais réclamèrent. Ils se montrèrent plus cléments pour leur ennemi que les Russes pour leur maître. Cet injuste usurpateur, ce souverain parjure qui se jouait de la constitution qu'il avait donnée lui-même, ils insistèrent pour le sauver. Le bon et généreux colonel Krzyzanowski, cœur honnête, humain et tendre, dit au républicain russe *qu'il n'avait pas ouï dire que jamais les Polonais eussent tué leurs rois.*

C'est ce même colonel que madame Félinska vit mourant en Sibérie.

Pour apprécier la magnanimité des Polonais, il faut savoir que non-seulement leurs lois étaient violées, leurs assemblées illusoires, qu'on venait de leur ôter la publicité des débats, etc., etc.; mais que l'empereur les livrait personnellement au caprice, à la férocité de Constantin. Il faut savoir que celui-ci, cruel et malicieux, tigre-singe, mettait son bonheur dans les vexations les plus fantasques et dans les supplices. Chose épouvantable à dire, il avait aux cachots des Carmes, pour jouet, un prisonnier, l'infortuné Lukasinski, sur lequel il épuisa tout ce que l'imagination humaine a conçu jamais de souffrances. La faim, les chaînes, les tortures, l'horrible emploi de la soif pendant des semaines (point d'eau, et des harengs secs pour tout aliment), la bastonnade redonnée chaque fois qu'il était guéri... Et tout cela avec mesure. Constantin craignait surtout qu'il n'échappât par la mort.

L'homme de fer et d'airain qui suffit à tant de supplices était un brave officier de l'ancienne armée. Il avait recueilli les dernières paroles, le souffle de Dombrowski. Ce chef et créateur des fameuses légions polonaises, mourant en 1818, témoigna quelques regrets de ce que ses héroïques compagnons avaient donné tant de sang à des causes étrangères, si peu à la Pologne même. De cette grave parole sortit toute une génération nouvelle, un nouveau monde de héros, d'intrépides conspirateurs. Le premier fut Lukasinski.

Le tyran sentait en cet homme quelque chose de terrible, l'âme de la Pologne elle-même; en lui, il tâchait de saisir cette grande âme invisible de la nation. Ne pouvant vaincre son silence, on voulut du moins le déshonorer; on supposa qu'il avait dénoncé ses complices. S'il en eût été ainsi, il n'eût pas trouvé une barbarie croissante dans son furieux geôlier. Constantin, en 1830, quand les Polonais eurent la générosité insensée de le laisser échapper, n'emporta nul autre trésor que son prisonnier ; ni or ni argent ne valait pour sa férocité autant que son jouet vivant; lié à l'affût d'un canon qu'on tirait au grand galop, un homme, une ombre suivait à la course, le pauvre Lukasinski...

Retournons à l'affaire de décembre 1825. Les accusés polonais, le bon colonel et autres, devaient être jugés en Pologne par la haute cour ou le sénat. Ce corps, plein de partisans dévoués à la Russie, semblait devoir condamner à l'aveugle. L'empereur n'en faisait aucun doute. Mais la force de l'opinion était telle en ce moment, qu'elle emporta le sénat. Il déclara les accusés coupables de non-révélation pour le complot russe, mais *innocents pour la Pologne;* il ne les condamna qu'à des peines légères. Le président écrivit hardiment au czar : « Ils ne se sont associés que pour le maintien de leur nationalité; ils partent du traité de Vienne, qui l'a reconnue. La haute cour n'a rien vu là de criminel ni de punissable. » Acte intrépide! Qu'on songe que ce n'est pas ici la grande Pologne ancienne de vingt millions d'hommes qui parle; c'est l'imperceptible Pologne telle qu'Alexandre l'a faite, réduite, pour ainsi dire, à la banlieue de Varsovie.

L'ours blanc grinça des dents. — Et quand je dis l'ours, je dis la Russie. Cette absolution indigna, révolta la plupart des Russes. Ils trouvèrent la Pologne ingrate; mieux traitée que la Russie, ayant un semblant de constitution, ne devait-elle pas se tenir heureuse? Ils lui reprochaient, en l'exagérant, sa prospérité matérielle, fruit naturel de la paix, et qu'ils croyaient l'œuvre du czar ; les embellissements de Varsovie (faits avec l'argent polonais), la création, surtout, de ces banques territoriales, qui donnent aux Polonais une si agréable facilité de se ruiner.

Et quand l'empereur vit cette irritation de la Russie, et qu'il avait son peuple avec lui, sa fureur ne se contint plus. Il ne se souvint plus des lois, ni de son rôle de législateur, de Justinien russe. Il se montra franchement, selon sa nature, un Tartare. Il ne permit pas même que l'arrêt fût public. Constantin voulait simplement une commission militaire pour fusiller les condamnés. On les enleva en Sibérie, avec un outrageant mépris du tribunal polonais et de la Pologne.

Cependant on commençait à dire à l'empereur que

ce petit pays n'avait droit à rien de plus que toute autre province russe. C'était une anomalie qu'il fallait ramener à la règle, faire rentrer dans la centralisation générale de l'empire. Les souverains, admirateurs de Napoléon (surtout de ses fautes), n'estiment rien plus en lui que cet effort de centralisation, qui lui fit administrer par les mêmes lois des peuples de dix langues et de mœurs contraires, la préfecture de Hambourg et celle de Rome. L'esprit légiste et bureaucrate qui régnait à Pétersbourg poussait l'empereur à ces deux choses, la centralisation injuste, la codification grossière. Il se jeta dans une œuvre insensée, immense, où il mourra à la peine, l'assimilation complète de la Pologne à la Russie, l'absorption, l'anéantissement de la nationalité polonaise.

Les errements à suivre étaient tout tracés. Catherine, qui était athée, avait pris pour point de départ contre la Pologne la question religieuse. C'est le meilleur moyen d'attaque, la plus forte prise. D'abord, on s'appuie sur la dévotion ignorante et le fanatisme russe ; puis on touche à la Pologne sur un point où elle n'a pas les sympathies de l'Europe. Celle-ci se hâte de croire, en ce cas, qu'il s'agit d'*une affaire de prêtres*, et elle se confirme dans son indifférence et dans son repos.

Ce qui a nui le plus à la Pologne, ce sont ses défenseurs papistes, qui la montraient justement liée à ce qui meurt et doit mourir. L'Italie vaincra et vivra, parce qu'elle a quitté le prêtre et qu'elle marche avec l'Europe. L'Irlande va s'enfonçant parce qu'elle reste avec le prêtre, c'est-à-dire hors de l'Europe; elle a mis sa vie en ce qui est mort. La Pologne n'est pas morte; vivante, elle est dans le sépulcre, et elle n'en sortira pas tant qu'elle ne comprendra pas sa contradiction intérieure, qui neutralise sa force et l'isole du monde vivant. Peuple d'esprit héroïque et d'un libre esprit; elle se croit catholique; elle l'est, non de nature, mais de volonté, contre la Russie. Le catholicisme est justement la négation de l'individualité héroïque, qui est le fond des Polonais.

Le pape et *la Quotidienne* le leur ont dit plus de dix fois et avec raison : « Si vous êtes catholiques, obéissez, soumettez-vous, portez le joug de la Russie. »

M. de Montalembert, dans sa défense juvénile et chaleureuse de la Pologne (1833), a dit un mot bien étourdi, que l'empereur Nicolas eût payé fort cher. Il rapproche la gloire polonaise de *celle de la Vendée*. Assimilation inexacte autant qu'imprudente. La Vendée, c'est la guerre civile. La Vendée, c'est le Français frappant la France par derrière, pendant que toute l'Europe vient l'attaquer par devant. Rien de semblable dans la lutte légitime, loyale, héroïque, de l'infortunée Pologne contre l'étranger, contre la Russie.

Celle-ci, sous Alexandre, père de la Sainte-Alliance, sous l'influence de madame Kruedener, de M. de Maistre, avait vu dans le haut clergé polonais l'un des meilleurs instruments de l'obscurantisme. Les évêchés furent multipliés bien au delà de ce que comportait une si faible population, et rétribués énormément. Chaque évêque touchait par an soixante mille florins polonais, un cent huit mille, et le primat cent vingt mille. Quant au clergé inférieur, on le flattait en fermant les yeux sur sa prétention de ne point reconnaître les tribunaux ordinaires.

Autant l'esprit d'indépendance politique et de nationalité était réprimé durement, autant on ménageait l'indépendance ecclésiastique. On laissait le clergé régler ses affaires lui-même, de concert avec Rome. Bien plus, on lui avait livré le ministère des cultes et de l'instruction publique, où siégeait l'archevêque primat, avec deux évêques. La maison même de Constantin était un centre de bigotisme. Sa femme était le soutien de la congrégation de l'*Agneau de Dieu*. L'abrutissement de la Pologne semblait l'œuvre commune où s'entendaient parfaitement la tyrannie militaire et l'obscurantisme religieux.

Dans la grande affaire du jugement de la haute cour, la Russie comptait sur la voix des huit évêques qui y siégeaient. Ils auraient pu alléguer leur caractère pour se dispenser de juger. Ils jugèrent, et, suivant le torrent de l'opinion publique, déclarèrent comme les autres juges que les accusés *n'étaient pas coupables en ce qui touchait la Pologne.*

L'empereur prit cette absolution pour un outrage

personnel. Il commença la guerre contre l'Église polonaise.

Le premier acte, sage, du reste, fut une organisation générale de l'instruction publique combinée pour ôter au clergé catholique toute influence sur l'éducation. Le second acte, plus directement agressif, fut la création d'un collége ou tribunal ecclésiastique, pour régler les affaires des Grecs-Uniates (c'est-à-dire unis à Rome), collége analogue à celui qui gouverne, sous l'empereur, l'Église grecque de Russie. C'était un peuple de trois millions d'âmes, jusque-là soumis au pape, que le czar réunissait au pontificat moscovite.

Il voulait aller plus avant, empêcher le clergé polonais de correspondre avec le pape autrement que par l'intermédiaire du gouvernement. C'est ce qui jeta ce clergé dans la Révolution de 1830.

Chose bizarre! notre Révolution de juillet, faite surtout contre les prêtres et le bigotisme du roi, se trouva, dans ses imitatrices, la Belgique et la Pologne, une révolution de prêtres.

C'est ce qui contribua plus qu'aucune chose à perdre celle de Pologne, premièrement, en lui donnant un général ridicule, un homme du *Sacré Cœur* ou de l'*Agneau de Dieu*, homme suspect, inepte ou perfide, qui ne ménageait que la Russie et ne faisait la guerre qu'aux Polonais patriotes.

La révolution polonaise, dans cette triste direction, s'excusant d'être une révolution, devenant une croi-

sade, se tournait tout naturellement du côté de Rome.
Elle attendait du pape un secours moral; elle supposait qu'une bulle armerait le peuple, entraînerait les masses agricoles, soulèverait la terre elle-même. Il faut lire la réponse pitoyable de Rome, et comme elle se retire honteusement derrière *les puissances du premier ordre, qui fixeront le sort de la Pologne, à la satisfaction commune des parties!*

Satisfaction! Il n'y eut jamais de mot plus cruellement dérisoire!... C'était le moment où l'empereur, la voyant abandonnée de Rome et de la France, prenait la résolution — de l'opprimer? non, — *de la supprimer*, de la faire disparaître de la face de la terre.

Voici le plus grand des crimes qu'on ait tentés sur la terre. Qu'on se garde de chercher aucun terme de comparaison.

On a entrepris *non-seulement de tuer la Pologne*, ses lois, sa religion, sa langue, sa littérature, sa civilisation nationale, — mais de *tuer les Polonais*, de les anéantir comme race, de briser le nerf de la population, en sorte que, si elle subsiste comme troupeau de créatures humaines, elle ait disparu comme population polonaise, comme vitalité et comme énergie.

Moi-même, jusqu'ici, je n'avais pas voulu le croire. Je m'étais toujours obstiné à prendre ce mot: *tuer la Pologne*, pour une pure hyperbole, une exagération de rhétorique. Cependant, il faut se rendre. J'ai sous les yeux la série (incomplète encore) des ukases impériaux qui, d'année en année, suivent imperturbablement le plan d'une destruction systématique.

Comment se fait-il que les Polonais n'aient pas entrepris ce simple travail, de réunir, d'imprimer le texte trop significatif de ces effroyables lois, d'élever à leur ennemi ce grand monument funèbre qui l'aurait mieux caractérisé que toute déclamation? Un conquérant tartare se plut à élever à sa gloire une pyramide de cent mille têtes de morts dans la plaine de Bagdad. Combien plus magnifique le monument que nous proposons, construit de milliers de lois meurtrières! Quel superbe trophée de la Mort!

Ne comparez rien, rien à ceci.

L'ancienne Rome crut avoir détruit le nom juif. Et elle ne fit que le disperser par toute la terre. L'expulsion des juifs d'Espagne n'a pas amené leur destruction.

La Convention, dans un moment de péril et de fureur, poussée par toute l'Europe, attaquée par derrière par l'insurrection vendéenne, jura l'extermination de la Vendée. La Vendée a subsisté, et c'est un des pays les mieux peuplés de la France.

L'entreprise de Louis XIV pour convertir ou détruire les protestants présente plus d'analogie avec la destruction polonaise. Nous y trouvons, comme en Russie, un code immense de lois combinées pour la proscription. Pourtant la différence est grande. Il n'y a pas là les razzias tartares qu'on a faites sur la Pologne, les transplantations meurtrières de races et de familles. Aussi, non-seulement les protestants émigrés ont subsisté en Europe, mais ils ont duré et fleuri en France, dans tous les métiers d'argent : ils en prêtent aujourd'hui aux fils de leurs persécuteurs.

Non, rien ne ressemble à ceci, rien. Ni les lois ni l'épée n'auraient pu accomplir l'opération gigantesque d'une destruction si terrible. Deux exemples seulement pouvaient mettre sur la voie des moyens plus efficaces pour arriver à ce but.

En Irlande, on a vu un peuple qui, par l'excès des misères, sans perdre sensiblement sa population, dégénérait, se fondait, s'effaçait entièrement. Des hommes restaient encore, la race n'existait plus.

En France, aux dernières années de Napoléon, toute la population active étant enlevée régulièrement par la guerre, on a vu la taille baisser. Encore quelques années d'un tel système, et la race aurait changé. Un peuple qui n'est plus renouvelé que par les infirmes, les rachitiques, les malades, doit peu à peu s'affaisser. Comme nombre, il peut rester le même; comme force, comme efficacité, il a bientôt disparu.

Voilà des exemples, voilà des leçons. En réunissant ces moyens, nous pouvons faire quelque chose dans ce grand art de la mort. Mettons ensemble la misère de l'Irlande, le recrutement de Napoléon, le fameux code des suspects pris aux lois de la Terreur ou à celles de Louis XIV ; joignons à tous ces moyens occidentaux le grand moyen oriental, les brusques transplantations d'hommes sous des climats ennemis, il y aura bien du malheur si le *polonisme* résiste à ces moyens combinés.

Le *polonisme*, mot nouveau, qui désigne moins une race qu'un esprit. La Pologne n'est plus un peuple dans la pensée des destructeurs, c'est une idée, c'est une âme mauvaise, c'est une perversion de l'intelligence, quelque chose comme une hérésie.

Cela caractérise la lutte et en dit le résultat. Oui, la Pologne est un esprit, et elle n'a contre elle qu'un corps. La force barbare et cruelle qui la tient dans ses tenailles peut tout, sauf devenir un esprit. Elle reste brutalité, matière, et le devient de plus en plus. Pour l'absorption d'une âme, il faudrait qu'elle fût une âme, et cela lui est interdit.

Maintenant il faut écarter toute poésie, dire positivement, platement, la plate réalité, dire bassement les choses basses.

Quelle est la véritable puissance qui poursuit la destruction de la Pologne ? L'empereur seul ? Plût au au ciel ! Un individu se lasse. La Russie ? Généralement elle ne ressent guère que de la pitié.

Non, cette puissance de mort n'est ni un homme ni un peuple ; c'est la boue organisée qu'on appelle administration ; c'est la masse d'intrigants, de parvenus étrangers, insectes des marais du Nord, qui grouillent autour de l'empereur.

La Pologne est une affaire. Voilà le secret.

Des milliers d'hommes, bureaucrates, gens de police et fonctionnaires de toute sorte, militaires, demi-militaires (comme il y en a tant en Russie), tout cela est engagé *dans l'affaire*, ou par des places lucratives, ou par les confiscations. L'empereur est bon, et il sait récompenser ses serviteurs. L'un d'eux, Adam de Wurtemberg, s'est fait donner par son maître la maison de sa mère vivante. Il a mis sa mère à la porte. Il a fait cribler de boulets la maison de sa grand'mère, octogénaire malade, qu'on ne pouvait transporter.

La proie augmente la faim, les mangeurs se multiplient quand l'appât abonde. La mort et la destruction, ces forces qu'on croirait négatives, se sont trouvées créatrices ; elles ont eu une exécrable fécondité, elles ont fait une génération de reptiles et de vers rongeurs. Et la Russie, maintenant, est enveloppée de cette vermine. On lui donne incessamment de la Pologne à dévorer.

Courez donc, vers affamés, intrigants de toute race, courez à cette curée! Le fils du pope, qui saura lire, écrire, verbaliser, aura place dans la police. Le jeune homme, petit noble, corrompu dès les écoles, avide, ambitieux, prêt à tout, saura bien se faire une case dans les monstrueux bâtiments des administrations centrales de Saint-Pétersbourg. S'il est bas, sans cœur, il montera vite. L'avancement est très-rapide. Plusieurs des hauts fonctionnaires de l'empire n'ont pas trente ans. S'ils peuvent approcher du maître, s'ils trouvent jour à flatter le seul côté où on le prenne, la fureur, leur fortune est faite. A eux d'éveiller sans cesse cette fureur au nom de sa gloire, d'entretenir dans un homme placé à cette hauteur fatale le vertige, la fausse poésie qu'on trouve à imaginer qu'on a pu détruire un peuple.

Ces gens-là ne manqueront jamais d'ukases nouveaux à proposer. La violence de l'empereur est pour eux un fonds excellent qu'ils exploitent; jour et nuit ils y travaillent. Ils y trouvent fortune, honneurs, positions éminentes, avancement subit et brusque qui franchit tous les degrés.

Reportons-nous au moment de la première fureur de l'empereur, quand il tint la Pologne vaincue dans sa main. Une Pologne réduite à trois millions d'hommes avait osé lever l'épée sur une Russie de cinquante. Ces insolents Polonais, un Dembinski, par exemple, avaient si peu respecté la puissance impériale, qu'avec quelques poignées d'hommes ils se promenaient en long, en large, à travers les armées russes, sans qu'on pût les arrêter.

Maintenant il la tenait dans la main, cette Pologne; il la regardait de l'œil dont regarde l'ours, mangeur de miel, dans les forêts du Nord, quand il tient empoignée une abeille au creux de sa patte velue. Lui tirera-t-il une aile ou bien l'autre, ou un des membres? Il ne veut pas l'étouffer, mais qu'elle expire lentement.

La première opération fut d'assommer les prisonniers qui ne voulaient pas se faire Russes. Nous avons dit la boucherie de Cronstadt : à chaque homme, *huit mille coups!* Comme on meurt vers quatre mille, on avait l'attention de guérir les patients, pour rendre l'exécution possible : elle se faisait en plusieurs fois.

Ceux qui se laissaient faire Russes, on les menait au Caucase, on les plaçait aux avant-postes. Les Tcherkesses, excellents tireurs, en avaient fait bientôt justice.

L'empereur fut quelque peu dérangé dans ces jouissances par les faibles, froides et lâches représentations des gouvernements anglais et français. Il savait parfaitement que l'Angleterre, traînant son boulet industriel (boulet d'or, mais non moins pesant), ne voulait et ne pouvait rien; encore moins Louis-Philippe, humble devant Nicolas et roi à genoux. Grimace des deux côtés. Une grimace répondit. Il dit qu'il donnait aux vaincus une constitution nouvelle. Cet acte n'était rien de plus que l'anéantissement de la Pologne. Ceux qui réclamaient pour elle se tinrent satisfaits.

Dans le statut de février 1832, la Pologne devient une simple division de l'empire russe. La couronne polonaise ne se prend plus qu'à Moscou. Plus de liberté individuelle ni de liberté de la presse. Plus de diète. Des juges révocables à volonté. Toutes les places accessibles aux Russes. Plus de responsabilité des ministres. Plus d'armée spécialement polonaise. La confiscation rétablie. L'exil hors de la Pologne, c'est-à-dire en Sibérie, etc., etc.

Quel que fût cet acte étrange, l'empereur semble avoir été indigné de conserver une ombre de constitution. Les états provinciaux qu'il substituait à la diète lui semblaient une énorme, une intolérable concession. En l'accordant à l'Europe, il voulut braver l'Europe. Et, un mois après, en mars, il fit commencer l'exécution de deux mesures effroyables, la transplantation des familles et les enlèvements d'enfants.

Dans un seul gouvernement, celui de Podolie, ordre de transplanter cinq mille familles (vingt-cinq ou trente mille âmes) d'insurgés *amnistiés* ou de personnes *suspectes;* ordre de les transplanter *sur la ligne du Caucase, sur les terres incultes* et fiévreuses, à deux pas de l'ennemi.

La réponse du gouverneur de Podolie est intéressante. — Il y a, dit-il, trois classes de nobles : les *nobles propriétaires,* — les *nobles domestiques,* laboureurs et ouvriers, — enfin les *nobles des villes,* bourgeois, avocats, etc. Il est bien essentiel de ne pas s'en tenir à la première, mais de prendre dans les deux autres, « de dépeupler le pays de ces gens-là. »

21.

Cet appel d'exécrable flatterie à la férocité impériale est parfaitement entendu. Dans sa lettre du 6-18 avril 1832, le ministre de l'intérieur répond que Sa Majesté a sanctionné ces règlements, *ajoutant de sa main :* « Ils serviront non-seulement pour la Podolie, mais *pour tous les gouvernements occidentaux*. On n'enverra que les gens capables de travailler ; leurs familles pourront être envoyées plus tard. »

Ainsi ils s'en iront seuls, séparés des leurs ; la femme et les enfants restent pour mourir de faim en Pologne, et l'homme va mourir au Caucase.

Enfin, l'empereur ajoute que les nobles de la seconde classe, non propriétaires, seront mis à part, *enrôlés parmi les Cosaques*, sans rapport avec les colonies de leurs compatriotes.

Ce règlement épouvantable n'a pas été transitoire ; il servit et sert de base à des mesures fixes qui font frémir l'humanité.

A la conscription française, qui prenait les hommes au sort, on a substitué l'horreur du recrutement russe, où l'homme est choisi, désigné au caprice du maître et des agents publics. Qu'on juge si les hommes suspects d'énergie, de *polonisme*, sont épargnés dans cette opération clairvoyante et partiale. Ils s'en vont ainsi au Caucase, et, selon l'aveu de Paskiewitz, *ils n'en reviennent jamais*. La Russie a trouvé là comme un horrible cautère par où elle fait écouler le meilleur sang de la Pologne, sa virilité et sa force. Elle la tient faible, malade toujours, comme après la saignée.

Toutes les rigueurs de ce système ont porté sur la seconde classe, celle des nobles paysans, classe essentiellement militaire, et qui forme, plus que les bourgeois des villes, le vrai tiers état de Pologne. D'abord on les a abaissés au rang des paysans soi-disant libres de la Russie (*odnodwortzi*); puis on a trouvé moyen de leur faire payer quatre fois pour une le tribut du sang. Tous les autres sujets de l'empire ne subissent le recrutement que tous les deux ans, et eux tous les ans. Les autres donnent cinq hommes sur mille, et eux ils en donnent dix. Ainsi, leur charge est quadruplée. Cette classe infortunée, environ d'un million d'âmes, ne résistera pas à la continuité de cette saignée horrible. On m'assure cependant que cette année (1851) l'empereur trouve la chose trop lente, et qu'on avise aux moyens de les transporter en masse dans les solitudes du midi de la Russie.

Ce qui restait à la Pologne, le statut de 1832, a été brisé par l'empereur même. Il a, dans les années suivantes, entrepris une transformation totale du pays. A la division polonaise des palatinats il a substitué la division russe des gouvernements, la monnaie russe à la monnaie polonaise, la division russe des poids et mesures à la division décimale et métrique que suivaient les Polonais, le vieux calendrier Julien au calendrier moderne du bon sens et de la science.

Il a essayé, enfin, d'effacer la langue polonaise! la supprimant dans les administrations, destituant les fonctionnaires qui ne savaient pas le russe, imposant la langue russe dans les écoles polonaises, défendant à la jeunesse de parler sa propre langue! Quelques étudiants de Wilna se réunissaient en cachette pour parler entre eux polonais. Surpris, enlevés, liés à la queue des chevaux cosaques, les voilà soldats pour la vie !

C'est là, je l'avoue, ce qui me paraît l'entreprise la plus énorme, la plus monstrueusement barbare et la plus dénaturée. La langue, notre chère langue maternelle, à chacun de nous, celle dont chaque mot, chaque son rappelle l'accent de la patrie, nous rend toutes les émotions de notre vie, notre berceau, nos amours. Ah! l'arracher de nos cœurs, c'est nous arracher de nous-mêmes. Il me semble que pour les personnes que nous avons aimées, perdues, l'intonation des mots habituels est ce qui nous reste le plus enfoncé dans le souvenir, plus que les traits du visage, plus que le geste et le mouvement. Ce que j'ai le plus gardé de mon père, avec qui j'ai vécu quarante-huit ans de ma vie, c'est sa voix... Je tressaille quand je crois encore qu'il est là, qu'il me parle et me dit : « Mon fils! »

Oui, tout le cœur est dans la langue ; la famille y est, l'amour, le pays. Chacune des grandes nations a mis le meilleur d'elle-même dans sa parole et son verbe. L'héroïque langue polonaise, toute vibrante d'intonations fortes, fait sentir à celui même qui ne sait pas le sens des mots la majesté de l'ancienne République, et reproduit au cœur ému toute la gloire de son histoire. On y entend rouler la voix mâle des héros.

Le russe sonne agréablement, c'est une langue douce, flatteuse ; il tient des langues mélodieuses du Midi. L'imposer à la Pologne, c'est changer en un point bien grave le caractère national, c'est l'affaiblir et l'énerver.

Je croirais volontiers, au reste, qu'en cette défense barbare ce qu'on voulait le plus, c'était d'outrager la Pologne, d'attrister son âme jusqu'à la mort, de la percer au cœur même, au point le plus vulnérable où elle pouvait souffrir.

C'est à ce temps que l'empereur faisait retentir l'Europe du discours insultant, furieux, qu'il avait lancé à la face des magistrats de Varsovie. Il ne négligeait rien pour mériter le nom d'homme impitoyable. La princesse Sanguszko étant venue prier pour son jeune mari, qui partait pour la Sibérie, l'empereur se fit donner la sentence, et de sa main ajouta : « A pied. »

Ce terrorisme théâtral est un moyen de la Russie. On l'a vu par l'horreur de Cronstadt, étalée en spectacle au lieu le plus fréquenté, par-devant l'Europe. On ne l'a vu que trop cette année, le 20 juillet 1851, quand le bruit s'étant répandu qu'il y aurait quelques grâces, quatre prisonniers, en réponse, furent sur-le-champ exécutés.

Parfois le gouvernement russe a paru prendre plaisir à donner pour tels de ses actes des apologies ironiques. Par exemple, en 1842, il a fait dire à Rome, et peut-être dans d'autres cours, que, s'il avait pris les biens de l'Église polonaise, c'était *pour les mieux administrer dans l'intérêt de l'Église;* et que, quant aux enlèvements d'enfants dont on avait tant parlé, il ne les avait enlevés *que par charité.*

C'est toujours *par charité* qu'on enlève encore les enfants des juifs. Outre les grandes razzias que l'État en fait, les Cosaques en volent sans cesse, en font commerce et marchandise, les vendent à juste prix.

La *charité* impériale tient toujours sous cette profonde terreur les mères polonaises. Elles en craignent de nouveaux coups.

Ce fut au mois de mars 1832, au moment de la plus violente fureur de l'empereur, lorsqu'il ordonnait la transplantation de tant de familles, c'est alors qu'il fit *saisir* (c'est le mot dont se sert le conseil d'administration) les enfants mâles, vagabonds, orphelins, *et pauvres,* de sept ans à seize. L'ordre vint directement par l'aide de camp Tolstoï.

Paskiewitz, dans son règlement, s'exprime différemment, avec deux lettres il change tout, changement qu'il n'aurait pas fait sans l'autorisation de l'empereur : il dit OU et non pas *et;* il dit orphelins OU pauvres ; différence bien cruelle, puisque dès lors on pouvait enlever des enfants *non orphelins* qui auraient des parents pauvres.

Le gouvernement de Varsovie, affichant cet ordre barbare, ajouta, pour adoucir et diminuer la fermentation publique, ces mots étrangers au texte : Les enfants *privés d'asile*.

En réalité, on n'en enleva pas moins, en général, *les enfants de parents pauvres*, et malgré les violentes et terribles réclamations de leurs parents.

La scène fut effroyable. Après plusieurs convois d'enfants enlevés de nuit, le 17 mai 1832, on en fit partir un de jour. Les mères couraient après les charrettes en se déchirant le sein ; plusieurs se jetèrent sous les roues ; on les écarta à force de coups. Le 18, on enleva encore une foule de petits enfants qui travaillaient ou vendaient dans les rues. Le 19, on vida des écoles paroissiales. Ces pauvres petits, enlevés ainsi, mouraient comme des mouches sur tout le chemin. Quand ils étaient trop faibles pour continuer, on les laissait sur la route. Les gens du pays trouvaient là le corps de ces innocents avec leur pain à côté, qu'ils n'avaient plus eu la force de toucher.

IX

DU CZAR, COMME PAPE ET COMME DIEU. — PERSÉCUTIONS RELIGIEUSES

Un personnage du théâtre antique, dans le violent bonheur d'un premier transport d'amour, s'écrie : « Je suis devenu Dieu ! »

La mort est comme l'amour : elle enivre. La joie sauvage que donnent les grandes destructions porte à l'âme un même vertige. Celui qui croit détruire un monde n'envie rien au Créateur. Il dit : « Je suis devenu Dieu ! »

Plus que Dieu. — Dieu crée lentement, dans la douceur infinie de la maternité divine, avec les ménagements de la nature. — Le destructeur, au contraire, est fier de détruire brusquement. Ce qui lui plait dans la mort, c'est le changement à vue. Sa joie serait de détruire d'un mot ce qui a coûté tant d'années ; de pouvoir dire d'un monde humain : « J'ai passé, il n'était plus. »

C'est au milieu de la grande destruction de la Pologne que le chef de la Russie a commencé à prendre au sérieux son titre de *Vicaire de Dieu* et d'*Émanation divine*, qui est dans son catéchisme. Chef et juge de ses prêtres (aux termes de leur serment), il a commencé à agir comme pape russe dans la persécution des catholiques et l'extermination des juifs. Ses images byzantines, distribuées à profusion, l'ont proposé, sous l'auréole de saint Nicolas, à l'adoration du Danube et des populations grecques de l'empire turc.

Mais que ferait ce nouveau dieu ? Il ne le savait pas lui-même.

Proscripteur des nobles en Pologne, il a été en Russie, un moment, révolutionnaire, appelant les nobles à l'émancipation des serfs, qu'ils ne peuvent accomplir qu'au prix d'une loi agraire. S'il eût suivi cette pente, il devenait une sorte de Messie des serfs, un Messie barbare, terrible à l'Europe.

Il n'a osé. Et, se tournant tout à coup de l'autre côté, se portant pour pape et général de la contre-révolution, il a fait déclarer, après le siége de Rome (octobre 1849), que l'Église latine, déchue et finie, n'avait plus qu'à se réunir à l'*Église catholique*, universelle, de Moscou.

Cet étrange père spirituel, qui convertit par le fer,

qui bénit avec le knout, combattu entre deux principes, et d'autant plus violent, a donné, dans une courte période de vingt années, des signes étonnants, inouïs, de sa prétention d'être Dieu. Ni les empereurs-pontifes de l'ancienne Rome, quand ils se dressaient des autels, ni les pontifes-rois de la nouvelle Rome, quand ils divisèrent le globe ou défendirent à la terre de tourner, n'ont porté plus haut leur orgueil.

Il a défendu au temps d'être le temps, démenti les mathématiques et l'astronomie, imposé le vieux calendrier, abandonné du reste du monde. Il a défendu à la valeur d'être la valeur, ordonnant que trois roubles désormais en vaudraient cinq. Il a défendu à la raison d'être la raison, et, quand il s'est trouvé un sage en Russie, on l'a enfermé chez les fous.

Ce qui l'a encouragé dans ces prodigieuses excentricités, il faut le dire, c'est de se voir seul en ce monde, toute force morale se trouvant, dans cette période, affaiblie ou ajournée.

Le pontificat du passé, Rome s'était avilie, le pape n'osant plus agir que comme petit prince italien.

Le pontificat du présent, la France s'était oubliée dans son anglomanie industrielle et sous sa royauté bourgeoise.

Rome, toutefois, il faut l'avouer, n'a pas péri uniquement par la faiblesse personnelle des papes, mais par une conséquence logique des doctrines catholiques. Ces doctrines ne sont autre chose que l'obéissance. Rome l'a constamment enseignée. Non-seulement en 1831, quand la Pologne mourante lui tendait la main, elle l'a renvoyée au czar; mais, en 1832, elle a flétri la révolution polonaise, enjoint aux Polonais d'obéir à leur bourreau.

Rome, en échange de cette lettre, croyait obtenir du czar qu'il recevrait un nonce à Saint-Pétersbourg. Loin de là, il commença brusquement la guerre au pape (1833), ordonna la conversion subite des Grecs uniates, sujets de l'Église latine. Le procédé était simple. On entourait le village, on knoutait le prêtre et on l'enlevait. Le pope, le fouet à la main, passant en revue sur la place son troupeau tremblant, menaçait, battait. On enfermait les obstinés dans des étuves pleines de la fumée du bois vert. La Grâce opérait sur-le-champ au moyen de l'asphyxie. Tous alors se trouvant d'accord, on les consignait dans l'église, et, le bâton haut, on leur fourrait l'eucharistie dans la bouche.

La plus terrible de ces dragonnades se passa hors de la Pologne, dans les colonies militaires, dans les solitudes de la Russie où elles sont établies. Les récalcitrants y furent mis, et, sous le prétexte de discipline militaire, écrasés de coups, n'ayant pas même la consolation du martyre religieux, tués, non comme catholiques, mais comme soldats rebelles.

Cependant, en grand triomphe on proclama la conversion. Miracle visible. Le clergé, pleurant de joie, demande sa réunion à l'Église de Moscou. L'empereur daigne l'accorder. Son journal officiel, dans un article édifiant, chante un hosannah pieux : « Heureuse réunion ! s'écrie-t-il, et qui n'a point coûté de larmes ! On n'y a employé que la douceur, la persuasion ! »

A cela que disait le pape ? Si fier contre la Prusse dans les affaires de Cologne, il restait humble et tremblant devant la Russie. Il gémissait à huis clos, dans un consistoire secret. Mais, en public, il accueillait le jeune fils de l'empereur. A peine, en 1842, quand le czar prend les églises et les biens ecclésiastiques, à peine le pape hasarde-t-il, toujours en consistoire secret, une plainte respectueuse; et encore, dans cette plainte, il flétrit de nouveau la révolution polonaise, et l'appelle *rébellion*.

Aux timides paroles du pape, qui circulaient dans l'Europe, spécialement par les journaux semi-officiels du gouvernement français, l'empereur avait répondu d'avance par des actes, à la façon barbare, d'une manière aussi cruelle qu'habile. Pour prouver son christianisme, établir qu'il était un ferme et rude chrétien, il lançait son ukase exterminateur contre les juifs.

Telle est la logique féroce qui pourtant frappa les esprits dans ces sauvages contrées. « Comment douter que l'empereur ne soit croyant et pieux, quand on le voit crucifier ceux qui crucifièrent le Christ ? »

Il établit ainsi la gloire de sa piété, à bon marché,

in anima vili, dans la personne de ceux que personne ne défendait, que personne ne plaignait. Les Allemands, qui, dans maintes villes poursuivaient les juifs à coups de pierre, conçurent dès lors beaucoup d'estime pour l'empereur de Russie.

L'ukase paraît un matin. L'empereur vient de découvrir (ce qu'on savait de tout temps) que les juifs de Pologne, exclus de toute industrie, vivent de brocantage et de contrebande. Ordre de les transporter sur-le-champ au fond de la Russie. Il n'y eut jamais une telle désolation depuis la ruine de Jérusalem. Nul délai. Les Cosaques arrivent. Voilà leurs effets dans la rue... « Allons, en avant! détalez... Il faut partir, l'ordre est tel... Pas un jour, pas une heure... » Vieillards, femmes, petits enfants, ils partent, ils se traînent. Le soldat presse derrière et pique au besoin. Ils tombent épuisés, affamés. On les laisse sans secours crever là, comme des chiens. La femme défaille et se meurt; le mari doit continuer.

Est-ce assez? non. Les survivants, dans leurs nouvelles demeures, voient commencer pour eux une horrible persécution, la *conscription des enfants!* On les enlève, à six ans, faibles et tendres encore, pour le service militaire ou pour la marine. Mais la race juive, de longue date, étrangère au service militaire, y est absolument impropre. Tous ces enfants meurent. Le juif ne vit pas soldat.

L'empereur a bien calculé. Cette cruelle exécution

a été fort populaire. Les paysans russes et polonais détestent les juifs. Ils ne réfléchissent pas que si cette race infortunée fait des métiers odieux, on ne lui en laisse pas d'autres. Le génie qu'ont montré aux derniers temps tant de juifs de diverses contrées, la beauté orientale de leur race, leurs femmes, les plus belles du monde, tout doit faire regretter les moyens sauvages d'extermination qu'on emploie contre eux en Russie.

L'empereur, ici, flattait le peuple. Et il l'a flatté encore en réduisant, d'une fois, toute la noblesse du royaume de Pologne de cinquante mille familles à cinq mille. Peu de temps après, il lançait son fameux ukase du 2 avril 1842, pour l'affranchissement des serfs de Russie.

L'affranchissement nominal et la prétendue liberté des serfs de la couronne n'avaient rien de bien tentant pour les serfs des nobles. Les premiers, à la vérité, exercent tout métier qui leur plaît; mais l'agent impérial les tient sous une férule plus dure que celle d'aucun maître. La vénalité de cet agent, qu'il faut satisfaire sans cesse, leur fait regretter le servage.

Que voulait vraiment l'empereur, en provoquant, par l'ukase de 1842, les seigneurs à contracter avec leurs paysans, pour en faire de prétendus libres, c'està-dire pour les faire passer sous le bâton impérial?

Il voulait faire peur aux nobles.

L'affranchissement réel ne peut se faire par ceux-ci qu'en donnant aux paysans, avec la liberté, une large part de terre. Celle-ci, mieux cultivée, leur rendrait aisément un revenu égal à celui qu'ils auraient perdu. Plusieurs le pensent et le disent, et pourtant n'osent rien faire. Ils prétendent connaître au vrai la pensée de l'empereur, sa jalousie sur cette question. Ils assurent qu'il s'irriterait d'être obéi là-dessus, qu'il jugerait fort suspects ceux qui, prenant au sérieux sa parole officielle, commenceraient ce grand mouvement. Un auteur grave, Tolstoï, dit qu'en certaines provinces les paysans supposaient que les princes et les nobles avaient au ciel d'autres patrons que les leurs, un Dieu à part, Dieu de richesse, qui leur prodiguait les biens. Dans la famine et l'hiver de 1845-46, les paysans d'Esthonie, Livonie et Courlande, se convertirent en grand nombre pour avoir quelques secours. Seulement ils supposaient qu'embrassant la foi de l'empereur, passant au dieu de richesse, ils acquéraient la propriété de la terre qu'ils cultivaient. L'empereur fut obligé d'arrêter ces conversions trop rapides. Nous tenons ces détails de personnes qui les ont recueillis sur les lieux mêmes, à Riga et Dorpat.

L'empereur trembla de se voir à la tête d'une immense jacquerie, communiste et religieuse.

Il recula devant l'accomplissement de ce que ses prétentions spirituelles et son appel à l'affranchissement semblaient le conduire à vouloir. Un pas de plus, peut-être, il devenait un Messie des serfs. On sait par les nombreux exemples des histoires de l'Orient combien l'étincelle fanatique gagne vite dans ces masses aveugles. Elles auraient adoré, suivi, celui qui, par le massacre, leur eût à la fois donné la propriété et la liberté.

Donc, l'empereur recula. Il se rapprocha des nobles, qu'il avait naguère menacés.

Et maintenant les deux partis, czar et noblesse, sont en face, n'agissant pas, n'osant agir, se terrifiant l'un l'autre, comme deux araignées en observation qui ne savent bien si elles sont amies ou ennemies, et si, l'une et l'autre, en se regardant, ne songent pas à se dévorer.

X.

DU CZAR, COMME PAPE ET COMME DIEU. — ON LE PROPOSE POUR
PAPE UNIVERSEL

Le paysan russe, qui voit dans son catéchisme le nom de l'empereur imprimé en grandes lettres comme celui de Dieu, tandis que celui de Jésus est en lettres minuscules, se fait, sans doute, une idée très-haute de la puissance impériale. Il y lit que l'empereur est une *émanation* de Dieu. Qu'est-ce qu'une *émanation?* S'il s'informe auprès du pope ou de l'employé impérial (fils du pope ordinairement), on lui dit qu'en effet l'esprit de Dieu doit être dans l'empereur, puisque le tribunal ecclésiastique, qui tient lieu de patriarche, le reconnaît pour chef et juge de l'Église, puisqu'il choisit les évêques. C'est à lui directement que les fonctionnaires civils et militaires de l'empire attestent chaque année, par certificats, qu'ils ont rempli exactement leurs devoirs religieux.

Grande est la surprise de ce paysan, s'il va à Saint-Pétersbourg, à Moscou, et s'il y voit l'empereur. Quoi ! c'est là une *émanation !* Quoi ! ce personnage religieux dont dépendent les évêques est un officier avec l'uniforme serré et la tenue roide de tout autre militaire russe?

Selon une tradition, peut-être peu fondée en fait, mais très-digne d'attention, comme toute tradition populaire, un soldat, voyant l'empereur pour la première fois et devant prêter serment, aurait refusé de le faire, ne pouvant croire, disait-il, que ce militaire pût être vraiment l'empereur.

Le Russe a naturellement une idée noble, douce et sainte, du pouvoir souverain. Il suppose que celui qui tient ici-bas la place du Père du monde est un père aussi (*batouska*). Et ce nom de père, qu'il adresse à l'empereur, contient pour lui l'idée de pontife et de juge.

Le czarisme moderne, modelé par Pierre le Grand et ses successeurs sur le despotisme prussien, avec toute son escorte de soldats et de bureaucrates, ne répond aucunement à l'idée patriarcale que le Russe a au fond du cœur.

L'empereur lui-même croit-il y répondre? A-t-il la sécurité que donnerait cette conviction? J'en doute. A quelque époque que je remonte jusqu'à Pierre le

Grand, les voyageurs sont unanimes pour représenter le czar, quel qu'il soit, comme un prince moins majestueux qu'on ne l'attendrait d'un tel souverain, un homme agité, inquiet. Ce caractère se retrouve dans l'empereur actuel, dont la taille haute et magnifique serait naturellement majestueuse. Il se donne trop de mouvement. A l'église même, dans une occasion solennelle, au mariage de son fils, M. de Custine remarquait cette agitation.

S'il se sentait fermement assis sur sa base légitime, l'idée russe, s'il se rendait le témoignage de répondre à la pensée d'un peuple de tant de millions d'hommes, certes il ne serait pas agité. Cette grande âme nationale, quand elle est dans une poitrine, elle lui donne une assiette solide et profonde, un puissant équilibre de paix.

L'autorité est paisible, quand elle se sent en communion avec les hommes, dans la grande société du peuple et de Dieu. Elle est trouble ici, parce qu'elle est seule, profondément seule, parce que, dans ce grand silence de l'empire, elle n'entend que sa propre voix, sans être avertie, rassurée par la voix du bon sens public. Elle sait qu'elle est une force; est-elle bien sûre d'être un droit?

Il n'y a point de droit en Russie. La loi y est impossible. Les soixante volumes de lois que l'empereur a fait compiler sont une vaste dérision.

Tout le droit y repose sur cette base, qui l'empêche

d'être un droit : *Le bien est ce qui est conforme à la volonté du maître. Le mal est ce qui est contraire à cette même volonté.*

L'édifice porte sur le vide. La morale n'étant pas dans les fondements, la législation s'élève sans soutien, comme dans l'air. Nulle à la base, elle est nulle et impossible jusqu'au sommet. Qui le porte, ce code impossible? L'arbitraire. Et c'est lui seul qui s'exécute au nom du code.

Mais ce n'est pas l'arbitraire du maître seulement qui joue sous ce jeu des lois, c'est l'arbitraire de tous les maîtres inférieurs (les agents du souverain), intermédiaires infidèles qui trompent à leur profit la tyrannie supérieure, exploitent et rendent dépendante cette fière puissance. Elle menace, elle ordonne, et le plus souvent, sans le savoir ou le sachant, elle obéit à ses agents, les derniers des hommes. De sorte qu'en regardant bien le singulier édifice de violences et de ruses décoré du nom de lois, au sommet même de cette pyramide de servage, nous apercevons un serf.

Serf de ses agents, de ses ministres, de ses juges, serf de leur infidélité, la sentant à chaque instant.

Là est le martyre de l'empereur.

Il ne faut pas s'étonner si, dans sa défiance et dans son inquiétude, il trouble à chaque instant l'ordre qu'il a fait, enlevant les affaires à leurs juges naturels, les faisant arriver d'abord aux tribunaux supérieurs. Mais ces juges, si haut placés, ne sont pas plus sûrs que les autres. L'empereur sent sous ses pieds tout un remuement d'intrigues. Il s'indigne. Il appelle la cause à lui-même. Il jugera seul. A-t-il le temps, la science, les études nécessaires? Il faut pourtant qu'il décide, il faut qu'il croie à sa sagesse, ou plutôt à son instinct, à l'inspiration d'en haut, qu'il sente en lui le Saint-Esprit.

Ainsi, cette vaste comédie de lois et de tribunaux, tout cet effort pour organiser un monde de justice, restent chose vaine. Tout est parti de l'arbitraire de l'empereur, tout revient à l'inspiration de l'empereur. Qu'il le veuille ou non, il faut qu'il soit pape.

Terrible punition d'un orgueil si grand. Tandis que dans un monde de nature et de justice, tout va descendant par sa pente, et la justice, découlant comme un fleuve salutaire, vivifie le corps social, — ici, tout va remontant, tout revient contre nature frapper au sommet, à une faible tête humaine, où, dit-on, résident la sagesse et l'esprit de Dieu.

Les agents du pouvoir central se trouvent trop bien de cette situation monstrueuse pour ne pas désirer sans cesse que l'empereur laisse tout revenir à lui, qu'il suspende la justice, et tranche tout par sa papauté.

La tendance d'un tel état est visiblement de devenir de moins en moins un état, de plus en plus une religion. Tout est religieux en Russie. Rien n'est légal, rien n'est juste. Tout est ou veut être saint.

L'administration intérieure est sainte. Les popes sont des employés, des commis religieux. Les commis sont fils de popes.

L'action extérieure est sainte ; elle consiste surtout dans la propagande ecclésiastique qui pousse la Russie chez tous les peuples barbares. C'est une sorte d'invasion religieuse.

Tout cela se fait presque à l'insu de l'Europe. On en parle infiniment peu. La Russie n'aime pas qu'on dise rien d'elle, même en bien. Ses agents, travaillant les principaux organes de la presse européenne, négocient sa discrétion.

Laissez cette sainte Russie marcher sous la terre. Dieu saura, dans son jour, la manifester pour l'édification du monde.

Ce qui est déjà pour les âmes pieuses d'une grande consolation, c'est de voir qu'aujourd'hui tous les honnêtes gens, de Moscou à Rome, jésuites et Cosaques, se sont rapprochés.

Les catholiques mal appris, qui, si longtemps, malgré le pape, ont défendu la Pologne, aboyé à la Russie, sont venus à résipiscence, et ne soufflent plus.

Il y a eu pourtant un moment où cette muette Russie, qui aime tant le silence, l'a rompu elle-même. Le cœur lui a échappé ; un cri de victoire, étouffé bientôt, lui est sorti de la bouche.

C'est après l'affaire de Hongrie, après le siège de

Rome, lorsque la Révolution apparut blessée à mort de sa propre main, que l'empereur lança un manifeste sur le ton de la croisade : « La Russie remplira sa *sainte mission*... »

Quelle *mission*? Cela n'était pas bien spécifié encore. Celle de faire triompher le pape? Au siége de Rome, en effet, près des délégués pontificaux, en tête du corps diplomatique, siégeait l'envoyé de Russie.

Mais la joie était trop profonde, trop forte la passion, pour s'en tenir aux mots obscurs. L'empereur a laissé éclater son mépris pour Rome, désormais noyée dans le sang. Il a cru, non sans raison, qu'elle ne se relèverait pas d'un tel triomphe. Au moment où il venait d'aider si puissamment à son rétablissement temporel, il a fait proclamer sa déchéance spirituelle.

La forme a été bizarre, indirecte, mais fort claire, très-authentique. Nulle parole en ce pays, sur des matières si graves, qui ne soit autorisée. Et la parole, ici, a été portée par un agent même de la diplomatie russe, un homme de l'empereur.

Il y a toujours autour de lui des hommes jeunes, impatients, inspirés de la violente école de M. de Maistre, qui, malgré les vieux diplomates, brûlent de parler et d'éclater. Ils ont visiblement profité d'un accès d'orgueil du maître pour se faire autoriser à une démarche inouïe, contraire à la ligne de réserve, de silence et de ruse, que suit toujours la Russie.

Une lettre du 31 octobre 1849, *datée de Saint-Pé-*

tersbourg, signée : *Un diplomate russe*, paraît dans une revue. L'auteur est l'envoyé de l'empereur en Bavière. Le titre : *La papauté et la question romaine, au point de vue de Saint-Pétersbourg.*

La forme, mystique et dévote, n'en rappelle pas moins souvent, par des traits hautains, demi-ironiques, le rude maître dont l'auteur a suivi l'inspiration. Sans le vouloir, ni sans s'en apercevoir peut-être, il prend par moments une voix dure, amère et haute, comme serait celle du puissant seigneur dont il est le secrétaire.

L'article est plein de mépris pour la France et l'Occident, de pitié pour Rome, d'une méprisante pitié. « Rome, qui fut la racine de l'Occident, était encore sa dernière force. Elle succombe. La question romaine est démontrée insoluble, Rome était inconciliable avec Rome, le pape et l'État romain ne pouvant plus se reconnaître l'un l'autre. Le pape est puni de Dieu *pour avoir dévié de l'unité catholique*, pour avoir absorbé le centre chrétien dans *l'egoïsme papal et romain.* »

Mais si c'est là une fin, voici un commencement. Nous aurions tort d'être effrayés. Le monde ne mourra pas encore. Elle existe, cette unité catholique qui peut tout sauver ; elle est dans l'Église grecque. Celle-ci attend que la dépositaire des destinées chrétiennes de l'Occident, Rome malade et vieillie, lui *restitue ce dépôt sacré.*

Il n'est pas difficile de tirer la conclusion. Rome, condamnée *pour son égoïsme*, va réunir la papauté latine à celle du pape de Moscou, apparemment moins égoïste. Et, comme ce pape militaire unit les deux glaives, temporel et spirituel, comme il peut lancer, pour apôtres, huit cent mille Russes et Cosaques, l'ordre sera bientôt rétabli dans le monde social et dans celui de la conscience.

Huit cent mille! c'est beaucoup sans doute. Mais, quand on n'exagérerait point, cela ne dispense pas d'obéir à la logique.

Contre qui cette croisade? contre l'*individualisme démocratique*, dit-on. Mais qu'est-ce, le czar lui-même et le gouvernement russe? c'est l'*individualisme*.

Et il y a cette différence, c'est que, si le *moi républicain* c'est un moi inquiet, remuant, plein d'agitation, cette inquiétude est féconde, cette agitation produit. Elle suscite incessamment la scintillation de la vie. La démocratie d'Athènes, la démocratie de Florence, furent la gloire du genre humain.

Le czarisme aussi est un *moi individuel*; mais que produit-il? Qui ne voit que la Russie est par lui éteinte, inféconde, comme morte? Son repos n'est pas un repos : c'est le rêve d'un homme enterré vivant. Ah! pour parler du bonheur seul, et sans rien dire de la gloire, combien lui vaudrait mieux toute l'agitation de la liberté!

Prodigieuse entreprise! Vous ne pouvez pas seule-

ment organiser chez vous le monde de l'ordre civil,
le monde inférieur! Et vous prétendez au monde supérieur de la religion! Ennemis de la Loi, vous voulez monter plus haut que la Loi, vous attentez au monde de la Grâce!... Impuissants aux œuvres de l'homme, alors vous vous dites dieux!

Vous vous donnez pour Église! Mais vous ne savez pas seulement ce que c'est qu'une Église.

Oh! une Église de Dieu, qui me donnerait de la voir! Le moyen âge en eut l'image infidèle, et le monde moderne y va lentement. Tout au moins la grande et prochaine révolution qui arrive nous permettra certainement d'en poser la première pierre, qui est la Justice.

Une Église, *c'est un esprit,* — un esprit d'amour fraternel.

Une Église, *c'est une communion* dans cet esprit — une communion vraie et profonde, dans une parfaite intelligence.

Une Église, *c'est une civilisation*, qui rayonne de cette intelligence et de cet amour.

Pas un seul de ces trois traits d'une véritable Église ne peut s'appliquer à vous. *Où est l'esprit?* Vide et nul. *Et la communion d'esprit?* Fausse; vous défendez d'instruire le peuple. *Et la civilisation?...* On ne peut trouver sur le globe aucune stérilité pareille à celle de l'Église grecque, dans cette période de mille ans.

Mais ce qui vous interdit plus fortement ce nom d'Église, c'est l'effusion du sang, la dépense terrible, insensée, que vous faites de la vie humaine. Le fer, le feu, le bâton, n'y ont pas suffi ; vous y employez les climats, les éléments, les puissances meurtrières de la nature.

Comment toucher à l'autel avec des mains pleines de sang !

L'empereur a été à Rome en 1846 ; il a été bien reçu du pape ; il a été à Saint-Pierre, il a fait sa prière au tombeau des saints.

Qu'eût fait saint Ambroise ? n'eût-il pas été debout, à la porte pour arrêter l'empereur ? N'aurait-il pas dit : « Avant d'entrer dans le temple, daigne Votre Majesté nous montrer ses mains. »

« On se souvient, dit l'auteur russe que je citais tout à l'heure, on se souvient de l'émotion qui accueillit à Saint-Pierre l'apparition de l'*empereur orthodoxe revenu à Rome après plusieurs siècles d'absence. Émotion légitime ! L'empereur prosterné n'était pas seul,* » etc.

Non, certes, il n'était pas seul. Et il y avait autour de lui une bien grande compagnie. Il y avait les martyrs de Russie à droite, et ceux de Pologne à gauche. Les âmes de quelque cent mille hommes, ce jour-là, remplissaient l'église ; tant de milliers qui moururent de misère en Sibérie, tant de milliers battus à mort, un peuple d'ombres infortunées, d'enfants surtout, polonais, juifs, si cruellement enlevés à leurs mères, qui ont eu la Mort pour mère et nourrice, et dont on trouve les jeunes os sur toutes les routes.... Ah! ceux-là étaient tous aussi, ce jour, à Saint-Pierre, et leurs voix montaient devant Dieu!...

Le pape n'a pas vu, n'a pas entendu ces âmes. Et dès lors il est jugé.

Il s'est tu. La France ne se taira pas. Elle parlera à sa place. Gardienne de la Nouvelle Église, elle arrêtera à l'entrée cet infernal Messie, qui arrive au nom de Dieu.

Meurtrier de l'œuvre de Dieu, de sa création vivante, que venez-vous faire ici?

Un monde demain commence, un monde d'humanité et de justice.

La France se tient au seuil, et vous n'irez pas plus loin. Elle dit pontificalement : « Vous n'entrerez pas. »

RÉVOLUTION DU DANUBE

MADAME ROSETTI

RÉVOLUTION DU DANUBE

MADAME ROSETTI

1848

A LIBY (LIBERTATE)

NÉE LE 18 JUIN 1848, LE JOUR OU ÉCLATA LA RÉVOLUTION VALAQUE

Ton innocence, chère enfant, garda ta mère dans les plus grands dangers, quand elle-même sauva les forts et les vaillants, les sauveurs de ton peuple. Ta vue désarma les barbares. Sans toi, les libérateurs de la Roumanie étaient perdus, ensevelis aux déserts de la mort, aux glaces russes, d'où l'on ne revient pas.

Puisse ta jeune patrie, née d'hier comme toi, innocente comme toi, la dernière née des nations, l'*orpheline et l'enfant trouvée* (ainsi l'appelle un de ses fils) : puisse la Roumanie, à travers tant d'orages aborder avec toi au bon port de la Providence !

I

LE DANUBE

Il y a déjà longtemps que ce vieux roi des fleuves de l'Europe, roi captif, roi barbare, aux tragiques aventures, s'est posé devant moi comme un sombre problème, qui peut-être est celui du monde.

La première fois que nous nous rencontrâmes, j'eus une triste intuition de lui et de sa destinée.

Je descendais les hauteurs de la forêt Noire et j'entrais dans la Souabe. « Voulez-vous voir, me dit-on, la source du Danube ? » On me mène au petit jardin d'un ex-prince allemand. On me montre un petit bas-

sin, misérable baquet de pierre. « Regardez au fond...
le voilà. »

J'avais beau regarder. A peine un faible mouvement indiquait le point d'où commence à sourdre cette grande puissance, ce géant des fleuves qui, par sept cents lieues de cours, va porter une mer d'eau douce au sein de la mer Noire.

« Triste origine! me dis-je. Pauvre fleuve! sujet à ta source d'une principauté sans sujets, tu t'en vas de captivité en captivité; d'obstacle en obstacle, de tyran en tyran. Durement barré sur ta route et forcé de monter au nord, tordu vers le midi à Bude, tordu vers l'ouest à Belgrade, tu mords ta rive de Servie, et tu n'en es pas moins brisé, rebrisé aux Portes de Fer. Affranchi du pont de Trajan, que te sert qu'il soit détruit? tu vas finir honteusement aux douanes du Cosaque. Là, tu expires, et tes maîtres ont stipulé, chose impie! qu'à tes fertiles embouchures, plus fécondes que le Nil, le pays *serait à jamais désert!*

« Tes trois peuples sont trois prisonniers. On leur a fermé les deux portes par où ce grand monde intérieur pouvait respirer, l'Adriatique et la mer Noire.

« Ils te disent barbare, sauvage. Ce sont eux qui t'ont fait tel. Rien d'inhumain dans ton génie. Un caractère de mansuétude résignée, virile, frappé dans les images des captifs danubiens qu'on voit au musée du Louvre. Et les bustes gigantesques des hommes de Dacie que conserve le Vatican, majestueusement chevelus comme les monts des Carpathes, ont la douceur du noble cerf qui erre aux grandes forêts. Ton génie est bien plus encore dans les graves mélodies qui se mêlent au bruit de tes flots et suivent ton cours. L'âpre douceur des chants du pasteur serbe, le rhythme monotone du batelier, le refrain du Roumain et du raïa bulgare, tout se fond dans une vaste plainte, qui est comme ton soupir, ô fleuve de la captivité !

« Qui a souffert, si ce n'est toi ? qui a porté le grand combat du monde, le choc alternatif du Nord et du Midi, guerres de races, guerres de nations et guerres de religions ; que de carnages et de supplices ! »

Mais l'éternel supplice, c'est la fluctuation et l'incertitude du sort, c'est la misère et l'avanie. Quand le patient raïa a desséché, fertilisé, on vient lui prendre sa terre ; il recommence à côté. On a vu en une fois trente mille familles bulgares émigrer de la rive turque et passer en Valachie, de la misère à la misère. Ils fuyaient l'avanie fantasque ; mais qu'est la Valachie ? l'avanie permanente.

Par une dérision singulière des lois que nous croyons imposer à l'histoire, le temps, qui améliore, dit-on, partout, ici a toujours empiré. Avant-garde jadis du grand empire romain et bien-aimée colonie de Trajan, puis petit royaume barbare, belliqueux, héroïque, et l'une des barrières de l'Europe, la Roumanie désarme et perd son institution militaire quand l'Europe a formé la sienne. Elle en est au seizième siècle à disputer la liberté civile ; le servage y commence quand l'Occident ne connaît plus de serfs. Une constitution libérale, lui vient, pour comble de misère, la liberté pour payer double impôt. Dernier bienfait qui extermine, l'amitié de la Russie.

II

LA ROUMANIE

Peuples de l'Occident qui, depuis si longtemps, loin de la barbarie, cultivez les arts de la paix, gardez toujours un reconnaissant souvenir pour les nations orientales qui, placées aux frontières de l'Europe, vous ont couverts et préservés du déluge tartare, des armées des Turcs et des Russes; n'oubliez pas tout ce que vous devez à la Hongrie, à la Pologne, à l'infortunée Roumanie.

Ces peuples ont souvent arrêté les barbares, souvent les ont lassés. Même vaincus, ils vous servaient encore, usant la rage des ennemis de Dieu à force de souffrir.

Comment appellerai-je la Roumanie, les Valaques

et Moldaves? la *nation sacrifiée*. La Hongrie, la Pologne, ont eu du moins la gloire de leurs souffrances, leur nom a retenti par toute la terre. Les peuples du bas Danube ont à peine obtenu l'intérêt de l'Europe.

Huit millions d'hommes de même langue, de même race, une des grandes nations du monde, passaient inaperçus! Pourquoi? C'est le fond même de leur misère; battus d'une mer orageuse de cent peuples divers, changeant toujours de maîtres, ils lassaient l'attention, ils troublaient le regard de leur apparente mobilité. Le vertige venait à considérer leur histoire, comme le voyageur qui, assis au bord du Danube, contemplant son cours orageux, voudrait fixer des yeux, saisir, compter la vague qui toujours va montant sur la vague, mais qui, découragé, détournerait les yeux, plaignant son travail inutile.

Le flot varie sans cesse, le fond ne varie pas. La Roumanie, de Trajan jusqu'à nous, se reste fidèle à elle-même, fixe en son génie primitif. Peuple né pour souffrir, la nature l'a doué de deux choses qui font durer : la patience, l'élasticité. Toujours courbée, toujours elle se relève. Ne la comparez pas aux monuments romains, aux voies éternelles qui sillonnent son territoire. C'est plutôt la résistance, la forte et souple résistance des digues de fascines où l'Océan se brise; il aurait emporté des digues de granit.

Le fond de cette résistance n'est point la sombre acceptation du mal, le triste fanatisme de l'autre rive du Danube, cette mort du cœur qui a stérilisé le monde musulman : non, c'est un principe vivant, l'amour obstiné du passé, le tendre attachement à cette infortunée patrie, qu'on aime plus, plus elle est malheureuse. Le Roumain ne la quitte jamais que pour y revenir. Il garde, invariable, tout ce qui lui vient de ses pères, l'habit, les mœurs, la langue, et son grand nom surtout : *Romains!* Noblesse bien prouvée. Leur langue est toute latine[1]. Le laborieux génie des patientes légions qui ont couvert le monde de leurs travaux revit dans cette grande colonie de l'Empire. Le colon italien a épousé la fille et la sœur du Danube ; mais c'est le premier élément qui domine dans ce mélange. Si le Valaque n'a pas l'élan, la *furia* hongroise, il a la fixité, l'opiniâtreté des légions antiques. C'est un proverbe roumain (digne de Rome) : « Donnez, jusqu'à la mort! — *Dâ, pe moarte.* »

Les souffrances inouïes de ce peuple, les durs et brusques changements surtout qui ont troublé sa destinée, n'ont guère permis à sa poésie de prendre l'essor. Pour art, il a eu ses soupirs, des mélodies touchantes et d'un charme mélancolique. Comme tout peuple d'origine italienne, il est sensible à la couleur.

---

[1] Ce sont visiblement les frères de l'Italie et de la France. Une conformité qui étonne, c'est que plusieurs des mois valaques ont des noms analogues à ceux de notre calendrier républicain. Mai s'appelle, chez eux, *florial;* octobre, *brumarchi* ou le petit brumaire ; novembre, *brumaru* ou le grand brumaire.

Les églises, surtout chez les Valaques transylvains, sont toutes peintes de la main des peintres paysans. Leurs lits sont peints, leurs selles et le joug de leurs buffles le sont également. Le coffre que la femme apporte au mariage, l'élégante tunique qu'elle brode elle-même, offrent dans leurs ornements peints la plus frappante ressemblance avec les plus anciennes mosaïques romaines.

Leurs danses sont romaines aussi, et leurs jeux ceux de l'antiquité. C'est un peuple élégant, d'élocution facile, et qui parle à merveille. Nulle différence d'idiome du paysan au lettré; à vrai dire, c'est comme en Italie, il n'y a pas de peuple, ou, si l'on veut qu'il y en ait, l'élégance et la distinction se trouvent surtout dans les campagnes. Un de mes amis, né Français, Hongrois de cœur, nullement suspect de partialité pour les Valaques, trouvait chez eux (dans la Transylvanie) je ne sais quoi des bergers de Virgile.

Leurs mœurs sont très-faciles et trop peut-être. Cela est vrai, du moins, des villes, spécialement des capitales, mélange d'étrangers corrompus. Il n'y a pas de meilleur peuple, à cela près, ni plus aimable, ne se plaignant jamais, remerciant toujours, quoi qu'on fasse pour eux. La douceur, la tendresse du cœur valaque, se révèlent en leur langue, pleine de diminutifs gracieux, caressants. Elles sont plus sensibles encore dans leurs actes et leur vie habituelle. Il se commet infiniment peu de crimes en Roumanie, et la peine de mort a pu y être abolie depuis longtemps. Jamais, tant qu'elle fut appliquée, on ne pouvait trouver de bourreau dans le peuple; on appelait des étrangers.

Leur aimable hospitalité accueille, cherche, prévient l'inconnu. Dans plusieurs des contrées valaques, ils ont la touchante coutume de déposer au bord des routes des vases remplis d'eau pour le voyageur qui pourrait passer. Entrez dans cette cabane. Une belle femme qui filait vient au-devant de vous, elle vous salue gracieusement dans son charmant langage antique. Elle quitte tout, s'empresse, vous reçoit comme aurait fait une fille, une sœur, au frère bien-aimé de retour. Elle court à la fontaine, et, selon les anciens usages, vous offre *apa n'inceputa*, l'eau pure à laquelle nulle main n'a touché. Vos mains lavées, elle jette dessus cette toile brillante de paillettes d'or qu'elle fit pour son mariage, pour en parer le cou de celui qu'elle aimait. Elle offre tout ce qu'elle a, sa meilleure crème, ses fruits réservés pour un fils absent : l'étranger est bien plus : c'est l'envoyé de Dieu.

« Ah! si mon mari était là, il vous mettrait dans votre route; il serait votre guide. Il est bien loin dans la montagne. — Pourquoi si loin? — Hélas! je ne l'aurais pas dit... Le propriétaire est bien dur; nous ne pouvons payer, si nous ne menons nos bestiaux paître au loin, parmi les rochers, dans les terrains sans maîtres... Et, par-dessus, le Cosaque est venu, il a volé nos foins : la pauvre vache, l'hiver, vivait d'écorce d'arbre... Ils ont tué nos bœufs; pour labourer, il a fallu nous atteler nous-mêmes. »

Trop douloureuse histoire, tant de fois renouvelée! fatalité pesante!... Le maître a pu changer, mais la misère jamais. Jadis d'innombrables troupeaux, des millions de moutons, de bœufs, passaient en tribut le Danube. Ils restent aujourd'hui dans le pays, mais pour le maître seul. Qu'y a gagné le paysan? L'ordre est entré dans l'administration, le fisc a mieux compté... mieux pressuré le laboureur. Un affreux proverbe valaque était celui-ci : pour le cultivateur qui n'a pu payer, le fisc mettait au registre : *Nous l'avons passé au piment.* Le malheureux, mis dans la cheminée au-dessus d'un réchaud allumé et couvert de piment, y restait vingt minutes. Devenu violet, hérissé, presque mort, on le tirait de là, on le prononçait insolvable, ou, pour dire comme le percepteur : *Secoué, tondu ras et tordu à sec.*

Telle est l'effroyable barbarie avec laquelle on a si longtemps traité le peuple le plus patient et le plus doux du monde.

Hommes de toute nation, de toute opinion, lisez la belle et noble proclamation de la révolution de Valachie en 1848; voyez la modération incroyable, la clémence dont elle fit preuve, les ménagements qu'elle garda pour tous; vos yeux, nous en sommes sûrs, n'iront pas jusqu'au bout sans s'obscurcir de larmes.

Et cette révolution si douce fut fortement fondée.

Elle est au cœur du peuple maintenant et n'en sortira plus. Elle a sa racine en ceci que, non-seulement la liberté lui fut donnée, mais la propriété : *la terre au paysan*, une pièce de terre suffisante pour sa famille. Dans une contrée, inculte encore en grande partie, on peut donner à tous sans ôter à personne.

Ces immenses prairies désertes qui surprennent le voyageur de leur incroyable richesse, de la variété d'un prodigieux tapis de fleurs, sont le seul pays en Europe qui rappelle la grandeur des sites américains. Des migrations nombreuses pourraient s'y faire, sans passer l'Océan; des peuples viendraient s'y asseoir, et il y aurait place encore. L'homme seul, la barbarie des guerres, le cruel calcul des tyrans, ont pu y créer le désert, y rendre inutile, sans la décourager pourtant, la maternelle bonté de la nature.

III

LA RÉVOLUTION VALAQUE DE 1848

C'était le 18 juin 1848. Madame Rosetti était dans les douleurs d'un premier enfantement. Son mari, au pied de son lit, attendait, plein d'anxiété, d'impatience ; il regardait sa montre. Sa femme savait pourquoi : à six heures devait se faire le premier pas de la révolution.

Rosetti devait accompagner deux amis qui partaient pour soulever le pays. La patrie l'appelait. Il était retenu par les cris de sa femme. Non moins inquiète du retard, elle voulait puissamment qu'il fût libre. Il le fut. L'enfant était né ! « Dieu merci !... Embrasse-le, et pars ! » telles furent ses premières paroles ; elle sourit de bonheur, quoique le premier baiser qu'elle reçut comme mère fût un baiser d'adieu.

Fixée au lit, dans ce moment de trouble, immobile et ne pouvant rien, elle souffrait beaucoup et se taisait. Elle n'était pas seule, et ne pouvait pas même suivre son mari en esprit. Sa chambre était ouverte, les visites arrivaient ; de compatissantes amies venaient curieusement, regardaient, observaient. Cette chambre, cet appartement, c'était, on ne l'ignorait pas, le vrai foyer du mouvement, c'était la France à Bucharest, et la France de Février. Les actes de Paris, ses brûlantes paroles avaient eu leur écho dans le salon de Rosetti. Cette naissance même et ce berceau effrayaient comme augure : l'enfant, cette Liby qui semblait innocente, fallait-il s'y fier ? N'était-ce pas la révolution ?

La tyrannie avait un œil ouvert sur madame Rosetti, un espion dans sa chambre, qui ne la quittait pas. Dans ces moments d'un premier accouchement, où la jeune femme aurait besoin des soins et des bras maternels, une étrangère la soignait, mais pour la dénoncer. Pas un mouvement, pas un soupir, qui ne fût noté : une femme s'échappait par moments et courait dire à la princesse ce qu'elle avait ou vu ou soupçonné.

La révolution éclata à Bucharest le 23 juin, la veille même du jour où celle de Paris périt étouffée dans le sang, — périt, et non pas seule ! Les libertés renaissantes de toutes les nations de l'Europe en reçurent l'affreux contre-coup !

Le 22 avait été un jour brûlant, d'excessive chaleur. La nuit, l'accouchée, dans son lit, entendait d'étranges bruits, des clameurs et des sifflements, des décharges lointaines, sans savoir si c'était l'orage ou la révolution. Tout à coup les fenêtres s'ouvrent à grand bruit ; les vitres se brisent, les rideaux volent. La mère, saisie, serre son enfant. Une trombe avait rasé la ville, le grand souffle de Dieu ! les âmes des ancêtres ? ou celle de la patrie nouvelle ? La Roumanie naissait dans les tempêtes.

Un matin, une dame, une amie véritable, trop instruite de la vérité, entre et dit : « Rosetti devrait bien se cacher. » Un bruit d'armes, d'éperons, se fait bientôt entendre. Un ami entre, pâle : « Rosetti est arrêté ! » A ce coup, elle ne fit paraître aucune émotion ; elle serra, croisa ses deux mains sous sa couverture. On lui apporte à boire ; elle boit lentement. Ceux qui l'observaient n'aperçurent nul trouble, nul signe de crainte.

Elle se contint ainsi tant qu'elle eut des témoins suspects. Le soir, deux serviteurs entrèrent, vieilles gens attachés dès longtemps à la maison des Rosetti : un Albanais, une vieille nourrice. Ils regardèrent, avec des yeux pleins de larmes, le portrait de la mère de Rosetti, morte naguère ; l'accouchée avait mis ce portrait au pied de son lit, pour la voir pendant ses douleurs et s'encourager de cette vue. — « Ah! que Dieu a bien fait, disaient-ils, de prendre avec lui notre bonne dame, avant qu'elle ait vu de telles choses! » A ces paroles touchantes, madame Rosetti ne put plus résister... son cœur s'ouvrit ; des larmes abondantes lui vinrent, la soulagèrent, après ce grand effort.

La révolution eut lieu, on le sait, par le bon cœur du peuple, qui ne put laisser dans les fers ceux qui s'étaient risqués pour lui. Il força les prisons. Voilà Rosetti libre ; il revenait chez lui, rassurer, consoler sa femme. Un homme tout défait l'arrête dans la rue ; c'est le gendre du prince : « Sauvez le prince, dit-il, le peuple menace sa vie. » Rosetti, au fond du palais, le trouve pâle et tremblant, prêt à faire, à dire, à signer tout ce qu'on lui présente. Il signe, et de grand cœur, l'acte des libertés du peuple. Il prend pour ses ministres les hommes de la révolution.

Mais la peur succède à la peur. Le consul de Russie lui montre les armées du czar qui vont fondre sur lui. Il veut fuir, il abdique. « Les portes sont ouvertes, dit Rosetti, c'est moi qui vous sauverai. » Le jour même, en effet, à travers un peuple frémissant, Rosetti l'emmenait en voiture. Le soir encore, il fit partir le ministre détesté du prince, plus haï que son maître. Mais, cette fois, le peuple était furieux ; on ne pouvait le payer de paroles : « Qui l'a sauvé ? qui l'a sauvé ! » C'était le cri général qui courait partout : « Trahison ! » Rosetti paraît au balcon, et dit froidement : « Qui l'a sauvé?... C'est moi! » Il y eut un moment de silence. Puis, un tonnerre d'applaudissements s'éleva de la place ; le peuple fut reconnaissant de trouver en son chef sa pensée véritable, sa meilleure volonté, obscurcie un moment par la vengeance et la fureur.

Il avait bien gagné cette fois de revoir sa famille, l'enfant, la jeune mère, cette femme courageuse, adorée. Il traversa les rues, pleines d'une population attendrie, sous une pluie de bénédictions et de fleurs. Les fleurs sont rares à Bucharest. Chacun n'en a que ce qu'il cultive à sa fenêtre. Une femme, transportée, réunit son jardin en une seule couronne aux trois couleurs françaises et l'offrit à Rosetti : « Tiens, dit-il en la déposant sur le lit de sa femme; toi aussi tu l'as méritée. »

IV

LA TRAHISON

La voilà née, cette révolution brillante et pure !
Mais combien en péril ! L'ennemi de toutes parts...
Les Turcs, les Russes, les Autrichiens, ne vont-ils pas
s'abattre sur ce pays infortuné, sans défense naturelle,
sans forteresses, tant de fois ouvert à l'ennemi !... Où
est la France ? Ah ! la France est bien loin... Elle-
même se cherche, après les affreux jours de Juin, et
elle ne peut plus se trouver.

Pendant que la révolution valaque regarde d'où
viendra l'ennemi, elle l'a en elle-même. Une réaction
militaire se fait dans Bucharest, sur le faux bruit de
l'arrivée des Russes. Le gouvernement entre ces deux
périls, se retire aux montagnes, seules forteresses où

l'on puisse tenir. Heureusement le peuple ne l'entend pas ainsi. Perdre en un jour toutes ses espérances, ses lois nouvelles et les hommes qu'il aime !... Sans chef, il prend les armes; d'un rapide effort il renverse la réaction russe et les amis de l'étranger. C'était le 12 juillet; madame Rosetti, qui n'avait pu suivre son mari, qui écoutait, dans une extrême anxiété, les bruits terribles qui remplissaient la ville, entend avec transport les cris vainqueurs du peuple. Elle fait venir une voiture, ne marchant pas encore, elle prend Liby dans ses bras et se lance dans cet océan d'hommes armés. Une foule compacte ne permettait pas d'arriver au palais. Un des plus jeunes chefs, Bratiano le jeune, haranguait au balcon. La voiture est saluée, entourée, assiégée, presque écrasée. Madame Rosetti se fait donner des ciseaux, et découpe, pour toute la foule, la précieuse écharpe bleue, or et rouge, que son mari porta aux premiers jours de la révolution, qu'elle avait serrée jusque-là et réservée pour ses enfants.

Moment sublime d'héroïque fraternité, d'une joie grave et non sans ombre !... On voyait l'avenir. L'ennemi arrivait tout à l'heure. Cette femme qui apportait son enfant, elle-même, à la patrie, elle eût voulu donner des armes, et elle n'avait qu'un drapeau à donner, un drapeau coupé entre tous; elle en distribuait les fragments, comme on jette des fleurs aux martyrs. . . . .
. . . .

Un spectacle inouï s'offrait aux regards. Ce n'était pas seulement Bucharest et la ville ; les campagnes tout entières avaient avidement saisi la délivrance. La liberté y fut, non-seulement adoptée, mais comprise. Les adresses innombrables, les discours, les observations que les paysans transmirent au gouvernement, et que peut-être on publiera un jour, témoignent de la vive intelligence de ce peuple longtemps dédaigné, de sa naïve sagesse. Un fond admirable de vie subsistait sous l'oppression, cachée par l'excès des misères. Tout cela s'éveille un matin. Le pays tout entier se met en mouvement. Des lieux les plus sauvages apparaissent des foules. On eût dit que les pierres, tout à coup debout, animées, s'étaient changées en hommes. Un déluge vivant descendait au midi vers Bucharest et le Danube.

La Russie, très-bien informée, ne jugea point à propos de hasarder ses troupes. Un peuple en ces moments, fût-il sans armes, est une force énorme, une puissance illimitée, comme celles de la nature. On employa la trahison.

Et d'abord, on cacha la main de la Russie. Nulle part l'uniforme détesté n'apparut. Les Cosaques, la lance en arrêt, restèrent à la frontière. On fit entrer les Turcs. L'armée turque vint, mais en amie ; elle avança, négociant, demandant qu'on effaçât telle chose de la constitution, qu'on ajoutât telle autre. Dans cette armée, près de ses chefs, et pour les surveiller, se trouvait le vrai chef qui menait tout, le général russe Duhamel, le tyran naguère de la Valachie.

La plaine de Bucharest offrait un spectacle extraordinaire. D'un côté, l'armée turque, suspendue sur la ville comme un nuage sombre, qui ne laisse pas voir ce qui est dans ces flancs. Est-ce la grêle, ou la pluie fécondante? D'autre part, cent cinquante mille Valaques couvraient la plaine, grand peuple, qui venait, plein de confiance, s'entendre avec ses magistrats, et baiser les pieds de la Liberté. Sa statue colossale ornait la grande place. Ils voyaient les Turcs de bon œil, comme amis, comme défenseurs. Ces amis, en effet, veulent voir de plus près les chefs du peuple, Rosetti et les autres, aviser avec eux sur ce qui est à faire : on les prie de venir au camp. Ils y vont, et la réception fraternelle qu'ils y trouvent, c'est de se voir enveloppés d'un triple rang de baïonnettes. Le Russe, assis près du pacha, leur indiquait assez qu'ils étaient tombés dans la toile de l'horrible araignée du Nord.

A ce moment, madame Rosetti, sa Liby dans les bras, avec les dames de la ville, était au milieu de la plaine ; elle distribuait du pain aux paysans. Ce peuple immense, qui campait là, souffrait beaucoup et du défaut de vivres et du froid des nuits, bivouaquant sous le ciel dans cette saison déjà froide aux plaines du Danube (25 septembre). N'importe, ils restaient là, avec une patience admirable. Leur instinct leur disait qu'ils devaient, à tout prix, veiller, défendre peut-être leurs libertés naissantes.

Un violent tumulte s'élève, la foule tourbillonne, plusieurs arrachent leurs bonnets, leurs cheveux. Trahison! Ils voyaient au loin de toutes parts les escadrons des Turcs qui marchaient sur la ville, pour entrer par toutes ses portes. Elle aussi, elle veut rentrer, donner l'alarme; un cavalier turc l'en empêche, arrête ses chevaux; elle montre Liby; le Turc lâche les rênes. Elle rentre, elle crie, elle appelle ses femmes ; déposant son enfant chez elle, à la garde de Dieu, elle veut courir seule au palais du gouvernement. Les Turcs étaient déjà partout; des scènes hideuses de pillage se voyaient à chaque maison. Un ami la rencontre, l'arrête : « Où courez-vous? Les membres du gouvernement qui restaient ont eux-mêmes empêché le peuple de combattre... » Malgré cette défense, le corps des pompiers de Bucharest refusa de se rendre; une heure entière, cent cinquante hommes tinrent contre douze mille; ils tuèrent une foule de Turcs, et, périssant eux-mêmes, sanctifièrent leur jeune drapeau de leur sang.

La position de ces misérables pillards n'était nullement sûre dans Bucharest. Il y avait toujours là, à la porte, un grand peuple indigné et sombre, qui ne s'en allait pas. Le lendemain de l'invasion, un homme colossal entre chez madame Rosetti, malgré ses domestiques. Ce géant, les bras nus, ceint de l'écharpe des

Valaques, s'était signalé dans les combats. « Madame, lui dit-il, laissez-nous faire; nous avons enterré des armes et des drapeaux; nous sommes deux mille hommes bien résolus; nous tomberons sur le camp; nous les délivrerons. » Mais elle recevait en même temps, par le consul anglais, la parole du commandant turc, qui affirmait que, sous trois jours, ils seraient délivrés.

Au troisième, on ne peut les délivrer encore. Mais demain, à midi, ils partiront pour la frontière hongroise avec des passe-ports et une escorte pour qu'ils n'aient rien à craindre des surprises des Russes. Le matin, bien avant midi, elle retourne au camp... Plus de camp, plus de tentes, tout a disparu par enchantement; la place est vide et la plaine déserte. Une sentinelle turque était là seule, et sans rien dire, de la pointe de sa baïonnette derrière l'épaule, montra le chemin de Turquie, le midi et non l'est. Ce fut un trait de lumière; elle comprit, malgré tous les amis, malgré les assurances renouvelées du consul anglais, qu'on ne les menait pas à la frontière hongroise, mais bien vers le Danube, que la Russie défendait aux Turcs de tenir leur parole, et les constituait geôliers de ses ennemis.

Tout le jour, elle achève à la hâte la vente de ce qu'elle a de précieux, reçoit des dons, des pleurs de ses amies. Elle quitte, pour toujours, cette maison aimée, ce cher foyer de la famille, qui fut celui des libertés d'un peuple. Elle s'en va, le soir, n'emportant rien que ses habits, un manteau pour couvrir son enfant ; de longtemps elle ne devait, dans la poursuite de ses chers prisonniers, habiter sous un toit. Liby, si jeune, pour maison, pour berceau, n'eut que le manteau de sa mère.

V

MADAME ROSETTI POURSUIT ET REJOINT LES PRISONNIERS.

Un seul homme l'accompagnait, et c'était un danger de plus. Elle emmenait, déguisé, avec elle un proscrit qu'on cherchait partout, celui en qui on redoutait l'esprit le plus rare chez ces races, la fixe volonté; celui qui, dans sa tête sombre, sous sa forêt de cheveux noirs, couve, toujours silencieux, la résolution immuable, l'inextinguible flamme, témoin vivant des origines romaines de ce peuple. — C'est l'aîné des Bratiano.

Il la quitte bientôt, sentant combien sa tête, si connue et si cruellement poursuivie, aurait aggravé son péril.

Donc seule, la nuit entière, sous une violente pluie, elle alla, navigua à travers les steppes inondés et sans route. Les cataractes du ciel s'étaient ouvertes; le sauvage Danube, soulevé en nuées, retombait en torrents. La nature semblait faire la guerre à cette pauvre femme errante, à l'enfant innocent. — En réalité, elle les servait. — Cette pluie protégeait le voyage; on ne rencontrait personne ; on n'eût pas soupçonné l'invasion de deux armées barbares ; les plus barbares, les Russes, étaient entrés !

L'émotion, le froid, la fatigue, avaient tari son sein. Liby criait; ses cris navraient sa mère. On change de chevaux à une misérable cabane ; une paysanne en sort : « Eh! madame, donnez-moi l'enfant, il prendra de mon lait. » Douce consolation! de trouver au désert, dans cette nuit glacée où le ciel semblait impitoyable, l'aimable hospitalité, la chaleur du cœur maternel!

Au matin, elle voit enfin le fleuve immense, et au delà la rive, une petite ville turque. Son cœur ne l'avait pas trompée. Un bateau de guerre était à l'ancre, au milieu du Danube, et contenait les prisonniers[1]. Un homme était sur le rivage; elle s'adresse à lui; c'était, par grand bonheur, le médecin du chef turc

---

[1] Ce bateau, arche sainte du naufrage d'un peuple, contenait son gouvernement, sa littérature (en partie), son âme et sa pensée, espérons-le, son avenir !... des politiques, des historiens, des professeurs, des magistrats, des poëtes, des économistes, etc. : Aristra, Balcesco, Boliac, Balintiniano, Jean Bratiano, trois Golesco, Grandistiano, Jonesco, Ipatesco, Inagoveno, Rosetti, Voinesco, Zane.

de la ville voisine. Par lui, elle demande à partager la captivité de son mari. Demande refusée, heureusement : enfermée avec eux, elle n'aurait guère pu les servir. Elle les verra seulement. Une barque était là, avec sept Turcs, qui pouvaient mener au bateau. Trompée par les Turcs tant de fois, elle avait sujet d'hésiter. N'était-ce pas un leurre, une cruelle dérision ? Ces Turcs, barbares et corrompus, respecteraient-ils la jeune femme qui venait seule à eux ? Loin du rivage et de l'autorité, ne se feraient-ils pas un jeu du plus cruel des attentats ? Elle ne s'arrêta à nulle de ces idées ; elle mit Liby sur sa poitrine ; armée d'elle et cuirassée d'elle, forte de son enfant, elle se mit hardiment dans la barque, et elle n'y trouva que respect.

Elle est enfin sur le ponton, elle voit ses amis ; elle met son enfant dans les bras de son père ; elle donne à tous les proscrits des nouvelles des leurs, une ligne à chacun, des messages d'affection. Rien n'était plus misérable que leur situation : nourris de quelques oignons secs et de biscuit de mer, couchant sur les boulets, mal abrités de l'air, presque sans vêtements (ils étaient tels que la trahison les avait trouvés au camp des Turcs) ; plusieurs ont gardé des douleurs, des maux de poitrine, dont rien n'a pu jusqu'ici les guérir[1].

[1] L'un d'eux et des plus regrettables, M. Balcesco, n'a plus fait que languir. Nous venons de le perdre. C'était un érudit de pre-

On les menait vers Orsova, première ville de l'empire d'Autriche, où les Turcs assuraient qu'ils seraient délivrés. Madame Rosetti les devance. Elle les y attend. Mais quelle longue attente ! Cette traversée de trente-six heures, ils la firent en trois semaines. Remorqués contre le courant par des hommes à pied, ils avançaient à peine. Parfois on s'arrêtait tout un jour au milieu du fleuve. Ce retard étonnant ne s'explique que par une chose. La Porte négociait à Pétersbourg ; peut-être alléguait-elle la parole donnée ; on attendait des ordres, ce que déciderait la clémence connue de la Russie.

Dans ce retard si long, madame Rosetti se consumait d'impatience, formant mille vains projets, les yeux attachés tristement sur ce grand fleuve indifférent, qui roulait et roulait toujours sans lui rien apporter de ce qu'elle brûlait de savoir. Elle eut pourtant une consolation : un ami dévoué vint la rejoindre, un Hongrois, mais Roumain de cœur, un héros d'amitié. Rosenthal, artiste distingué, avait improvisé à Bucha-

---

mier ordre, et pourtant un esprit pratique, très-net, très-lumineux. Il eût été le grand historien de son pays, et sans nul doute un de ses chefs les plus sages. Je ne connais rien de meilleur jusqu'ici sur ce sujet, rien de plus instructif, que sa brochure intitulée : *Question économique des principautés danubiennes*, chez Charpentier, Palais-Royal (galerie d'Orléans). Ce petit livre fut écrit en 1850, et dans l'hypothèse où le pays ne pourrait s'affranchir qu'avec l'aide de la Porte. La question est montrée de profil, mais avec une rare netteté.

rest la Liberté qu'adora tout un peuple. Fugitive dans son plus touchant symbole, dans Liby et sa mère, la Liberté trouva en Rosenthal un compagnon fidèle.

Puisse ce souvenir fonder l'alliance nouvelle entre les deux grands peuples qui pour un moment se sont méconnus! Ce cher trésor de la patrie roumaine eut pour défenseur un Hongrois.

Un jour, assis sur une pierre, le fleuve sous les yeux : « Que ferez-vous? dit Rosenthal à son amie rêveuse. — Je les suivrai partout, et je partagerai leur sort. — Mais quoi! un tel voyage pour une faible femme qui allaite un enfant, à travers ces pays barbares, ces routes dangereuses! » Il énuméra les raisons par lesquelles on pouvait combattre son projet, et la trouva inébranlable. « Je pensais comme vous, dit-il, mais j'ai voulu vous éprouver. Et moi aussi, je vous suivrai partout. »

Rare, touchante fidélité d'une amitié si pure! Ce frère et cette sœur, unis de cœur, dans un tel dévouement, qui les séparera dans l'avenir[1]?

Ils n'attendent plus. Ils partent, louent une petite

---

[1] L'infortuné a sauvé ses amis, mais pour tomber plus tard lui-même dans les mains de l'Autriche. Il s'est tué, ou on l'a tué. Ce Hongrois, ce Valaque... ah! disons aussi ce Français, est un deuil commun pour trois peuples. Un excellent tableau reste de lui, d'une jeunesse, d'un charme incroyables ; il représente la Roumanie dans le champ de la Liberté, où cent mille hommes entouraient la tribune.

barque, se lancent sur le grand fleuve. Ils rencontrent bientôt un bateau à vapeur. Le capitaine illyrien leur témoigne un vif intérêt, il a rencontré les prisonniers la veille, il les a vus passer près de Vidin. Demain, probablement, ils quitteront les pontons pour franchir la Porte de Fer, ce dangereux passage du Danube; ils passeront à Sem, et sans doute on pourra les voir. Madame Rosetti obtient sur le bateau quelques habits valaques; elle se déguise en paysanne pour approcher plus aisément. Sous ce costume, qui garantissait mieux des froids brouillards d'octobre dont le fleuve se couvre au matin, glacée, mais non de cœur, serrant son enfant dans ses bras, elle fuit la rive turque, les yeux fixés sur une forteresse qui la domine au loin. Quoique à grande distance, elle voit, elle distingue les prisonniers qu'on fait monter au fort.

Les forteresses turques sont misérables, et leurs garnisons encore plus. Ce sont de vieux logis croulants et délabrés qu'habitent des fantômes. Leurs tristes gardiens semblent les spectres d'un empire en ruine. « Ces forteresses, disait-elle, je les aurais prises moi seule. »

Elle rôdait autour, sans perdre de temps, s'enquérait, s'ingéniait. Enfin, elle fait si bien, qu'elle obtient de les voir. Elle monte. Ils étaient avertis, ils attendaient; tous étaient aux créneaux. Sa seule apparition semblait avoir changé leur fortune; ils se croyaient libres déjà, et criaient : « Vive la République ! »

Depuis longtemps sans communication, sans journaux, sans nouvelles, dans leur misérable prison flottante, ils avaient gardé leur espoir, leur sérénité même. Tout leur semblait parler de délivrance. Vrais enfants de la France, ils n'avaient pas le moindre doute qu'elle ne vînt à leur secours, ne traversât l'Europe, le monde, s'il l'eût fallu, pour les délivrer.

Combien plus de soleil virent-ils, d'azur au ciel, quand parmi eux s'assit cet ange d'espérance !

La scène était touchante, et personne n'y eût résisté. Le flegme des Turcs n'y tint pas. Ils se mirent tous de la partie, et la joie fut commune. L'un d'eux pleurait. La sombre forteresse humide où l'herbe croît au milieu des chambres avait pris comme un air de fête pour recevoir une telle femme, et elle s'illuminait de son regard.

« Comment vous faisiez-vous entendre de ces Turcs, de tant de populations qu'il vous a fallu traverser ? » A cette question que lui font ses amis, elle répond toujours : « Je n'en sais rien ; je parlais la langue que Dieu m'inspirait, et ils me comprenaient toujours. »

Qu'elle avait bien raison de dire qu'à elle seule elle aurait pris ces forts ! Celui-ci déjà s'était rendu, et elle y était maîtresse. Les Turcs lui offraient leur repas, la servaient, allant chercher du lait pour son enfant. Ces vieux soldats farouches, les voilà changés en nourrices ; ils s'emparent de l'enfant, le bercent, et Liby s'endort dans leurs bras.

VI

L'ÉVASION (OCTOBRE 1848)

La France, si malade en elle-même, était vivante au fond de ce fort turc; elle rayonnait sur le Danube dans le cœur de ces étrangers. Son secours attendu faisait leur joie. Les vents leur en parlaient. Et si un souffle de l'ouest venait jusqu'aux créneaux, ils allaient voir si ce n'était pas un bruit de nos armées en marche.

Leur confiance baissa malheureusement, quand un de ces Turcs, devenu leur ami, dit à l'oreille de madame Rosetti ce seul mot : *Bosnia*. Ils comprirent que la longue hésitation de la Porte était finie, qu'elle allait obéir aux Russes, enfermer les captifs dans un fort de Bosnie et les leur garder là.

Il faut donc se hâter, trouver dès demain, s'il se

peut, un moyen d'évasion. Ils conviennent que le lendemain, en passant devant Orsova, ville valaque de l'empire d'Autriche, au moment où les barques approchent du rivage, ils sauteront à terre, invoqueront le secours de la population valaque. Madame Rosetti les devance à Orsova, et elle apprend que la tentative échouerait. Le gouverneur autrichien de la ville est dévoué aux Russes; loin de favoriser l'évasion, il y mettrait obstacle; ressaisis, leur captivité n'en serait que plus dure et plus difficile à briser.

Comment les avertir? Madame Rosetti y parvint. Avec une présence d'esprit admirable, quand elle les vit tous sur les ponts de leurs barques, déjà prêts à sauter, elle tend sa petite *Liberté* à son père et leur dit : « Ne la prenez pas avant que je ne vous la donne. » Ils comprirent et ne descendirent pas.

Ce n'était pas dans une ville comme Orsova, et sous l'œil des autorités, qu'une tentative pouvait réussir. Il fallait plutôt un village, une population simple et bonne de paysans valaques qu'on pût intéresser au sort de leurs compatriotes, animer, ameuter contre les Turcs. Madame Rosetti eut ce bonheur d'obtenir qu'ils feraient le voyage sur bateaux autrichiens, et seraient ainsi remorqués le long de la rive autrichienne, dont presque tous les villages sont valaques. Elle suivait par terre dans les rudes chariots du pays, qui ne sont autre chose que de simples troncs d'arbres, mal agencés ensemble. Souvent elle descendait, suivait à pied les bords très-hauts et escarpés, portant Liby, faisant des signes aux prisonniers et leur jetant des fleurs. Ils la voyaient d'en bas, leur chère libératrice, marcher, vive et gracieuse, dans son costume de jeune femme valaque; un simple fichu sur la tête retenait ses cheveux. Belle, brunie au soleil, sous cet habit de paysanne, sans autre éclat que celui de ses yeux étincelants d'esprit et de bonté, elle leur fit souvent l'effet d'un ange de Dieu, et ils n'étaient pas loin de lui faire des prières.

Je m'aperçois ici que je n'ai rien dit de la figure de madame Rosetti, de sa race, de sa naissance. Parfaitement Valaque de cœur, de volonté, de langue, fille d'un capitaine écossais, mais Française du côté maternel, elle est née à Guernesey. Nous la revendiquons comme Française et peut-être Bretonne d'origine. Elle a été élevée en France, plusieurs années en Provence, et vous la croiriez Provençale. Elle a épousé, en 1847, Rosetti, le charmant poëte, dont les chansons sont nationales dans la Roumanie.

Elle est petite et brune. Nez fin, mais point du tout classique; beaux cheveux bruns; beaux yeux veloutés et brillants. Dans les yeux, dans la bouche (qui est toute nature, toute éloquence et tout amour), une conciliation infinie, quelque chose à la fois d'attrayant et de ferme, beaucoup d'adresse et de prudence.

Ce caractère si fort, avec ce courage de lionne, semble faible en un point. Soit système, soit excès d'amour, elle dépend de tous les caprices de ses enfants, les endure et leur obéit jusqu'à extinction de ses forces.

Très-ferme en tout le reste. Le plus rare des courages, elle l'a eu, elle l'a. Personne ne porte avec plus de grâce la pauvreté démocratique. Personne ne sait mieux l'adoucir pour les siens. Admirable au jour du danger, elle ne l'est pas moins dans les longues épreuves de l'exil, dans ses tristesses et ses privations. Mais, près d'elle, qui les sentirait? Admirable mystère de la solidarité moderne! c'est près d'une étrangère, d'une fille adoptive de la Roumanie, que l'exilé roumain sent le mieux la patrie présente, son vivant génie, son foyer.

Revenons.

L'obstacle pour communiquer, c'était la quarantaine, sévère en ce pays. Tout ce qui a touché la rive turque est repoussé de l'autre rive. Un agent la suivait exprès, pour empêcher la communication. A une halte, séparée par une grille du pont qui menait aux bateaux, arrêtée par un officier autrichien qui gardait le pont, elle lui tend Liby : « Quoi! monsieur, songez donc que cette enfant veut embrasser son père!... Il y a si longtemps qu'elle ne l'a vu. » L'officier détourna la tête et ne résista plus : — « Madame, faites du moins que je ne vous voie pas. »

Elle gagnait ainsi tout le monde. Les règlements fléchissaient devant elle. Le lendemain, à midi, elle obtint qu'ils déjeuneraient ensemble. Un cavalier cependant arrivait en grande hâte, un officier turc envoyé par le gouverneur de la dernière forteresse où ils étaient entrés. Ordre de rebrousser chemin, de revenir au fort.

Tout le village était là cependant, qui regardait les prisonniers, un village de paysans valaques que madame Rosetti avait mis déjà dans les intérêts de leurs infortunés compatriotes. — Ceux-ci, encouragés par la sympathie visible des paysans, déclarent qu'ils ne retourneront pas. — L'officier turc, en comptant ses soldats, sent bien qu'il ne peut entreprendre de lutter contre tout un village; il va chercher de nouveaux ordres. — Les prisonniers, sans perdre de temps, jettent leurs habits sur leurs bras, et se mettent à marcher, du pas dont vont des hommes qui courent après leur liberté. Les Turcs, ne pouvant mieux, s'efforcent de les suivre. Ce n'était pas sans peine : ils allaient à pied aussi vite que madame Rosetti en voiture. Elle avait pris du vin en route, et leur en donnait à chaque halte. Les Turcs aussi, quoique inquiets d'un voyage qui semblait une fuite, se consolaient en buvant tout le long de la route; ils étaient, après tout, sur la rive chrétienne et se sentaient plus libres des prescriptions de Mahomet.

Le soir, on arriva ainsi à Sfenitza. Madame Rosetti, qui était en avant, avait fait préparer un grand repas, force vin et café, liqueurs. Les Turcs, déjà troublés par ce qu'ils ont bu tout le jour, viennent enterrer là tout ce qui leur reste de raison. Ils fument, ils tombent de sommeil. L'un d'eux, n'y pouvant résister, eut soin de dire aux prisonniers : « Songez bien à ne pas partir sans m'avoir éveillé. »

Dans cette quiétude profonde, les Turcs sont troublés tout à coup. Entrent le maire et le curé, une foule d'habitants du village qu'amène madame Rosetti. — « Où sont vos passe-ports? leur dit le maire. En avez-vous? Comment osez-vous bien venir en armes sur les terres de Sa Majesté l'empereur? » Les pauvres Turcs ne savent que répondre. Les rôles sont changés: ce sont eux qui sont prisonniers. Ils négocient pour qu'on les laisse libres.

VII

LA FUITE A TRAVERS TROIS PEUPLES EN ARMES. — ARRIVÉE A VIENNE

Il était minuit, et cinq chariots attendaient à la porte. Madame Rosetti, son ami, le Hongrois, assistaient à l'explication. Mais déjà les prisonniers, montés en chariots, couraient joyeusement la campagne. Elle couvrit ainsi la retraite, et ne tarda pas à les rejoindre.

Vingt heures de suite, pour leur premier trajet, ils roulèrent dans ces rudes chariots de troncs d'arbres. Bien souvent il fallait descendre. La route suit le bord du Danube; elle surplombe à chaque instant l'abîme, rien de plus dangereux. La pauvre femme allait toujours, chargée de son enfant; il ne connaissait, ne voulait que les bras de sa mère. Les forces lui manquaient. Son mari ne pouvait l'aider qu'en la soutenant quelque peu, et lui soulevant les bras.

Au village où ils descendirent, une seule cabane restait, une misérable hutte, seul débris qu'avait épargné la lutte des Hongrois et des Serbes. C'était la partie la plus dangereuse du voyage qui leur restait à faire. La guerre la plus sauvage, une guerre implacable de races, désolait ces contrées. Chaque parti, acharné, allait à la chasse de l'autre. On tuait sans pitié tous ceux qui ne pouvaient prouver sur-le-champ qu'ils étaient du même parti. Nos fugitifs avaient tout à craindre; ni les Slaves ni les Hongrois n'étaient pour eux; les Valaques même, parfois, se montrèrent ennemis, les croyant des boyards, des grands seigneurs qui fuyaient Bucharest; ils se figuraient voir en eux les tyrans chassés de la Valachie.

Guerre affreuse! guerre déplorable! fruit horrible de l'aveuglement, des mensonges perfides qu'avaient semés les Russes!... Leurs intérêts, à tous ces peuples, étaient généralement les même, et ils se croyaient ennemis!... Les Hongrois même, s'ils perdaient une partie de leur domination, gagnaient, ce qui vaut bien plus, la consolidation définitive des libertés hongroises et l'abaissement de l'Autriche.

Dans les trois camps, hongrois, slave et valaque, nous avions des amis... J'y songe avec horreur! Tels qui étaient les miens, mes élèves et presque mes fils, pouvaient, dans ces rencontres aveugles, en tuer d'autres, non moins amis pour moi. Aux camps hongrois, aux camps valaques ou slaves, les écoles de Paris étaient représentées. De quelque côté qu'on tuât, Paris devait pleurer, et le deuil était pour la France.

Tout le long de la route passaient des gens armés. La nuit, d'horribles cris en toutes langues. Des morts dans les fossés. Des villages déserts et des maisons à demi brûlées. De moment en moment, des objets de pillage, non enlevés, mais sabrés en menus morceaux, et comme déchiquetés avec fureur, de sorte que personne ne pût en profiter.

Dans le Banat, de temps à autre, des piquets de cavalerie arrêtaient la petite caravane. Elle fut ainsi, une fois, arrêtée et menée dans un camp serbe, au moment même où l'on voyait en face, sur de hautes collines, un fort parti de cavaliers hongrois qui semblaient tout près de descendre. Le combat ne pouvait tarder.

« Qu'on me mène, dit-elle, devant le général. — Madame, il dîne. » — A force d'instances, elle est introduite dans la tente, seule devant tous ces officiers. — « Général, nous ne pouvons rester ici, au moment où l'on va se battre. »

Le général fait introduire son mari, ses amis, les reçoit poliment, leur offre le café. L'un d'eux, oubliant le danger, entamait avec le chef serbe une conversation politique. Madame Rosetti, inquiète des lenteurs, peut-être calculées, de ce chef, se saisit des passe-ports qu'elle aperçoit sur une table, prend la plume, la lui met en main : « Signez, général, » lui dit-elle. Il signe. Elle les distribue.

Au dernier, qui était celui de madame Rosetti, et qui portait aussi son nom de famille (Grant) : « Une Anglaise! » s'écrie-t-il. Il ne pouvait le croire. Et, en effet, elle est bien peu Anglaise. Tout en elle semblerait plutôt d'une femme du Midi.

Ils purent donc continuer leur voyage; ils allaient, à travers la guerre, à travers mille dangers. Les insurgés pouvaient les égorger. Le gouvernement autrichien pouvait les arrêter. N'était-il pas averti par les Turcs ou les Russes de leur évasion? A Panchova, près de Semlin, madame Rosetti se hasarda d'aller à cette ville et d'y prendre des informations. Là, le consul anglais et d'autres personnes obligeantes lui dirent qu'ils avaient tout à craindre, que le consul russe ne manquerait pas de les faire arrêter. Sans retard ils se séparèrent; leur grand nombre les trahissait. La plupart, ils prirent place sur le bateau à vapeur qui remonte la Save. Toutes sortes de gens étaient sur ce bateau, de races, de langues, de partis, tous armés jusqu'aux dents, disputant sans pouvoir s'entendre sur les affaires du temps. A chaque instant, on tirait les poignards; d'autres, par jeu, tiraient des coups de pistolet.

Le plus singulier du voyage, c'est que sur le chemin, les proscrits, tout à leurs idées, n'étaient pas tellement occupés du danger qu'ils ne fissent de la propagande. Au camp serbe dont on a parlé, ils expliquaient au chef combien les Serbes, les Slaves en général, avaient travaillé contre eux-mêmes, en relevant l'empire d'Autriche, combien ils s'étaient placés dans une fausse position. Ce dernier mot fut senti à merveille, répété plusieurs fois. « Fausse, très-fausse, en effet. » disaient-ils. Du reste, ces idées étaient déjà au cœur des Serbes. Et la première chose qui frappa les Valaques, en entrant dans les murs désirés d'Agram, où ils croyaient trouver enfin quelque sécurité, ce fut l'arrestation de plusieurs officiers croates ou serbes que les Autrichiens faisaient au moment même. Ceux-ci en étaient déjà à mettre aux fers leurs défenseurs.

Plus lugubre encore fut leur entrée à Vienne. C'était le lendemain du bombardement. L'Autriche, victorieuse par la discorde insensée des trois peuples, venait, sur ces débris, ces ruines inégales et branlantes, de rétablir pour quelque temps le trône de sa caducité.

VIII

CE QU'EST DEVENUE LA ROUMANIE. — INVASIONS PÉRIODIQUES
DE LA RUSSIE

Nos fugitifs sont du moins en sûreté. Ils traversent l'Allemagne émue, frémissante, en deuil. Ils commencent à respirer. Non, disons plutôt à gémir. L'exil s'ouvre amer, infini, avec ses perspectives obscures, comme ces longues nuits d'hiver qui enveloppent le jour et n'ont pas de matin. C'était en effet l'entrée de l'hiver (novembre 1848).

« Voici la France pourtant, voici la flèche de Strasbourg. Voici encore le drapeau qui fut l'espoir des nations. Hélas! pourquoi est-il si pâle? Hier, teint du sang de la vigne, du brillant azur du ciel, on le voyait de six cents lieues. Aujourd'hui il a les teintes maladives de l'automne. L'orage a lavé ses couleurs? Ou bien, France, seraient-ce tes larmes sur le monde qui a cru en toi? »

Telles les pensées des exilés.

Plus exilé peut-être encore celui qui reste fixé au sol de son pays.

L'Occident, dans son égoïsme, a ignoré les calamités qui enveloppaient l'Orient. Les *sauterelles* dévorantes s'étaient abattues sur les champs de la Moldavie, de la Valachie. C'est de ce nom que les Roumains désignent les armées russes; armées affamées, mendiantes; où elles passent, rien ne reste. La spéculation cruelle des chefs sur la nourriture des soldats suffirait pour faire de ceux-ci d'épouvantables pillards, insatiables, et voleurs même après qu'ils sont repus. Une armée de cent mille hommes vole au moins pour trois cent mille. Des corps semblent organisés spécialement pour le vol; le Cosaque, jadis brigand héroïque, brigand poëte aux champs de l'Ukraine, est devenu sous les Russes un avide soldat de police, de douanes, contrebandier lui-même, brocanteur, marchand de dépouilles. Sur son laid petit cheval, d'intelligence avec lui, ses longues jambes pendantes jusqu'à terre, vous le rencontrez partout, son ballot en croupe, piquant de la lance la vache du pauvre paysan. A qui se plaindre? A qui pleurer? L'officier est philanthrope; il lit Lamartine ou Byron; mais que voulez-vous, mon pauvre homme? sachez que telle est justement l'institution de l'armée russe. Comment empêcherions-nous le Cosaque d'être Cosaque, le vautour d'être vautour ?

Telle est l'œuvre de l'Angleterre, telle est sa protection. C'est elle qui, décourageant le mouvement national de la Roumanie, la reliant à la Turquie incapable de la couvrir, l'ouvre en réalité aux Russes. C'est elle qui, par les lueurs fausses d'un patronage impuissant, tient ces contrées infortunées sous la fatalité d'un renouvellement éternel des captivités barbares.

Ce que les Tartares faisaient par l'instinct de la barbarie, la Russie le fait par un machiavélisme calculé. Tous les vingt ans, elle inonde le pays et le pousse au désespoir ; elle veut lui rendre désirable le suicide de sa nationalité. Ses agents ont beau jeu pour dire : « Réfugions-nous au grand empire ; devenons une province russe. »

Bonne occasion d'ailleurs de refaire l'armée et de la nourrir. Ses squelettes déguenillés viennent dans cette terre promise mettre de la chair sur leurs os.

Le pays serait trop riche, malgré la dureté excessive et l'énormité des tributs. Le paysan, de ses jeûnes, de ses souffrances volontaires, des privations de sa famille, améliore la terre à la longue, élève quelques bestiaux. On se hâte d'y mettre ordre. Dès que le pays refleurit un peu, descendent les affamés du Nord.

Ceux-ci procèdent à la spoliation totale, au complet déménagement. Alors la cabane se vide de tout ce qui peut s'emporter ; alors l'étable est démeublée ; alors tout grain disparaît, même celui des semences. Et le désespoir devient tel, qu'en 1832, sans l'action du gouvernement et les injonctions les plus fortes, la population (diminuée d'un quart en trois ans!) ne voulait plus labourer. Le pays eût été rendu à l'état des steppes tartares et cosaques ; il allait redevenir une grande prairie déserte.

Le pillard s'éloigne alors à regret, mais calcule qu'on va remettre le rustre au travail et lui préparer, pour un temps prochain, une fructueuse invasion.

Le fisc le veut, et le boyard le veut, le bâton est levé; il retombe donc au travail, le malheureux, ruiné, le dos mal cicatrisé des coups qu'il a reçus des Russes, trop souvent gardant, en sa famille outragée, une blessure moins guérissable! Les voilà tous au sillon. La femme noyée de larmes, malade, et qui sait? enceinte, remplace le bœuf de labour, tire avec l'homme à la charrue; le soir, couchés sur la terre froide, dans la hutte dépouillée, et soupant d'écorces d'arbres.

Que raconté-je? Le passé? Non, le présent même de juillet 1853. Cette grande *exécution* de la Roumanie, périodiquement saccagée, recommence en ce moment.

Populations charitables qui venez de verser sur le sort des nègres tant de larmes d'attendrissement, âmes sensibles, lectrices émues du bon *Oncle Tom*, n'avez-vous donc gardé aucune larme pour les blancs? Savez-vous bien qu'en Russie, en Roumanie, en général dans l'orient de l'Europe, il y a soixante millions d'hommes plus malheureux que les noirs?

Ce qui est sûr, c'est que ces blancs, infiniment plus développés, sentent d'autant mieux leur misère. La pièce la plus originale, la plus forte, la plus curieuse que la mémorable année 1848 ait donnée au monde, c'est l'enquête débattue entre les propriétaires valaques et les paysans. Aucun acte plus solennel, aucun qui ait pénétré plus avant dans les questions suprêmes auxquelles la société est suspendue. Ces paysans du Danube se montrèrent bien autrement forts de raison, d'éloquence même, que celui de la poésie. J'ose dire qu'en nul pays peut-être on n'eût trouvé à ce degré, chez les habitants des campagnes, cette noble séve primitive, cette vigueur de bon sens antique, et en même temps la logique droite, perçante et sans réplique, que les modernes se figurent leur appartenir en propre.

Mais ce qui est au-dessus, ce qui tirera des larmes à tous ceux qui ont un cœur, c'est la modération et la douceur de ces infortunés Valaques. Ils ne demandèrent que la moitié de ce qui, en 1790, avait été accordé au paysan de Moldavie, pays où la terre a infiniment plus de valeur.

Un boyard. Cette terre, avec quoi la payeras-tu?

Le paysan. Voyez-vous cette main noire et dure? Eh bien, c'est elle qui fait la richesse... L'argent ne vient pas du ciel.

Autre paysan. De l'argent? oh! il n'en manque pas;

il y en a pour vous en donner. L'État paye, le trésor paye. Qu'est-ce que le trésor? c'est nous, puisque nous le remplissons.

— Si le trésor ne peut payer, dit un autre, nous travaillerons. A tant de travaux perdus, nous ajouterons encore. De nos bras, comme d'une source, jailliront l'or et l'argent. Nous vous payerons votre sol; nous vendrions, s'il le fallait, jusqu'aux cendres sacrées du foyer. »

Ils disaient encore aux boyards : « Ne croyez pas qu'avec nous l'État manque jamais de forces : nous sommes là pour lui en donner ; nous ne le laisserons pas rougir devant les nations étrangères! »

Nobles et grandes paroles! et qui semblent bien modérées, quand on songe qu'à ce moment, maîtres de tout en réalité, ils demandaient à peine la concession élémentaire de l'Assemblée constituante de 89, en sa fameuse nuit du 4 août.

Que ferons-nous pour ces hommes, si dignes de notre intérêt? Que fera l'Occident?

Ce que veulent les gouvernements, je l'ignore; quant aux peuples, je le sais.

Ce qu'ils veulent, c'est le comfortable, — le comfortable : idée variable, indéfiniment élastique, qu'on va étendant toujours, et dont la poursuite remplit une vie soucieuse.

Ne leur demandez rien de plus, leur égoïsme sensible permet aux malheurs lointains d'arriver à leur oreille, de se faire écouter ; c'est tout, ils s'en tirent avec quelques larmes. Et cet exercice modéré de la sensibilité est une jouissance encore : « Ils jouissent de leurs larmes, » mot juste et fin du bon Homère.

« Si vous n'espérez rien de plus, pourquoi donc écrivez-vous? »

Pour moi, pour mon propre cœur.

Pour expiation de ce que dut faire la France de 1848, et de ce qu'elle n'a pas fait.

J'écris pour ceux qui errent, qui souffrent et attendent, pour ces ombres que je vois là-bas dans la mélancolie de Paris et dans les brouillards de Londres. Je leur envoie ce message vivifiant de la patrie.

Dans les lettres d'un des illustres exilés roumains d'Angleterre (lettres fortes, touchantes, religieuses), j'ai lu qu'au temps des Soliman, une fille de la Valachie, enlevée, vendue au sérail, devint maîtresse de son maître, sultane; elle n'en était pas moins souffrante, malade, et se mourait d'ennui. Les médecins avaient beau chercher ; nul remède à ce mal profond. La seule chose qui parfois relevât la fleur languissante, c'était l'eau de son ruisseau natal. Le sultan, par ses messagers, faisait venir l'eau précieuse. L'exilée y buvait la vie, la patrie, la force d'espérer.

RÉVOLUTION DU DANUBE

APPENDICE

APPENDICE

I

LANGUE ET LITTÉRATURE

La langue moldo-valaque est une langue toute latine, qui mérite, autant et plus que notre roman du moyen âge, le nom que portait celui-ci : *lingua romana rustica*.

C'est, très-probablement, avec peu de changements, un de ces anciens dialectes italiens des campagnes qu'on parlait sous l'Empire, et dont on a retrouvé quelques mots dans les inscriptions de l'Italie. Les colons de Trajan, établis en Dacie, ont emprunté très-peu aux langues barbares qui les environnaient. Ils ont gardé leur charmante langue virgilienne avec d'autant plus de fidélité, qu'elle répondait parfaitement à leurs habitudes agricoles et pastorales.

Si le grand poëte paysan du temps d'Auguste, l'homme timide, candide et rougissant, la *vierge aux longs cheveux*, si Virgile eût été maître de son sort et de sa langue, je crois qu'il n'aurait pas écrit dans la langue souveraine de Rome le chant où il a mis son cœur, les *Animaux malades*, du troisième livre des *Géorgiques;* il l'eût écrit dans la langue vaincue, celle des pauvres dépossédés par les proscriptions, celle des exilés, dans l'un des humbles dialectes qu'on parlait à Mantoue, aux Alpes, et plus tard au delà des Alpes, dans les lointaines colonies de Dacie.

Et pourquoi eût-il préféré ces langues de campagne? parce qu'elles ne sont pas entendues de l'homme seul, mais de toute la nature. Les *Animaux malades* auraient entendu le chant de Virgile et senti sa tendresse, dans le valaque ou l'italien.

Je veux dire l'italien, comme il dut être alors. Car cette langue s'est *urbanisée;* elle est devenue langue de cité et de places publiques. L'italien de Dacie, l'italien exilé, est resté, lui, une langue des champs, pour ainsi dire, commune au pasteur et à son troupeau. Le Valaque, courbé de fatigue, le cœur plein de chagrins, les confie du matin au soir à ses camarades de labour, à ses grands bœufs mélancoliques, et il en est parfaitement compris. Que dis-je? la plus sauvage, la plus indocile créature, le buffle, l'œil perdu dans les poils, n'en est pas moins sensible, quand l'homme aux tresses noires l'admoneste, le nomme de son nom, fait appel à son émulation, à ses sentiments d'honneur et d'amitié.

Ce peuple, si cruellement traité par l'homme, a réfugié son cœur dans la nature. Il l'aime toute, et sans choisir. Tout ce qui vit autour de lui, lui est cher et sacré. Et ce n'est pas seulement l'hirondelle du toit, la cigogne fidèle; le serpent même est bien reçu ; il devient aisément un hôte de la maison ; on ne lui refuse pas le lait des vaches; il partage avec les enfants. En revanche, il les aime, il aime ses hôtes, les flatte, les remercie à sa manière.

Un de nos amis, s'arrêtant chez une paysanne de Transylvanie, la trouva tout en larmes. Elle venait de perdre son fils, âgé de trois ans. « Nous avions remarqué, dit-elle, que tous les jours l'enfant prenait le pain de son déjeuner et s'absentait une bonne heure. Un jour, je le suivis et je vis, dans un buisson à côté de l'enfant, un grand serpent qui prenait sur ses genoux le pain qu'il avait apporté. Le lendemain, j'y conduis mon mari, qui, s'effrayant de voir ce serpent étranger, non domestique, et malfaisant peut-être, le tue d'un coup de hache. L'enfant arrive, et voit son ami mort. Désespéré, il retourne au logis en pleurant, et criant : *Pouia!* (c'est un mot de tendresse qu'on donne à tout ce qu'on aime, mot à mot, cher petit oiseau). *Pouia!* répétait-il sans cesse. Et rien ne put le consoler. Après cinq jours de larmes, il est mort en criant : *Pouia!* »

Cette sensibilité facile, étendue à toute la nature, avec laquelle naît le Valaque, a donné à sa langue un charme tout particulier. Je ne crois pas qu'elle ait la splendeur et le retentissant de l'italienne. C'est bien sa sœur, mais une sœur attendrie par le malheur et la souffrance. Tout comme elle, peut-être encore plus, elle a une foule de jolis diminutifs, affectueux et caressants, amoureux, enfantins. Mais ce qu'elle a de plus, ce semble, c'est qu'une larme lui tremble dans la voix, et sa parole est un soupir.

La fleur charmante que nous nommons très-prosaïquement le muguet, c'est *lacrimiore* en valaque, nom touchant et délicieux.

———

Dès l'ouverture du livre d'Alexandri, on est pris à la tête, au cœur, d'un étrange parfum, tout plein d'ivresse et de vertige.

On ne sait pourquoi, mais on pleure.

Mélancolie très-douce, pourtant, mélancolie légère... Le nuage n'est pas si épais, qu'un peu d'azur ne soit là-bas.

Voici un chant délicieux de Rosetti, universellement

chanté dans les villes, qui a aussi ce caractère. Je le tire de la *Transylvanie*, de De Gerando, où l'on trouvera aussi les vrais Valaques dans d'excellentes gravures.

Tu me disais un jour que jusqu'à la mort
Tu me conserverais tout ton amour...
Mais tu m'as oublié, tu as tout oublié.
Ainsi va le monde, ce n'est pas ta faute.

Tu mi diceai odate: Ah! al meu iubite,
Partea mea din ceriuri tie o voiu da.
Tu me disais un jour : « O mon bien-aimé !
Je veux te donner ma part de ciel. »
Toate sont uitate,
Tout est oublié.

Toate sont perdute,
Tout est perdu.
Asfel este veacul, nu e vina ta.
Ainsi va le siècle, ce n'est pas ta faute.

Scii quand versai lacremi[1]...
Tu sais quelles larmes tu versais quand, à mes yeux,
Tu disais : « O mon chéri ! je ne t'oublierai pas. »
Tu m'as oublié, je suis mort pour toi.
Le temps brise tout, ce n'est pas ta faute.

Te stringeam in brate[2]...
Je te serrais dans mes bras, et ta lèvre
Versait sur ma bouche une rosée céleste.
Mais bientôt elle a laissé échapper un venin...
Asfel ti este secsul...
Ainsi est fait ton sexe, ce n'est pas ta faute.

---

[1] Ces mots sont littéralement italiens : *sai quando versavi lagrime*.
[2] En italien : *ti stringeva in braccia...* où plus correctement *fra le braccia*.

Cinste si virtute amor si credinza,
Eri am giurai mie...
Honneur, vertu, amour et foi,
Tu me jurais hier... : aujourd'hui au premier venu.
Tu ne sais pas aimer, tu ne connais pas le repentir.
Ainsi est fait ton sexe, ce n'est pas ta faute.

L'or, la vanité, ont banni l'amour de ton cœur,
Si ti vedui credinza che in aer sburra.
Et j'ai vu ta foi s'envoler.
Ainsi est fait ton sexe, ce n'est pas ta faute.

Pourtant, malgré ton infidélité,
Inima mea
Mon âme (mon cœur).
Battra chaque fois que je te verrai.
Tu es pour moi un ange, un être divin.
Ainsi est l'Amour, ce n'est pas ma faute.

Je ne crois pas qu'il y ait sur terre une langue plus propre à l'amour que cette langue rustique, — langue de forêts et de déserts, d'amour et d'amitié au fond des solitudes, — la langue qu'aux clairières des Carpathes une mère seule avec la biche, comme Geneviève de Brabant, parlerait à son nourrisson, au faon, son frère de lait.

Quand je me suis enquis de cette littérature, et que j'ai regardé quelle part y avait l'amour, j'ai vu que cette part n'était rien moins que le tout.

Et cela se comprend, la Roumanie, toute italienne, si loin de son berceau, isolée et murée entre je ne sais combien de grands États barbares, est entrée le moins qu'elle a pu en communication avec cette effroyable Babel ; elle n'a parlé qu'à elle-même, à son cœur et de son cœur même.

Cette pauvre petite Italie solitaire, qui avait joué encore un grand rôle aux quinzième et seizième siècles, en battant vaillamment les Turcs, depuis, écrasée de toutes parts, semble alors ne vouloir plus rien voir, ni rien savoir, oublier tout, se cacher toute en soi. Le malheur de chaque jour étouffe tout sentiment public. En revanche, les sentiments privés, l'amour, l'amour de la famille, emplissent l'âme, la charment, la consolent. Elle n'a plus rien à dire au monde ; elle ne parle qu'à l'objet aimé.

L'amour a été la profonde liberté de ce peuple. Il l'a conservé jeune à travers tant d'événements ! Amour, nature, c'est tout. Rien de plus attendrissant. La vieille Europe savante n'a aucune défense contre le charme inattendu de cette jeune fleur, qui vient lui dire : « Oh ! que tu as souffert ! Oh ! que tu es vieillie !... Moi, qui souffris bien plus, j'ai plié, j'ai cédé ; et me voilà sans ride... »

Ce qui touche infiniment dans l'homme adolescent où la nature est tout encore, c'est le premier rayon, l'aube de la conscience lorsqu'elle vient à poindre. De même en cette jeune âme du peuple, rien ne m'a plus intéressé que les traditions, les chants où cet enfant qui semble ne savoir qu'aimer, cueillir les fleurs, soupirer et gémir, du fond des soupirs enfantins, tout à coup se réveille, parle une parole d'homme, et laisse échapper les oracles de la destinée.

Au premier rang de ces rares et attendrissantes révélations de lui-même, qui ont apparu à ce peuple (plus à son cœur qu'à son esprit), mettons le chant de Mariora Floriora, qui termine les *Doinas* de M. Alexandri, chant moderne de forme, mais fondé sur une tradition antique.

« Dites-nous-le, ce chant... » Je m'en garderai bien. Achetez les *Doinas* (rue de Seine, 30). Lisez-les dans la charmante traduction de Voinesco. Au dernier chant, l'âme fond tout entière; langueur, et pourtant vivacité, inexprimable morbidesse !... Ce chant se meurt d'amour... Et sous cette forme vraie, sincère, de tendresse et de passion, un grand mystère national est transparent, une pensée profonde... Le mot de la sibylle sur ce peuple, d'une sibylle enfantine, amoureuse.

Il m'échappa, ce cri, ce vers du grand Rückert : « Bouche d'enfant ! bouche d'enfant !... et plus sage que Salomon !... » (*O Kindermund ! Kindermund !...*)

Tout le chant pourrait se traduire par ce mot : *Elle mourut, de quoi? d'avoir aimé l'étranger.*

Oui, cette sensibilité facile d'un peuple qui si longtemps a subi, enduré ses tyrans, c'est le mystère même de sa longue mort.

Tout cela caché, perdu, enfoui sous une immense ondée des plus charmantes fleurs, d'une forme si amoureuse et si naïve qu'on est tenté de croire que le grand poëte n'a pas su un moment ce qu'il disait lui-même.

Comment vous dire ce qu'est cette Mariora Floriora ? C'est la fée des montagnes moldaves, le doux génie de la contrée. Les fleurs, ses sœurs, les rivières, les montagnes, lui font une cour assidue, et travaillent toutes à la parer... Et cependant son petit cœur lui dit qu'il lui manque quelque chose encore.

Un beau cavalier descend des montagnes; son coursier sauvage porte au front une étoile d'argent. Le cavalier la prie d'amour, et le jeune cœur bat bien fort. Mais une rivale surgit; une souriante jeune fille, avec une belle chemise brodée aux épaules et des papillons d'or aux cheveux. Son sein est un jardin de fleurs, et parmi, se trouvent de petits bouquets de cerises et de fraises parfumées. Elle offre innocemment ces fruits... Et c'est la défaite de Floriora, elle succombe à la jalousie. Elle arrête la main du cavalier qui allait prendre les fruits, et elle lui donne à la place « son propre jardin. »

Ils sont heureux, ils disparaissent. La nuit complaisante survient. Les étoiles malicieuses cherchent en vain Floriora.

Au jour, elle fait venir un char, un coursier rapide, « si rapide, que son ombre ne peut le suivre. » Assise avec son amant, elle glisse, brillante et triomphante, sur les longues plaines qui suivent les Carpathes.

« Mais quand les montagnes la virent assise à côté de l'étranger, elles desséchèrent les feuilles de leurs forêts, troublèrent le cristal de leurs sources, étouffèrent la voix de leurs oiseaux.

« Et lorsque les fleurs aperçurent leur jeune reine à côté de l'étranger, elles penchèrent tristement leurs fronts, elles se couvrirent de larmes, elles tremblèrent, comme avant l'orage, et dépérirent en un clin d'œil. » . . . .

Dès lors Floriora devient languissante elle-même. Elle pleure. Elle écoute en vain son amant chanter ses doinas, rien ne peut rassurer son cœur... Bientôt apparait au ciel un noir orage : « Le voilà ! s'écrie-t-elle, le voilà ! le génie de mort qui va m'enlever... Dieu l'envoie... Depuis que je t'aime, les montagnes ont pleuré ; les fleurs des plaines sont allées au ciel se plaindre de mon abandon. »

II

LE BORDER ET LE COMBAT DES RACES

Le grand combat des races et des langues est à la frontière transylvaine et moldo-valaque. C'est à cette contrée que nous pouvons rapporter, sans nul doute, les deux chants populaires qui suivent.

Le premier, et probablement le moins ancien, est une bravade, un de ces défis de bravoure, comme on en trouve en toute lutte analogue, spécialement dans les ballades du *Border* anglo-écossais. Mais, indépendamment de la lutte de races, il y a celle de l'autorité et du bandit. Le Hongrois Janoch, ancien brigand, avec sa table de pierre à lettres d'or, a bien l'air d'être l'homme de l'autorité, un magistrat militaire qui s'est mis en campagne contre le bandit moldave. Ce qui peint tout à fait la nation, c'est que celui-ci ne bat les Hongrois qu'après leur avoir joué un petit air de flûte. On croirait lire le Persan Kourouglou, si bien traduit par madame Sand.

Quant à *la Petite brebis*, c'est un chant du caractère le plus antique, une chose sainte et touchante à fendre le cœur. Rien de plus naïf et rien de plus grand. C'est là qu'on sent bien profondément ce dont nous parlions tout à l'heure, cette aimable fraternité de l'homme avec toute la création.

Il y a aussi, il faut le dire, et c'est malheureusement le trait national, une résignation trop facile. L'homme ne se dispute pas à la mort; il ne lui fait pas mauvaise mine; il accueille, il épouse aisément « cette reine, la fiancée du monde, » et consomme, sans murmurer, le mariage. Hier sorti de la nature, il semble aujourd'hui trouver doux de rentrer déjà dans son sein.

La traduction qui suit, est mot à mot, et d'une extrême littéralité.

MIHU LE JEUNE

A la colline Barbat
Sur un chemin raboteux
Mihu le jouvenceau
Fier comme un paon,
Un paon des bois,
Brave brigand,
Chemine en chantant,

Les forêts délectant
De sa flûte d'or
Qui chante bellement.

Il chemine, ce brave,
Sur un petit murgo (cheval bai)
A travers la nuit,
A travers la forêt Hertzi.
Épais est le feuillage,
Sombre la nuit,
Le sentier rocailleux.
Comme il montait,
Murgo marchait,
La pierre étincelait,
La nuit brillait,
Brillait comme le jour.
Mihu marchant, marchant toujours,
Sa trace disparaît
Sur feuilles tombées
Aux sentiers perdus,
Mon brave à moi,
Les feuilles battant,
Les vieilles forêts éveillant,
A Murgo parlant :
« Ii ! Murgo, ii !
Marche tout droit
Pourquoi quitter le sentier ?
Est-ce le frein qui te gêne,
La selle qui te serre,
Que tu portes si lourdement
Mon corps si léger ?

— Le frein ne me gêne,
La selle ne me serre.
Mais ce qui me gêne,

Mais ce qui me serre,
C'est qu'il y a tout près
Quarante et cinq, cinquante moins cinq,
Valeureux brigands,
Braves Levantins
Qui ont quitté leurs parents
Dès l'âge le plus tendre.
Ils banquettent là-haut
Au sommet du rocher
Sous d'épais sapins,
De petits noisetiers.
A une table de pierre
Fendue en quatre,
Liée par des fils de fer,
Avec des lettres sculptées,
Des lettres de livre
Et toutes dorées.

A table est assis,
Prêt à faire de toi sa proie,
Janoch le Hongrois
Ancien brigand
A la barbe hérissée,
Longue jusqu'à sa taille
Couverte de sa ceinture.
Et, grand Dieu ! il a
Épées étincelantes,
Carabines à balles forcées
Et cœur d'acier,
Et il a de plus,
Sur le sommet du rocher,
De braves Levantins
Éloignés de leurs parents
Dès l'âge le plus tendre.
Tous braves Hongrois,

Jeunes gens adroits,
Jeunes gens nerveux.
Des braves à la nuque forte,
Des braves sans salaire,
Avec de grands casques
Aux longues queues
Flottantes sur les dos!
Ils entendront nos pas,
Devant toi surgiront,
Sur toi bondiront,
Et malheur à toi!
Malheur à moi!

— Ii! Murgo, ii!
Reprends ton chemin,
Car Mihu est brave!
Ne crains pas avec lui;
Murgo, fie-toi
A ces bras énormes,
Énormes et nerveux,
A cette large poitrine
Large et bien couverte,
A cette chère dague
A la lame acérée. »

Murgo, comme la pensée,
Laisse la colline
Et reprend le chemin.

Regarde dans la forêt, regarde:
Janoch soudainement,
Pendant qu'il buvait
Et se réjouissait,
S'arrête pétrifié,
Son front s'assombrit,
Car, de temps en temps,

Il entend résonnant,
Les forêts enchantant,
Une fière chanson...
Chanson de brave,
Et la voix d'une flûte,
D'une flûte en os,
Qui chante bellement !
Et voilà, voilà
Que Janoch soudain
Tressaille et bondit,
Et crie d'une voix grande :
« Vous tous, mes braves,
Arrêtez ! écoutez !
Saisissez vos armes,
Car j'entends
Une voix de flûte
Contre les feuilles résonnant
Les forêts enchantant !
Hâtez-vous, dépêchez,
Partez à l'instant
Et barrez-lui le chemin
Au pont de Hartop,
A la vallée du peuplier,
Au sentier étroit,
Au chemin brisé,
A la petite fontaine
Qui coule doucement.
S'il se trouve brave,
Ne lui faites mal !
Mais si c'est un étourdi,
Par les femmes ensorcelé
Donnez-lui un soufflet
Et laissez-le aller ! »

Les Hongrois se précipitent

Et lui barrent le chemin !
Mais dès qu'il les aperçoit
Mihu de leur dire :
« Vous, braves, écoutez !
Celui qui vous envoie
A perdu vos têtes. »
Et, sans presque achever,
Il s'élance sur eux,
Et d'un seul mouvement
Il les abat tous,
Et reprend son chemin
A travers la verte forêt.
Quand Murgo marchait,
La pierre étincelait.
La nuit brillait,
Brillait comme le jour !
Il va droit à Janoch,
Qui dit en le voyant :
« Vous tous, mes braves,
Tirez vos carabines,
Frappez de vos lances !
— Laissez vos carabines,
Laissez vos lances,
Car je suis Mihu.
Et je veux vous chanter
Une fière chanson,
Chanson de brave,
De ma flûte en os
Qui chante bellement. »
Et les Hongrois,
Neveux de Janoch,
Sont pétrifiés,
Dans leurs pensées absorbés.

Et voilà, voilà,

Que Mihu soudain
Commence sur-le-champ
A dire avec feu,
Commence doucement
A dire avec amour
Une chanson plaintive
D'une telle beauté,
Que les monts résonnent,
Les aigles se rassemblent,
Les pins se balancent,
Les feuilles chuchotent,
Les étoiles étincellent,
S'arrêtent dans leur course.

. . . .

Et tous les Hongrois
Écoutent avec tendresse,
Et Janoch soudain
D'adoucir sa voix,
De parler à Mihu ;
Il l'invite à sa table,
« Viens, Mihu, viens,
Viens, brave des braves,
Mettons-nous au festin,
Donnons-nous à la joie,
Et puis ensemble
Nous lutterons nous deux ! »
Ils s'assemblent tous,
Se mettent à table,
Se régalent et se réjouissent,
Et crient joyeusement,
Éveillant la vieille forêt !
Mais le banquet terminé,
De bonne chère nourris,
De bons vins réjouis;

Mihu le Moldave
Et Janoch le Hongrois
Vont de côté,
Et la lutte commence !

Les Hongrois,
Neveux de Janoch,
Regardent et admirent
Comme ils se retournent,
Comme ils se secouent,
Comme ils se renversent,
Comme deux braves
Rejetons des dragons.
Et voilà, voilà
Que Mihu, tout d'un coup,
S'arrête sur place,
Saisit son Hongrois,
Le soulève
Le rejette,
Le met à genoux,
Plie sa tête !
Et les Hongrois,
Neveux de Janoch,
Restent pétrifiés,
De frayeur saisis !
Mihu les éveille
Et leur parle ainsi :
« Vous, braves,
Qui d'entre vous
Pourra soulever
Ma massue
Lourde comme elle est
Et ma carabine
Lourde comme elle est,
Mes armes pesantes ?

Que celui-là vienne,
En fraternité avec moi,
Faire le métier de brave
A l'ombre des forêts. »
Les Hongrois accourent,
Se baissent,
Mais ils essayent en vain,
Car pas un ne peut
Soulever sur son dos
Les armes amassées
Et gisant à terre.
« Allez donc, enfants!
Quittez les forêts,
Prenez la charrue,
La bêche et la pelle... »
. . . .
. . . .

Et, parlant ainsi,
Mihu, le brave,
De son petit doigt
Soulève ses armes,
Sur Murgo s'élance,
Et, tout joyeux, se remet en marche,
Et derrière lui
La forêt bouillonne
Et résonne
D'une fière chanson,
Chanson de brave,
D'une voix de flûte,
Douce à l'ouïe,
D'une flûte en os,
Qui chante bellement.

LA PETITE BREBIS.

Sur la pente d'une montagne,
La bouche du paradis [1],
Cheminent et descendent la vallée
Trois troupeaux de petits moutons,
Avec trois petits pasteurs.
L'un est Moldave,
L'autre est Hongrois,
L'autre est un Sicule de Vrantcha.
Et le Hongrois,
Et le Sicule,
Parlèrent entre eux,
Tinrent conseil,
Pour assassiner le Moldave
Au coucher du soleil ;
Car il est plus riche,
Il a des brebis nombreuses,
Nombreuses et cornues,
Des chevaux domptés,
Des chiens vigoureux.
Mais petite brebis,
A la laine soyeuse,
Depuis trois jours
Ne ferme plus la bouche,
Et l'herbe ne lui plaît plus.
« Gentille brebis,
Gentille, riche en toison,
Depuis trois jours
Tu ne fermes plus la bouche.

---

[1] C'est-à-dire l'entrée de l'heureuse patrie moldave, sur la frontière de Transylvanie.

Est-ce l'herbe qui te déplait?
Ou bien es-tu malade,
Ma gentille petite brebis?
— Mon cher berger,
Mène ton troupeau
Près du noir bosquet
Où il y a de l'herbe pour nous,
De l'ombre pour vous.
Maître! maître!
Appelle aussi un chien,
Le plus brave,
Le plus vigoureux,
Car, au coucher du soleil,
Veulent te tuer
Le Hongrois et le Sicule.
— Petite brebis de Birza,
Si tu es une fée,
Et si je dois mourir
Dans ces pâturages,
Dis au Hongrois,
Dis au Sicule
De m'enterrer
Ici tout près,
Au pré des brebis,
Pour être toujours avec vous
Derrière la bergerie,
Pour entendre encore
La voix de mes chiens.
Dis-leur ces choses;
Toi, tu placeras à ma tête
Petite flûte de hêtre
Qui joue si doucement,
Petite flûte en os
Qui joue si tristement,
Petite flûte de sureau

Qui joue avec flamme.
Le vent s'enflera,
Par elles passera,
Et les brebis s'assembleront
Et me pleureront
Avec larmes de sang!
Toi, ne leur parle pas
D'assassinat, à elles —
Dis-leur simplement
Que je me suis marié
A une fière reine,
La fiancée du monde.
Dis-leur qu'à ma noce
Une étoile a filé;
Le soleil et la lune
Ont tenu ma couronne.
J'ai eu pour témoins
Les pins et les chênes,
Pour prêtres les grandes montagnes,
Pour musiciens les oiseaux,
Des milliers d'oiseaux,
Et pour flambeaux les étoiles.

Mais si tu rencontres
Ma pauvre vieille mère
A la ceinture de laine,
Les yeux pleins de larmes,
Parcourant les champs,
Demandant à tous,
Et à tous disant :
« Qui de vous a connu,
Qui de vous a vu
Un fier jeune berger,
Qui eût passé par un anneau.
Le teint comme crème,

La petite moustache
Comme épi de blé,
Les cheveux
Plume de corbeau,
Et ses petits yeux
Comme la mûre des champs !...
Toi, chère petite brebis,
Aie pitié d'elle,
Dis-lui simplement
Que je me suis marié
A une fille de roi,
A la porte du paradis !
Mais à cette bonne mère,
Ne lui dis pas, chère brebis,
Qu'à ma noce une étoile a filé,
Que j'ai eu pour témoins
Les pins et les chênes,
Pour prêtres les grandes montagnes,
Pour musiciens les oiseaux,
Des milliers d'oiseaux,
Et pour flambeaux les étoiles.
. . . .

Le reste n'a pu être retrouvé.

III

DE L'HISTOIRE DE LA ROUMANIE ET DE SA DESTINÉE

Un illustre Roumain écrivait à un ami français ces remarquables paroles :

« Que de jours, de nuits sans sommeil, j'ai passés en lisant ces chants populaires où l'histoire de notre patrie est écrite pour nous, mais pleurant des larmes amères de ce que le monde est privé de sa plus belle page !... Je puis le dire sans modestie comme sans amour-propre, l'histoire de la Roumanie contient dix-huit siècles de miracles autant que de souffrances.

« Supposez un moment que la France ait vécu cinq siècles constamment au moment sublime de vos Fédérations, cinq siècles sur le champ de Jemmapes, et huit siècles sur Waterloo, et tout cela sans historiens, de sorte que le monde ignore jusqu'à l'existence de votre patrie... Oh! ne faisons pas cette supposition, votre cœur en souffrirait trop. »

Je crois pourtant qu'un véritable historien, un pénétrant critique, recueillant de toutes parts dans les annales des peuples voisins les faits historiques de la Roumanie, pourra retrouver son passé et reconstituer son histoire.

Ce monument peut-être existe. On nous assure que l'éminent et à jamais regrettable Balcesco a laissé un grand ouvrage sur l'histoire de son pays. — Puisse-t-il paraître bientôt !

Il y a, dit-on, profité de plus d'un document inconnu, miraculeusement retrouvé.

En 1846, il eut le bonheur de découvrir, dans un monastère des Carpathes, un poëme historique de grande valeur : *Cantarea Romaniă*, chant de la Roumanie. — C'était toute l'histoire en quelques pages, et tirée de l'âme du peuple.

Impossible de découvrir l'auteur et l'époque. Il croit que c'est un moine nourri dans la solitude de la Bible et des psaumes. — Car souvent il y a eu dans les monastères et les grottes des Carpathes des moines qui ont exprimé, dans une poésie biblique, les souffrances du peuple, et ont cherché à voir dans l'avenir. Le plus connu est le père Spiridion. Les moines de basse classe et les prêtres roumains, tant dans les principautés que dans la Transylvanie, ne se sont jamais séparés du peuple, ni par le genre de vie ni par le cœur. De là vient uniquement leur influence sur le peuple.

Le caractère de l'écriture et certaines expressions lui font croire que ce poëme a été composé dans une de ces années où il y eut un grand mouvement populaire, comme en 1830. Les révolutions françaises, polonaises, les mouvements de l'Italie, retentirent jusque dans les solitudes des Carpathes et ouvrirent le cœur de l'ermite, qui regarda sa patrie et la vit gémissant sous la domination russe. Il repassa chacun des jours de l'ancien temps, et, écoutant les bruits du monde, il montra à sa patrie les signes de l'affranchissement.

On a trop oublié le rôle éminemment guerrier qu'a joué autrefois la Roumanie.

C'est elle pourtant qui, avec la Hongrie et la Pologne, soutint l'atroce combat de cinq siècles entiers qui ferma l'Europe aux Tartares d'abord, puis aux Ottomans.

Le sauveur de la chrétienté, Jean Huniade, fut-il Hongrois ou Roumain? C'est une question controversée entre les deux peuples.

Je lis dans la brochure nouvelle de M. Armand Lévy cette page éloquente : « Quarante églises semées sur le sol moldave témoignent encore des quarante victoires d'Étienne le Grand sur les Turcs.... Si l'Évangile en cette nation trouva son boulevard, et si des milliers de

Roumains ont témoigné pour la foi à Nicopolis comme à Varna, au temps nouveau la Révolution chaque fois y trouva son écho : et quand, il y a près de soixante ans, elle nous demandait de la reconnaître comme république, et quand naguère elle se levait toute confiante dans les sympathies et les promesses de la France de Février. Et les martyrs n'ont pas manqué à la cause nationale depuis Cantacuzène, dépouillé et proscrit : Brazoiano et Balaceano mis à mort, les Vacaresco exilés en Chypre, tous victimes des Phanariotes; plus tard, l'hospodar Ghika, décapité pour avoir protesté contre la prise de la Bukovine par l'Autriche, en 1777, et Vladimiresco, qui, en 1821, renversa les princes étrangers du Phanar, fut pris dans un piège de conférences, et assassiné de la main des aides de camp d'Ypsilanti; jusqu'aux deux cents de Bucharest qui défendirent l'entrée de la cité, héros de la dernière heure, jusqu'aux libérateurs proscrits de 1848, témoins et reproches vivants de la patrie au milieu des nations étrangères. »

Ce peuple, malgré tant de misères, malgré l'écrasement où le tient la Russie, ressuscitera-t-il? Nous n'en faisons nul doute.

Pourquoi ?

Il a ce qu'ont très-peu de peuples, *une idée simple et forte de son passé, de son avenir.*

De son passé. — Il se croit Romain. Il porte l'aigle romaine. Il se sent parent de Trajan.

De son avenir. — Il ne flotte nullement sur l'idée de la Révolution. Ses apôtres de 1848, dans leur extrême péril, sous le pied du colosse déjà levé, n'ont pas eu, comme nous, le loisir de sophistiquer. Ils ont dit à leur peuple : « La Révolution, c'est la liberté *et la terre,* la possession de la terre. » Les seules propriétés nationales, qui font le tiers du pays, auraient suffi pour doter toute la population agricole (Balcesco, p. 33).

Avec ce simple mot, si la France eût voulu leur vendre des armes (ce qu'elle refusa obstinément), ils levaient toute la population contre la Russie. Un petit peuple qui se lève *tout entier* est plus nombreux que la plus grande armée du monde.

La résistance héroïque des pompiers de Bucharest prouve assez ce que ce peuple eût pu faire. Les régiments valaques de la Transylvanie comptent parmi les meilleurs de l'empire d'Autriche.

Des deux partis qui divisaient la révolution, le parti turc s'est trompé, à coup sûr; l'expérience a bien prouvé que la Turquie et l'Angleterre ne pouvaient donner aucune protection.

Le parti qu'on nommait français, l'avenir le nommera le vrai parti roumain. Quoiqu'il espérât quelque appui de la France, c'est dans la Roumanie même qu'il mettait toute sa force, dans une révolution profonde, profondément fondée. *Le paysan propriétaire* eût fait des efforts incroyables. La Russie, très-embarrassée, n'eût jamais passé en Hongrie.

Un grand poëte, philologue illustre, et qui, sous mille rapports, a bien mérité de son pays, M. Héliade, a eu le tort très-grave de ne pas reconnaître franchement que son parti s'était trompé, le tort plus grave d'insinuer que ses adversaires (les meilleurs patriotes de l'Europe!) étaient des amis de la Russie qui la servaient par une fausse exagération! Les Rosetti, les Golesco, les Bratiano, agents russes !!!

Le jour s'est fait. On comprend aujourd'hui que non-seulement ils ne se trompèrent pas dans l'intérêt de leur pays, mais que leur révolution radicale et territoriale, qui armait tout un peuple d'au moins trois cent mille combattants, eût doublé la guerre de Hongrie et recréé contre la barbarie la vieille barrière du Danube qui garda si longtemps l'Europe.

Les grandes et nobles paroles des paysans que j'ai citées se trouvent dans la précieuse brochure de M. Balcesco.

Un heureux hasard me permet d'y ajouter la traduction suivante des procès-verbaux de deux séances de la commission mixte des propriétaires et des paysans. Jamais plus graves questions n'ont été discutées avec plus de simplicité et de grandeur.

PREMIÈRE SÉANCE. — 10 AOUT 1848.

La séance du 10 août 1848 s'est ouverte à neuf heures sous la présidence de M. Jonesco (agronome distingué). Sur trente-quatre députés qui devaient composer la commission, vingt-deux étaient venus, dont quatorze paysans et huit propriétaires. L'ordre du jour les appelait à discuter comment devaient se faire les semailles d'automne.

Le paysan Néagou (qui est en même temps prêtre) demande la parole ; trois députés propriétaires la réclament aussi.

Néagou développe les plaintes des paysans. Il rappelle qu'en temps de calamités les propriétaires quittent le pays, tandis que les paysans restent pour tout souffrir et garder les propriétés ; cela seul suffirait pour leur constituer un droit. Sans les paysans, la terre aurait-elle aucune valeur? Par eux, elle s'est améliorée et enrichie ; par eux, elle a pu payer au propriétaire d'immenses revenus ; à ce titre, les propriétaires restent les débiteurs des paysans.— Il propose, non-seulement pour les semailles d'automne, mais comme base d'un arrangement définitif dans la question de la propriété, que le paysan laboure et sème, comme il l'entendra, en payant la dîme ou dixième au propriétaire.

M. Jonesco prétend que cette dîme serait un servage et pour le propriétaire et pour le paysan.

M. Linche se croit incompétent ; la commission n'a rien à faire qu'à préparer à l'assemblée un projet sur la propriété. Jusque-là, il faut suivre l'ancienne loi, quoique mauvaise.

M. Géouchesco (propriétaire) appuie l'avis du paysan Néagou, en le limitant à la question des semailles d'automne.

M. Robesco (propriétaire) propose que le paysan laboure pour le propriétaire un pogon et demi (mesure roumaine), et tout le reste pour lui. Plus tard, on fixera la valeur comparative de la terre du propriétaire et du travail du paysan.

Presque tous les députés paysans adoptent cette proposition.

Adoption fort prudente, selon nous. L'arpentage d'une mesure de terre est chose simple et sans conteste. Mais l'appréciation du dixième du produit est chose fort délicate, susceptible de chicane, et qui eût fait encore intervenir l'autorité entre le propriétaire et le paysan.

DEUXIÈME SÉANCE. — 11 AOUT 1848.

A la fin de la première séance, le président avait lu l'ordre du jour de la deuxième :

Le paysan est-il libre de son travail ?
Le paysan est-il libre sur la propriété ?

Les assistants s'écrient que cela ne fait aucun doute.

Le président de la séance, M. Racovitza, dit qu'on ne peut discuter, attendu que tous les membres ne sont pas présents. On annonce que, dans un district, les propriétaires, ne reconnaissant point la révolution, n'ont voulu ni s'assembler, ni élire un député. Le président se retire.

L'assemblée ne se sépare point. Elle reste dans un profond silence. M. Jonesco croit devoir passer outre, et dit : — Messieurs, il faut ouvrir la voie à la discussion, lui poser son principe : « *La propriété est sacrée, parce qu'elle est le produit du travail. Le travail est sacré, parce qu'il est la sueur du travailleur.* » Ce principe est reconnu même par l'ancien Règlement, dont les lois, faites par les seuls boyards, sont restées inconnues aux paysans.

— Rien n'est plus vrai ! s'écrient tous les députés paysans.

M. JONESCO : Le principe était bon, mais l'application fut mauvaise. En Moldavie, en Valachie, ce Règlement asservit le travail. Nous le détruisons.

UN DÉPUTÉ PAYSAN (se séparant de son parti) : Sans doute, ces principes sont vrais... Mais, quant au Règlement, il n'a pas été réellement appliqué...

M. LINCHE : Remarquez bien cette parole !

M. JONESCO répond que le Règlement consacrait la propriété sans consacrer le travail. Il montre, d'autre part, ce que la propriété a de respectable en ce pays, la terre ayant été peuplée par colonisation, non par usurpation, par invasion, comme en Asie, en Servie, etc. Du reste, si l'on fait aujourd'hui un partage de la terre entre le propriétaire et le paysan, il serait absurde de dire qu'elle pourra être de nouveau partagée, etc. Il revient à l'ancien Règlement et l'attaque de nouveau, comme funeste aux travailleurs.

M. LINCHE : Je ne viens pas le défendre, Dieu m'en garde ! Je ne viens pas examiner s'il a été bien ou mal appliqué. Je reconnais le droit que la nation a de se donner des lois. Je veux seulement prouver que la *corvée* n'était pas un servage, comme vient de le lire M. Jonesco. Le servage est l'état déplorable de celui qui n'est maître ni de lui ni de son travail, et ne peut avoir ni volonté ni propriété. Non, c'était comme une obligation de fermage ; un intérêt du capital mis dans la terre, et déterminé par la loi. L'application du principe a seule été mauvaise. — M. Linche continue en défendant la propriété, comme fait ; il ne croit pas avoir besoin, comme M. Jonesco, de dire que la terre a été autrefois achetée par ceux qui la possèdent. Radou Négrou (Rodolphe le Noir), premier prince du pays, a partagé la terre entre ses braves en récompense de leurs services militaires. D'eux sont sorties les familles héroïques des Busesco, des Calofiresco, etc., dont les propriétés nous sont venues par héritage. Je reconnais e droit qu'a la nation de faire ses lois, pourvu qu'elle les fonde sur les deux principes de la liberté du travail et de l'inviolabilité de la propriété.

LE PAYSAN NÉAGOU : On prétend que la corvée n'était pas un servage, que c'était comme une obligation de fermage, librement consentie !... Quoi ! vous me dites, par exemple : « Attelle tes bœufs, viens me conduire à

Domnitsa. » Je pars, je vous conduis. Et là, au lieu d'apprécier la longueur du chemin, vous êtes quitte en me payant cinq piastres (environ trente-trois sous de France). Et il faut bien que je les reçoive. Où irais-je réclamer mon droit?... Voilà ce que vous appelez une chose de libre consentement !

LIPAN (député paysan) : Quel servage plus grand, messieurs? Jugez-en par ceci : Ma femme accouche ; personne que moi pour la soigner, elle et son enfant. Au troisième jour, arrive le gendarme, qui me fait marcher, me mène, à coups de fouet, travailler au champ (il y a dix ans, messieurs, et vous verriez encore les marques)... Là, on me fait travailler, sans me donner de nourriture, sans me permettre d'aller voir ma femme et mon enfant, ni de leur chercher à manger. Je me lamente, et ils me battent... Au temps des Turcs, le sabre frappait, tuait ; il ne torturait pas comme le fouet... Nous n'en avions rien lu, de votre Règlement, et nous l'avons senti tout à coup sur le dos.

— Oh! oui, disent les députés paysans. Le Règlement a été un servage.

LIPAN : Une autre fois, ma femme et moi nous sommes enlevés pour le fauchage, tenus là, avec l'homme armé derrière nous. Et nous avions laissé un enfant de trois mois, un enfant qui ne dit encore ni mère, ni pain, à l'ardeur du soleil, avec des guêpes à la bouche, mangé des mouches et des cousins... Est-ce là un esclavage?... Du matin jusqu'au grand midi, ma femme n'a pas pu aller allaiter son enfant.

M. LINCHE : Je ne nie pas, monsieur, que le Règlement n'ait été sévère. Mais l'usage et l'application ont été pires encore... Oui, la propriété est sacrée, et le travail encore plus. Je regrette seulement que ceux qui devaient pacifier travaillent à irriter les plaies plus qu'à la pacification.

M. LAHOVARI (propriétaire) : Oublions... car, dans ce passé, il y a eu bien des choses injustes, mais qui n'étaient pas illégales.

LE PAYSAN NÉAGOU : Oui, messieurs, oublions... Il est bien reconnu que le travail est sacré... Oublions. Si messieurs les propriétaires veulent bien accorder quelque chose, la paix est entre nous.

— Oui ! s'écrient tous les paysans.

FIN.

TABLE

KOSCIUSKO

I. A la Pologne.	3
II. On ne tue pas une nation.	9
III. Causes réelles de la ruine de la Pologne.	17
IV. Sublime générosité de la Pologne.	21
V. Génie prophétique et poétique de la Pologne. Sa légende récente.	27
VI. La Russie était inconnue jusqu'en 1847. — Elle est entièrement communiste.	31
VII. Tout, dans la Russie, est illusion et mensonge.	38
VIII. Politique mensongère de la Russie. Comment elle a dissous la Pologne.	47
IX. Enfance et jeunesse de Kosciusko (1746-1776)	52
X. Kosciusko en Amérique; — dictateur en Pologne (1777-1794).	60

XI. Résistance héroïque de Kosciusko. Il succombe (1794). 71
XII. Captivité, exil, vieillesse et mort de Kosciusko (1794-1817). 81
XIII. Ce qu'est devenue la Pologne après Kosciusko. — On n'a pu détruire la Pologne. 95
XIV. Comment on détruit la Russie. 104
XV. Ce que la Pologne peut faire avant la révolution. . 118

LES MARTYRS DE LA RUSSIE.

I. Aux officiers russes. 137
II. Du servage. 149
III. Histoire de Catya, serve russe. 158
IV. Le minotaure. — De l'armée comme supplice. . . 171
V. Sibérie. 183
VI. Sibérie. — Les supplices. 194
VII. Du terrorisme croissant de la Russie. — Martyre de Pestel et de Ryleïeff. 203
VIII. De l'extermination de la Pologne. 227
IX. Du czar, comme pape et comme dieu. — Persécutions religieuses. , ... 252
X. Du czar, comme pape et comme dieu. — On le propose pour pape universel. 264

RÉVOLUTION DU DANUBE.

MADAME ROSETTI

I. Le Danube. . . , ... 275
II. La Roumanie. 280
III. La révolution valaque de 1848. 287

TABLE. 365

IV. La trahison. 292
V. Madame Rosetti poursuit et rejoint les prisonniers. 299
VI. L'évasion (octobre 1848). 306
VII. La fuite à travers trois peuples en armes. — Arrivée à Vienne. 312
VIII. Ce qu'est devenue la Roumanie. — Invasions périodiques de la Russie. 317

APPENDICE

I. Langue et littérature. 327
II. Le Border et le combat des races. 337
III. De l'Histoire de la Roumanie et de sa destinée. . 351

PARIS. — IMP. SIMON RAÇON ET COMP., RUE D'ERFURTH, 1.

EN VENTE CHEZ LES MÊMES

OUVRAGES DU MÊME AUTEUR

LA SORCIÈRE

1 volume in-18

HISTOIRE DE FRANCE. In-8	20 vol.
PRÉCIS DE L'HISTOIRE MODERNE. In-12 . .	1 —
L'OISEAU. In-12.	1 —
L'INSECTE. In-12..	1 —
LA MER. In-12.	1 —
L'AMOUR. In-12.	1 —
LA FEMME. In-12.	1 —
LE PRÊTRE, LA FEMME ET LA FAMILLE. In-12.	1 —
LES FEMMES DE LA RÉVOLUTION. In-12. . .	1 —

www.ingramcontent.com/pod-product-compliance
Lightning Source LLC
Chambersburg PA
CBHW070436170426
43201CB00010B/1119